人間佛教當代問題探討

社會議題

星雲大師 著

星雲大師略傳

星雲大師，中國江蘇江都人，生於一九二七年。幼年家貧，輟學，父母因忙於家務，隨外祖母長居多時，後盧溝橋中日戰起，父應於一九三八年間因戰火罹難，偕母尋父，有緣於南京棲霞山禮志開上人披剃，實際祖庭為江蘇宜興大覺寺。一九四七年焦山佛學院畢業，期間歷經宗下、教下、律下等叢林完整的佛門教育。之後應聘為白塔國民小學校長、《怒濤月刊》主編、南京華藏寺住持等。

一九四九年至台，擔任「台灣佛教講習會」教務主任及主編《人生雜誌》。

一九五三年任宜蘭念佛會導師；一九五九年於台北創辦佛教文化服務處；一九六四年建設高雄壽山寺，創辦壽山佛學院；一九六七年於高雄開創佛光山，樹立「以文化弘揚佛法，以教育培養人才，以慈善福利社會，以共修淨化人心」之宗旨，致力推動「人間佛教」，並融古匯今，手訂規章制度，印行《佛光山清規》，將佛教帶往現代化的新里程碑。

大師出家八十餘年，於全球創建三百餘所寺院，如美國西來寺、澳洲南天寺、非洲南華寺、巴西如來寺、歐洲法華禪寺等，均為當地第一大寺。此外，並創辦十六所佛教學院、二十七所美術館、圖書館、出版社、書局、五十三部「雲水書坊」行動圖書館、五十餘所中華學校，暨智光商工、普門中學、均頭中小學、均一中小學和多所幼兒園等。以及先後創辦美國西來大學、台灣南華大學、佛光大學、澳洲南天大學及菲律賓光明大學等。二〇〇六年，西來大學正式成為美國大學西區聯盟（WASC）會員，為美國首座由中國人創辦並獲得該項榮譽之大學；二〇一〇年澳洲南天大學通過政府高等教育品質與標準署（TEQSA）認證。二〇一五年，五校整合成為第一個跨國又跨洲的國際性「佛光山教團系統大學」。

一九七〇年起，相繼成立育幼院、佛光精舍、慈悲基金會，設立仁愛之家、雲水醫院、佛光診所、雲水護智車，協助高雄縣政府開辦老人公寓，並於大陸捐獻佛光中、小學和佛光醫院數十所，並於全球捐贈輪椅、組合屋，從事急難救助，育幼養老，扶弱濟貧。

一九七六年《佛光學報》創刊，翌年成立「佛光大藏經編修委員會」，重新整理並加標點分段，編纂《佛光大藏經》近千冊暨編印《佛光大辭典》。一九八八年成立「佛光山文教基金會」，舉辦學術會議、出版學術論文集、期刊等；一九九七年出版《中國佛教經典寶藏精選白話版》一三二冊、《佛光大辭典》光碟版，設立「佛光衛星電視台」（後更名為「人間衛視」），並於台中協辦「全國廣播電台」。二〇〇〇年《人間福報》創刊，成為第一份由佛教界發行的日報。

二〇〇一年發行二十餘年的《普門雜誌》轉型為《普門學報》論文雙月刊（二〇一六年復刊更名為《人間佛教學報・藝文》）；同時期，收錄海峽兩岸有關佛學的碩、博士論文及世界各地漢文論文，輯成《法藏文庫・中國佛教學術論典》共一一〇冊。二〇一三年，出版《世界佛教美術圖說大辭典》二十巨冊，二〇一四年出版《佛光大辭典》增訂版十大冊、《獻給旅行者365日——中華文化佛教寶典》，以及《金玉滿堂》人間佛教教材。

大師著作等身，撰有《釋迦牟尼佛傳》、《佛教叢書》、《往事百語》、《佛光教科書》、《佛光祈願文》、《六祖壇經講話》、《迷悟之間》、《人間萬事》、《人間佛教系列》、《當代人心思潮》、《人間佛教論文集》、《人間佛教當代問題座談會》、《人間佛教語錄》、《僧事百講》、《百年佛緣》、《貧僧有話要說》、《人間佛教佛陀本懷》等，總計四千多萬言，並譯成英、德、法、日、韓、西、葡等二十餘種語言，流通世界各地。二〇一七年五月發表《星雲大師全集》，共三六五冊；《全集》增訂版於二〇二三年出版，總計三九五冊，收錄畢生重要著作。

大師教化弘廣，有來自世界各地跟隨出家之弟子二千餘人，全球信眾達數百萬，傳法法子百餘人，遍及大陸各省市特區以及海內外如日本、韓國、新加坡、澳洲等地，如韓國頂宇法師、南京佛教協會會長隆相法師、保定佛教協會會長真廣法師、錦州佛教協會會長道極法師、中國佛教協會常務理事道堅法師等。一九九二年於美國洛杉磯正式成立國際佛光會，被推為世界總會總會長；至今於五大洲一百七十餘個國家地區成立協會，成為全球華人最大的社團，實踐「佛光普照三千界，法水長流五大洲」的理想。

佛光會先後在世界各大名都，如：洛杉磯、多倫多、雪梨、巴黎、香港、東京等地召開世界會員大會，與會代表五千人以上；二〇〇三年，通過聯合國審查肯定，正式成為「聯合國非政府組織」（NGO）會員。歷年來，大師提出「歡喜與融和、同體與共生、尊重與包容、平等與和平、圓滿與自在、自然與生命、公是與公非、發心與發展、自覺與行佛、化世與益人、菩薩與義工、環保與心保、幸福與安樂、信仰與未來、共識與開放」等主題演說，倡導「地球人」思想，成為當代人心思潮所向及普世共同追求的價值。

由於大師在文化、教育及關懷全人類之具體事蹟，一九七八年起先後榮膺世界各大學頒贈榮譽博士學位，有美國東方大學、西來大學、泰國摩訶朱拉隆功大學、智利聖多瑪斯大學、韓國東國大學、泰國瑪古德大學、澳洲格里菲斯大學、台北輔仁大學、美國惠提爾大學、高雄中山大學、香港大學、韓國金剛大學、澳門大學、嘉義中正大學、韓國威德大學、屏東大學、香港中文大學等。近年來，並獲大陸各大學頒予名譽教授，如南京大學、北京大學、廈門大學、南昌大學、揚州大學、山東大學、武漢大學、人民大學、上海同濟大學、湖南大學、上海師範大學、浙江大學、上海交通大學及東北財經大學等。同時，多次獲得內政部、外交部、教育部頒贈壹等獎章；二〇〇〇年獲總統頒贈「國家公益獎」，二〇〇二年獲得「十大傑出教育事業家獎」，二〇〇五年榮獲「總統文化獎菩提獎」等，肯定大師對國家、社會及佛教的貢獻。

大師在國際間亦獲獎無數，如：一九九五年獲全印度佛教大會頒發「佛寶獎」；二〇〇〇年在第二十一屆世界佛教徒友誼會上，泰國總理乃川先生親自頒發「佛教最佳貢獻獎」；二〇〇六年獲香港鳳凰衛視頒贈「安定身心獎」，以及世界華文作家協會頒予「終身成就獎」暨「永久榮譽會長」、美國共和黨亞裔總部代表布希總統頒贈「傑出成就獎」；二〇〇七年獲西澳 Bayswater 市政府頒贈「貢獻獎」；二〇一〇年獲得首屆「中華文化人物」終身成就獎；二〇一三年獲頒「中華之光——

影響世界華人終身成就獎」以及「二〇一三華人企業領袖終身成就獎」。

大師悲願宏深，締造無數佛教盛事。一九八八年十一月，被譽為北美洲第一大寺的西來寺落成，並傳授「萬佛三壇大戒」，為西方國家首度傳授三壇大戒。同時主辦「世界佛教徒友誼會第十六屆大會」，海峽兩岸代表同時參加，為兩岸佛教首開交流創舉。一九八九年應中國佛教協會之邀，率「弘法探親團」赴大陸，並與國家主席楊尚昆、政協主席李先念於北京人民大會堂會晤，開啟兩岸佛教交流盛事。

一九九八年二月，大師遠赴印度菩提迦耶傳授國際三壇大戒，恢復南傳佛教失傳千餘年的比丘尼戒法，同時舉行多次在家五戒、菩薩戒會。同年四月，率團從印度恭迎佛牙舍利蒞台供奉。二〇〇四年十一月至澳洲南天寺傳授國際三壇大戒，亦為澳洲佛教史上首度傳授三壇大戒，成為當地佛教盛事。

大師一生積極推動國定佛誕節的設立，一九九九年經立法院通過，將農曆四月八日訂為國定紀念日，並於二〇〇〇年慶祝佛教東傳中國二千年首度國定佛誕節。二〇〇一年十月親赴紐約「九一一事件」地點灑淨，為罹難者祝禱；同年十二月，受邀至總統府以「我們未來努力的方向」發表演說。二〇〇二年元月與大陸達成佛指舍利蒞台協議，以「星雲簽頭，聯合迎請，共同供奉，絕對安全」為原則，組成

「台灣佛教界恭迎佛指舍利委員會」，至西安法門寺迎請舍利到台灣供奉三十七日，計五百萬人瞻禮。

二〇〇三年七月，大師應邀至廈門南普陀寺參加「海峽兩岸暨港澳佛教界為降伏『非典』國泰民安世界和平祈福大法會」；同年十一月，應邀參加「鑑真大師東渡成功一二五〇年紀念大會」；隨後應中國藝術研究院宗教藝術研究中心之邀，率領佛光山梵唄讚頌團至北京、上海演出；二〇〇四年二月，兩岸佛教共同組成「中華佛教音樂展演團」，至台、港、澳、美、加等地巡迴弘法。

二〇〇六年三月，至享有「千年學府」之譽的湖南長沙嶽麓書院講說，同年四月，以八大發起人之一的身分，應邀出席於杭州舉辦之首屆「世界佛教論壇」並發表主題演說。二〇〇九年，國際佛光會與中國佛教協會、中華文化交流協會、香港佛教聯合會主辦「第二屆世界佛教論壇」，並於無錫開幕，台北閉幕，寫下兩岸四地宗教交流新頁。二〇一二年九月，應「世界經濟論壇」之邀，出席「第六屆夏季達沃斯論壇」，主講「信仰的價值」，為該論壇創辦以來，首位發表專題演說之佛教領袖。

二〇〇八年起，悉數捐出各地版稅、一筆字所得，由弟子分別於台灣、大陸、澳洲等地，成立教育文化公益基金，舉辦各種教育、文化等贈獎、公益項目。二〇一〇年起，應邀於北京之中國美術館及中國國家博物館舉行「星雲大師一筆字書法展」，為首位在該館展出書法作品的出家人，後陸續於海南、天津、內蒙古、山西太原、廣東、雲南、廈門、鎮江、上海、大連、山東、浙江、廣西、貴州等美術館或博物館（院）展出。

二〇一一年十二月，大師指導建設的佛陀紀念館開館落成，翌年即獲「國家建築金獎——文化教育類金獅獎」；開館第三年（二〇一四）獲得國際博物館協會（ICOM）認證，成為該會最年輕的正式會員；同年，全球最大旅遊網站TripAdvisor評為「二〇一四年大獎得主」，頒發「優等」證書。自開館以來以各項藝術展覽、教育推廣、兩岸文化交流、地宮收藏時代文物，永久為社會大眾持續做公益服務等項目受國際肯定。

為推動世界和平交流往來，歷年來，大師曾與各國領袖會面，如：泰皇蒲美蓬、印度總理尼赫魯、菲律賓總統馬嘉柏皋、多明尼克總統塞紐瑞、美國副總統高爾，以及馬來西亞三任首相馬哈地、阿都拉・巴達威和納吉等。此外，大師先後並與各宗教領袖交換意見，如：世界佛教徒友誼會會長泰國公主蓬・碧司邁・迪斯庫爾，天主教教宗若望保祿二世（約翰保羅）、本篤十六世等晤談。

二〇〇四年，大師應聘擔任「中華文化復興運動總會」宗教委員會主任委員，與基督教、天主教、一貫道、道教、伊斯蘭教等領袖，共同出席「和平音樂祈福大會」，促進宗教交流，實際發揮宗教淨化社會人心之功用。也先後與瑞典諾貝爾文學獎審查人馬悅然教授、漢學家羅多弼教授、哈佛大學傅高義教授、諾貝爾文學獎得獎人莫言先生等人進行人文交流座談。二〇一三年，與大陸三任國家領導人習近平、胡錦濤及江澤民見面，寫下佛教歷史新頁。

近年，大師於大陸宜興復興祖庭大覺寺，並捐建中國書院博物館、揚州鑑真圖書館、南京大學佛光樓，成立揚州講壇、星雲文化教育公益基金會等，積極推動文化教育，期能促進兩岸和諧，帶動世界和平。

二〇二三年二月五日（農曆正月十五日），大師捨報示寂。綜觀大師一生的寫照，正如他自己所撰之詩偈：「心懷度眾慈悲願，身似法海不繫舟；問我一生何所求，平安幸福照五洲。」其悲願宏深，以眾為我，一生弘揚人間佛教，說萬事，啟迷悟，且致力於佛教之制度化、現代化與國際化，於佛教之正向發展，厥功至偉，實一代之高僧，千萬人之良師也。

目次

編輯緣起

大師近年來，弘法五大洲於各地，針對不同領域的社會人士所作的講演、座談，結集成冊，提供大眾參酌，從中讀出解決現實人生之道。

《人間佛教當代問題座談會》，將大師近年來，弘法五大洲於各地，針對不同領域的社會人士所作的講演、座談，結集成冊，提供大眾參酌，從中讀出解決現實人生之道。

佛教，是以人為本的宗教，佛陀的說法，皆為針對人的現實困境與心靈需求提出建設性的見解，並給予療癒為目的；繼而啟發人之善言、善心、善行。《人間佛教當代問題座談會》計有五冊、三大主題，內容略述如下：

主題一：社會議題探討

收錄大師八篇文章。對環保、對經濟、以及自殺的防治與女性問題等，大師都提出解決之道。佛教是面向人間，面向人群的，社會議題的探討必然是佛教所納入與關懷的。因此，針對「經濟問題」，大師提出：經濟既是民主的命脈之所繫，一個國家要厚植國力就要發展經濟，因為經濟充裕，國防自然有力量，教育自然會提升，社會生產力自然增加，人民生活自然豐足安定，社會亂象也將因之消除。

在「女性問題」裡，大師鼓勵女性們要肯定自我，因為女性的智慧、能力並不亞於男性，女性猶如觀世音菩薩，以慈悲來莊嚴世間。可以參與政治、教育、文化、慈善、社會等各種公眾事務，積極擴大服務的機會與層面。

此外，對於自殺、戰爭與和平等全球關懷的議題，大師的觀點：依佛教的包容思想，人們想要擁有世間上的一切，不需要用戰爭來取得，只要大家互相尊重就能擁有。再者，每個人的生命都不是自己的，生命是天地間共生共有的，每個人只有資格把自己奉獻為大眾，只有盡力讓生命活出意義與價值，但沒有摧殘生命的自由。

大師具有「與時俱進」的現代傳教宏觀，於美國西來大學，以網際網路的方式，令「法音宣流」，為加拿大滿地可、溫哥華、美國紐約、聖路易、奧斯汀、休士頓、舊金山、佛立門、聖地牙哥、台灣等十個地區的學生講授「佛教對環保問題的看法」。大師強調：真正的環保，除了珍惜大地資源，更應做好個人身心的環保，如：拒絕思想汙染、垃圾知識、語言暴力，從淨化身口意開始，自我覺醒，才能達到心靈環保，建立一個現實生活的「淨土」。

主題二：族群倫理探討

有八篇大師精采的論述。大師提出對族群、對宗教之間，對人生、對家庭、對青少年教育，乃至對殺生以及生命教育的看法。族群問題，自古至今無不影響著各個國家及民族間的分與合。要想化干戈為玉帛，最需要的就是要有「同體共生」、「尊重包容」的國際觀，接受同體共生的「地球人」的思想。

佛陀主張「各族入佛，同為佛子」、「四姓出家，同為釋種」，是佛陀具慈悲融和的性格使然。縱觀佛教史上，從未有過戰爭或衝突，乃是佛教包容異己的寬大心量。此單元，對化解族群及各宗教間的敵意、階級性別的歧視、人權平等的重視，大師都提出一些致力和平的看法。

族群問題或政治人權等等，唯有遵循大師倡導的「尊重與融和」才能消除對立，也唯有尊重才能和平，唯有包容才能互助，以佛法的慈悲觀，對世界的和諧發展造成正面的助益。

族群的起點在個人，個人的形成在家庭、在學校。有鑑於此，大師與青年、教師、博碩士等等，以座談會的方式，暢談佛教對「青少年教育」、「家庭問題」、「生命教育」、「應用管理」等看法，希望社會大眾一起來重視「教育」，肯定健全「家庭」，所謂齊家、治國、平天下，家庭倫理的健全，是國家發展的根本，也是世界和平的基石。教育的意義在啟發心智，完成人格。

佛光山以文教開始，開山至今辦有大慈育幼院、叢林學院、普門中學、宜蘭人文國小、均頭中小學、南華大學、佛光大學、西來大學、人間大學等。佛教是青年的宗教，是朝氣蓬勃的宗教，不是暮氣沉沉的宗教，是故，佛光山致力於各項教育的推動。

主題三：生死關懷探討

對於生死問題的探討與解決，是古今人等皆想揭開的謎團。此類議題亦有八篇文章，大師從佛陀的言論為出發，提出個人體驗與看法。從安樂死、臨終關懷、身心疾病等，大師為我們指出一條「希望之路」。如：到成功大學醫學院講演，發表佛教對「器官捐贈」及「臨終關懷」的見解與作法；面臨「身心疾病」如何治療的問題，需以佛法的慈悲喜捨作為治療心病的良藥。再者，應新加坡國立大學醫學院邀請，與多所大學的各科系學生座談。依大家所提出安樂死、墮胎、殺生等問題，從佛教、醫學、法律、人情等觀點，大師一一提出解說及因應之道。

為化解多數人對「生死」的恐懼，大師在美國西來大學透過遠距教學，與全球各地的學員座談。提出：生死本一如，就像白天和黑夜自然的輪轉，人往生後，家人要能為他念佛，並隨喜量力為他行善積蓄功德，才是正面的幫助親友解除面臨死亡的恐懼。

死亡如換衣、如搬家、如出獄、如秋天的葉落。對死亡有正確的認知，我們才能跨越生死的藩籬，悠遊人間，自在無礙。大師提出「死亡是新的開始」，像每天早上升起的太陽，讓人們摒除死亡是絕望的陳舊觀念。從對死亡的關懷，大師也從現實生活的層面去探討，民間信仰的價值、素食問題及對修行問題的看法等等。

大師對「民間信仰」亦給予肯定，認為民間的關公、媽祖及有忠孝節義情操的神明等，祂們讓民眾相信善惡報應，對社會的和諧有所助益。老婆婆虔誠的禮拜，雖不懂高深的哲理，但信念堅貞、信念之純潔高尚，卻是值得讚賞的。信仰當然以「正信」最好，還未正信時，「迷信」至少比「不信」好，因為，迷信的人，還有個善惡因果的言行規範。

皈依後，一定要吃素嗎？一般人將素食與信仰佛教畫上等號，其實素食是一種生活習慣而已，皈依是終生信奉佛教，不一定要吃素，心中有佛，擁有慈悲心才是最重要。大師提出素食只是生活的習慣，不能與信仰畫上絕對的等號。

對於修行，大師提出簡要的說明：修行即為修正行為，不一定要到深山裡去苦思冥想，修行也不一定要眼觀鼻、鼻觀心地自我獨修；甚至修行也不只是誦經、持咒、念佛、參禪。如果天天誦經拜佛，卻是滿心的貪瞋愚痴、自私執著；不如法的修行，如何會有如法的結果？

修行，固然需要；修心，更為重要。行正心不正，有外無內，這就叫做修行不修心，如此不能解決根本問題。

編輯此書的緣起，希望以佛法的觀點來探討並解決社會亂象及當代所面臨的各種複雜問題；同時促使更多人一探社會與人心問題的究竟，明白佛陀的智慧是跨越時空，佛法具有時代性的，即使社會迅速變遷，問題千變萬化，只要人間遠離不了「生老病死」的困惑，佛陀猶如心靈良醫，而佛法則是調和我們身心疾病的良藥。

編按：此書於《星雲大師全集》中，原名《人間佛教當代問題座談會》，共計五冊。今依三大主題重新編輯成三冊，並更名為《人間佛教當代問題探討》。

即使社會迅速變遷，佛法仍是心靈的良藥。

佛教對「倫理問題」的看法

時間：二〇〇六年三月二日
晚間七時至九時三十分
地點：美國西來大學
記錄：滿義法師　英文翻譯：妙光法師
對象：西來大學校長、副校長、教務長，
以及遠距教學位在世界各地幾十個
地區的學員近千人。

人不能離群而獨居，因此免不了要與社會人群相處往來。在人與人互動的過程中，有一些理則必須遵守，群我的關係才能和諧，社會的運作才能井然有序；失去這些理則的規範，社會就會脫序，甚至亂象叢生。規範人我關係與社會秩序的力量，有形的要靠「法律」來約束，無形的就必須藉助「倫理」與「道德」來維繫。

中國人向來以「禮儀之邦」自詡，十分重視居家「倫理」與社會「道德」，尤其「父子有親，君臣有義，夫婦有別，長幼有序，朋友有信」等「五倫」的建立，一直是中國人理想社會的目標，也是倫理道德的核心。

佛教自二千多年前傳入中國，在中國生根發展，許多人以為佛教只重視出世的思想；實際上佛教的六度、四攝、四無量心等教義，都在促進群我關係的融和。佛教對世間人際往來的關心，並不亞於儒家，尤其一直在積極弘揚「人間佛教」的星雲大師認為：「倫理是人與人之間的護持與幫助，無論何時何處，能多為別人著想，不情緒化，權衡輕重，明白事理，人我之間不比較、不計較，如此必能擁有一個歡喜和諧的倫理關係。」

星雲大師於二〇〇六年三月二日，在西來大學主持「遠距教學」，第二天課程中，特別針對「佛教對倫理問題」的看法，從「倫理」的定義，談到如何加強家人之間的和諧相處？佛教對「孝順」有何主張？現在的「人工受孕」、「試管嬰兒」、「借腹生子」，未來是否會造成亂倫的現象？研究「複製人」是否違反人間的倫理？佛教的「五戒」與儒家的「五常」，兩者有何異同之處？現在社會應建立什麼樣的新倫理觀等問題，一一提出看法。以下是當天的座談紀實。

一、倫理道德是社會秩序的規範，人的行為一旦違反倫常，社會就會失序。首先可否請大師針對「倫理」的定義做一番說明。

答：「倫理」是人與人之間的一種秩序與默契，是依不同場合、身分而共遵的軌則；失去倫理的規範，人的行為就會脫軌，社會的運作就會失序，所以「倫理」就是行為的準則。

在中國社會裡，一向把「父子有親，君臣有義，夫婦有別，長幼有序，朋友有信」等五種人倫關係，加上「忠孝仁愛信義和平」等八種德目，視為社會共遵的核心價值，不但奉為行為的準則，也是道德的圓滿體現。

然而，自古以來中國傳統的倫理道德，並非全然絕對的美好，有些還是存在著爭議性。比方過去所謂「君叫臣死，臣不得不死；父叫子亡，子不得不亡」。其實每一個人的生命都是同等珍貴，應該受到同樣的尊嚴，不是哪一個人可以隨便左右別人的生死。再如中國重視孝道，「孝」比較容易做到，「順」則有待商榷。因為歷代多少有為青年，就是為了順從父母之命而斷送了大好前途。因此，「倫理」不但要「合法」，而且要「合情」、「合理」。

話說中國的端午節，家家戶戶都要包粽子，但是現在的年輕女孩多數不會包粽子。儘管如此，端午節到了，婆婆要媳婦包粽子，做媳婦的不得不勉為其難的聽命。手忙腳亂，百般辛苦，好不容易忙了一天，終於把粽子包好。就在煮粽子的時候，聽到婆婆打電話給已出嫁的女兒：「女兒啊！你有時間嗎？趕快回來，你嫂子包的粽子快好了，你回來吃粽子喔！」媳婦一聽，整個人的心都涼了，心想：「我這麼辛苦從早忙到晚，好不容易把粽子包好，你對我一句安慰的話都沒有，只知道要趕快打電話給你的女兒回來吃粽子。」一氣之下，把圍裙一脫，就往娘家跑。才一踏進家門，媽媽一看，很高興的說：「女兒啊！你嫂嫂剛包好了粽子，我正準備打電話叫你回來吃粽子呢！」這時候他忽然明白了一個道理，原來天下的母親對女兒的心都是一樣的！

母親與女兒有母女的倫理，婆婆對媳婦也有婆媳的關係，我們不能錯亂了這種關係。就如結了婚的夫妻，你喊我親愛的，我喊你親愛的，一天喊個幾百次也沒有關係；但是見到別的男女就不能隨便喊「親愛的、親愛的」，因為彼此的關係不一樣。所以，倫理就是人我之間的關係親疏、尊卑、大小，都應該合乎身分，都要有所規範，才叫做倫理；有倫理，才能長幼有序、尊卑有別，而不致踰矩犯上。

從親族之間的家庭倫理，繼而延伸到社會的群我之間，還有所謂的師生倫理、師徒倫理，乃至工作倫理、專業倫理、醫學倫理、經濟倫理、政治倫理、法律倫理、科技倫理、媒體倫理、社會倫理、國際倫理等。甚至除了人和人、人和社會的關係以外，還有人和天地的關係、人和自然的關係、人和動植物的關係等；舉凡世間一切，都有倫理關係，有倫理，社會就不會失序脫軌。

總之，倫理就是「秩序」，是維持人際關係的道德觀念；社會有倫理的維繫，才能井然有序的發展；人與人之間有倫理觀念，才能長幼有序，彼此相互尊重、相互包容而能和諧相處。國際之間能建立因果觀、緣起觀、慈悲觀、無常觀，能有「地球村」的理念，人人都能做個「地球人」，才能「無緣大慈，同體大悲」。如果世界上人人都能有此思想理念，則世界和平不難致之。

二、請問大師，目前社會上有很多脫序現象，諸如婚外情、家庭暴力、逆倫、亂倫、遺棄等，佛教對這些問題是否能夠提供一些處理辦法？請大師開示。

答：家庭是社會的基本組織，是人生的避風港。家應該是最安全、最溫馨的地方，但是現在「家庭暴力」卻成為社會嚴重的問題之一，其他諸如婚外情、亂倫、逆倫、棄養等家庭問題，也不斷衍生出層出不窮的社會問題。

談到家庭暴力，在一般人的認知裡，施暴者大多是男人，女人多數是受害者。但是如果客觀的從另一個角度來看，女人對男人施加暴力的例子也不少。例如，有的女性比較愛嘮叨、囉嗦，經常在丈夫耳邊喋喋不休，讓男人心生厭惡；嘮叨、囉嗦也是暴力。甚至有的女人經常怨怪丈夫：「你沒有出息、沒有用，不能賺大錢，不能升官，你看人家張先生、李先生……」說得丈夫信心盡失，對未來毫無希望，這也是暴力！也有的女性比較多疑、小心眼，一點小事就放不下，於是「一哭、二鬧、三上吊」，這也是暴力！所以仔細分析起來，家庭暴力事件不是只有男對女，有時候也可能是女對男！

不但家庭暴力男女雙方都有責任，甚至講到婚外情，有時候也不是某一方的問題。婚外情的發生，不外乎：

㈠夫妻溝通不良，彼此沒有相互體貼、包容，沒有共同的興趣、嗜好，尤其沒有共同的話題，自然感情日趨轉淡。

㈡沒有建立共識，沒有把對方融為一體，彼此同體共生。

㈢有第三者介入，這種情形通常是夫妻之間已有不能令對方滿意之處，這時剛好有第三者介入，於是很容易一接觸就產生火花。

㈣丈夫性好漁色，見異思遷。

㈤妻子所愛不當，太過專注於家務，或只關心孩子，也會讓丈夫移情別戀。

㈥雙方各有缺陷，包括身體、心理、思想上的，讓對方不能滿足。

由此觀之，發生婚外情雙方都有問題，不能把責任留給任何一方，所以營造一個幸福的家，要靠夫妻同心協力。夫妻之間，如果懂得相互尊重、體諒、包容，尤其常想：「結婚是因為彼此相愛，是為了組織幸福的家庭，不是為了生氣、吵架而結婚的。」能夠時時記著當初相愛的那一顆初心，可能就不會發生婚外情，也不會有家庭暴力的問題了。

家庭不合，是社會問題的根源，而家庭暴力事件，無論夫妻互毆、虐待兒童等，都為社會大眾所不容；乃至亂倫問題，則是文明社會的一大恥辱；甚至當前社會，不斷有弒父、弒母的逆倫事件傳出，更為人神所共憤。

營造幸福的家，要靠家庭成員同心協力。

從種種的社會亂象，不但看出人性的善惡，也顯示現在社會倫理道德觀念日漸薄弱，同時更印證這是個「一半一半」的世界：男人一半、女人一半，白天一半、黑夜一半，好的一半、壞的一半，善的一半、惡的一半，甚至佛一半、魔也一半。在這個「一半一半」的世界裡，只有用好的一半去影響壞的一半，世界才會變好。所以關於家庭暴力、婚外情等等問題，只有合理、合法、合情的「待人好」，這許多問題才能一一解決。

三、針對剛才大師所說，關於倫理道德觀念日漸薄弱的問題，請問大師，我們如何加強家人之間的和諧相處，以改善這種現象呢？

答：人在世間生活，人際關係很重要；如果人我的關係不調和，人際的交往不順暢，就會生出許多苦惱憂煩。尤其家人之間，每天生活在一起，如果不懂得調和彼此的關係，就會苦不堪言。

中國人講「親兄弟，明算帳」，人總有計較的心理，為了計較「你多我少，我多你少」，不但朋友可能反目成仇，即使至親骨肉，也都可能對簿公堂，造成人間不少的紛擾。

話說有一戶人家，父親逝世時留下了十七頭牛，遺囑上寫明分配的方式是：大兒子得二分之一，二兒子得三分之一，小兒子得九分之一。

十七頭牛的二分之一、三分之一、九分之一，都不是整數，因此三個兒子非常苦惱，甚至天天吵架，問題還是不能解決。鄰居有一位長者，看著三兄弟每天吵鬧不休，就主動把自己僅有的一頭牛送給他們。

十七頭牛加上長者的一頭，共十八頭牛。大兒子應分得的是二分之一，得九頭牛；二兒子應分得三分之一，是六頭牛；小兒子應得的九分之一，是二頭牛。三兄弟所分得的九頭、六頭、二頭，加起來正好是父親給他們的十七頭牛，於是三兄弟又把長者所送的牛還給了他。長者絲毫沒有損失，卻替三兄弟解決了問題。

人因為害怕吃虧，所以喜歡計較，但是多少不在於物質的數量，而在於本身的心量和道德，尤其一個人能通情達理、明白是非，這才是重要。

最近網路上流行一則趣談，孔子的得意門生顏回，有一天到街上辦事，看到一家布店門口有兩個人在吵架，賣布的要向買布的收取二十四塊錢，但買布的說：「一尺布三塊錢，八尺布應該是二十三塊錢，為什麼要我付二十四元？」

顏回一聽，走到買布的人跟前說：「這位仁兄你錯了，三八是二十四，你應該付給人家二十四元才對。」買布人的很不服氣，指著顏回說：「你有什麼資格說話，三八是二十三還是二十四，只有孔夫子有資格評斷，咱們找他評理去！」

顏回說：「很好，孔子是我的老師，如果他說是你錯了，怎麼辦？」

買布的人說：「如果我錯了，我就把頭給你，但如果是你錯了呢？」

顏回說：「如果是我錯了，我就把頭上的帽冠輸給你。」

二人找到了孔子，孔子問明情況，對顏回說：「顏回，你輸啦，三八就是二十三！你把帽冠取下來給他吧！」

顏回從來沒有反對過老師，現在聽孔子這麼一說，他認為老師糊塗了，便不想再跟孔子學習，因此第二天就藉故家中有事，想要請假回家。孔子明白顏回的心事，並不說破，只說「事情辦完後就早點回來」，並且囑咐他兩句話：「千年古樹莫存身，殺人不明勿動手。」顏回應聲「記住了」，即刻動身回家。

就在回家的路上，突然烏雲密布，雷聲大作，顏回於是躲進路邊一棵樹幹中空的古樹，猛然記起孔子的話，趕快從空樹幹中走出來。說時遲，那時快，一個響雷就把古樹劈個粉碎。顏回驚險逃過一劫，連夜趕回家裡，他不想驚動熟睡的家人，就用隨身佩帶的寶劍撥開門栓。進了屋裡，發現床上睡了兩個人，一時怒從心起，

做人通情達理，人生才沒有阻礙。

正要舉劍砍人，又想起孔子的話「殺人不明勿動手」，於是點燈一看，床上睡的是妻子和妹妹。

顏回大驚，不等天明就迫不及待的趕了回去，一面向老師懺悔，同時感謝老師的話救了自己、妻子及妹妹三個人的命。不過這時候顏回還是忍不住問道：「老師，三八到底是二十三，還是二十四呢？」

孔子反問：「那麼你說，到底是生命重要？還是帽冠重要呢？」

「當然是生命重要了。」

孔子說：「這就對了，如果我說三八是二十三，你輸的只不過是一頂冠；如果我說三八是二十四，他輸的可是一條人命呢！」

佛教講「一就是多」、「一即一切」，因為「法無定法」，因此三八可以是「二十四」，也可以是「二十三」，甚至是「無計數」，但其實三八還是「三八」，這就是聖人的智慧。聖人的智慧是圓融而不執著、不呆板的，所以做人要有圓融的智慧，尤其要「明理」。現在的人喜歡說理，但是明理的人很少。說理的人都是站在自己的立場，說自己的理，維護自己的理，一旦別人不服氣、不接受，就會產生紛爭。

話說有兩戶人家，張家經常吵鬧不休，李家卻和睦互敬。有一天，張先生問李先生：「為什麼你們家時時充滿歡樂，我們家卻天天像個戰場一樣？」

李先生回答：「因為你們家都是好人，我們家都是壞人。」

張先生不解其意，問道：「此話怎麼講？」

做人要有圓融的智慧，尤其要「明理」。

李先生說：「譬如，在我們家，如果有人將茶杯打破了，馬上就有人認錯：『是我不好，我把杯子放得太靠近桌緣了，害你打破茶杯，有沒有傷到手啊？』打破的人也會連忙說：『沒事，沒事，是我不小心，對不起，讓你嚇著了。』但是，這件事如果發生在你們家，打翻的人會說：『是誰這麼沒大腦，把杯子放得這麼靠邊，害我打翻了？』另外一個人會立刻反駁：『是我放的杯子，怎麼樣？你自己不小心，還要賴到別人身上！』就這樣你一言，我一語，大家都不肯『認錯』，當然就不得安寧了。」

所以，做人如果肯「嚴以律己，寬以待人」，處處尊重別人，隨時承認自己的錯處，尤其能掌握好人與人之間的倫理關係，則人際之間就會很和平。因為倫理是人際關係融洽的重要一環，一個家庭裡，即使親如父母、兄弟、姊妹、伯叔、夫妻、妯娌等眷屬，也要靠長幼有序、尊卑有別、上慈下愛的倫理關係來維繫，才能保障彼此之間的秩序與和諧。

四、俗語說「久病床前無孝子」，現代不少年輕人平常就疏於對父母「晨昏定省」，如果父母生病了，兄弟姊妹之間相互推諉的情況，更是時有所聞。請問大

師，子女對於年老尤其身患疾病的父母，應該如何盡孝呢？佛教對「孝順」，乃至對親族家人的倫理有何看法與主張嗎？請大師開示。

答：孝順是中國古老的傳統美德，孝親思想維繫了社會的倫理道德，促進了家庭的和諧健全。然而隨著時代潮流的演變，現代人愈來愈不注重孝道倫理，尤其所謂「代溝」的問題，愈發使得現代人的「親子關係」更為疏遠、淡薄，因此社會上有愈來愈多的「獨居老人」。這固然是時代變遷等諸多因素所造成，但是傳統的孝道觀念式微，絕對是當中重要的一環。

父母為了家庭、兒女，一輩子心甘情願的犧牲奉獻，不計較、不嫌苦，然而這分「天下父母心」，有幾個兒女能體會？

有一個父親，三十多歲喪偶，獨力扶養六個女兒。在女兒極力反對下，年輕的父親一直不曾續弦。好不容易十幾、二十年過去，小女孩慢慢長大，也各自找到對象結婚，這時他們忽然覺得很愧對父親，因為自己的自私，讓老爸爸孤獨一生。

有一個母親即將過六十大壽，全家集合商量，想要選一個禮物送給母親。大家想了又想，幾十年來每個人都想為母親添置衣服物品，但是媽媽總是說不要；想

有空巢的父母，沒有空巢的小鳥。

要辦一桌豐盛的筵席來請母親，也有人說媽媽不喜歡吃那麼多菜。大家研究再三，小弟說：「媽媽平時最喜歡吃剩菜了！在媽媽生日的這一天，我們就把留下來的剩菜給媽媽享用好了。」

六十歲的壽誕到了，先生和兒女們笑著對媽媽說：「你每次都說最喜歡吃剩菜，因此我們也只有用剩菜來討你歡喜，為你祝壽。」媽媽含著眼淚對著他們說：「數十年來，我就是喜歡吃剩菜。」一句話，包含了多少母愛的光輝。

所謂「有空巢的父母，沒有空巢的小鳥」，父母一生守護著兒女，永遠都是扮演著「倚門望子歸」的角色；但是兒女一旦長大成人，往往只知追尋自己的理想，毫不顧念父母。父母在兒女面前，永遠都是付出者，卻很少得到兒女的回饋。

例如，父母年輕時，每日接送兒女上下學，日日月月、歲歲年年，無怨無尤；但是父母年老後，兒女偶爾陪父母到醫院看病，一次、二次，他就心不甘、情不願的嫌煩，正是所謂「久病床前無孝子」的寫照。尤其常見各大醫院的兒童病房裡，每天有不少孝順的父母進進出出；老年人的病房裡，則少有孝子賢孫探視。兒女不但平時難得到醫院探望父母，更別說在病榻前的關懷、照顧了。

在一個家庭裡，一對父母可以照顧七子八女，但是十個兒女卻照顧不了一雙年老的父母！家庭是每個人的生活重心，孝順則是人倫之始，是倫理道德實踐的根本，人而不孝，何以為人？所以在家庭的人倫眷屬關係當中，佛教首重「孝道」的提倡。佛教認為，孝順父母，報答親恩，是上報「四重恩」之一；反之，弒父弒母，則是不通懺悔的「五逆大罪」。

在佛門中的孝親事蹟不勝枚舉，例如佛陀為父擔棺、為母升天說法；目犍連救母於幽冥之苦；舍利弗入滅前，特地返回故鄉，向母辭別，以報親恩；民國的虛雲和尚，三年朝禮五台山，以報父母深恩。在《緇門崇行錄》裡，孝親的懿行更是不可勝數，例如敬脫大師的荷母聽學、道丕大師的誠感父骨、師備禪師的悟道報父、道紀禪師的母必親供等。

中國傳統的孝道觀念，基本上是可以和佛教的報恩思想相互輝映的。但是世間的孝順，有人認為「孝」是應該的，「順」則有待商榷。因為有些父母以他淺陋的知識，要求兒女聽從自己的主張，結果兒女為了孝「順」父母，放棄了自己的理想，荒廢了自己一生的前途，殊為可嘆。所以，我認為現代兒女真正要盡孝道，不但在某些地方要了解父母的心、順他們的意，尤其要引導他們有正確的宗教信仰，讓他們對未來老年的生活有所歸宿，甚至無懼於死亡，對來生充滿希望；能夠讓父母歡喜、安穩、自在、放下，這就是孝道。

過去儒家主張：生養死葬、晨昏定

感謝父母養育之恩。

省、和顏悅色、恭敬柔順，此乃人子孝親之道；佛教也說「盡心盡壽，供養父母；若不供養，得重罪」。但是，佛教更進一步認為：「非飲食及寶，能報父母恩，引導向正法，便為供二親。」

佛教的孝親思想超越一般世俗的小孝。如蓮池大師把孝順分為三等：「生養死葬」，只是小孝；「榮親耀祖」，是乃中孝；「導親脫苦」，才是大孝。前二者是世間的孝道，其利益僅止於一世，再說即使家庭和敬孝悌，子孫承歡膝下，也會有生離死別之苦；家業龐大，功業彪炳，足以讓父母享有富貴，萬一無常來臨，天災人禍也會使崇高的地位毀於一旦。唯有引導父母正信，不但給予父母精神上的濟度，增長菩提智慧，而且使他們永斷惡道，甚至了生脫死，其福德廣大難量，這才是最高的孝道。因此，希望現代的父母與子女之間，彼此都能建立一些新的孝道思想與倫理觀念！

五、由於科技發達，無形中對人類的倫理道德造成極大的衝擊。例如目前有愈來愈多不孕的婦女，透過「人工受孕」、「試管嬰兒」或「借腹生子」的方法來生兒育女，但有不少衛道人士對此感到憂心忡忡，認為未來可能造成亂倫等諸多社

會問題，請問大師如何看待這個問題？

答：「傳宗接代」是中國人根深柢固的觀念，所謂「不孝有三，無後為大」，為了不致背負「絕後」的罪名，一些無法正常受孕的夫妻，於是借助「人工受孕」、「試管嬰兒」、「借腹生子」等各種方法，以達到生兒育女的目的。

人工受孕、試管嬰兒，乃至借腹生子等，都是由於醫學、科學的發展所衍生出來的新現象，對現代社會道德、家庭倫理都產生一定的衝擊和挑戰，尤其不少衛道人士擔心未來可能會產生亂倫的問題。

其實，儘管社會不斷的演進，制度不斷的革新，在相關的制度、價值觀尚未建立之際，冒然嘗試，必然會帶來許多後遺症，這也不是當事人本身所能想像。要解決這些問題，必然有其一定的困難度，但是社會有了問題，總要想方法解決；根本解決之道，可以從改變觀念做起。例如，不能正常受孕，借助人工；不能自己生育，借人之腹，其實這與「收養」有何不一樣？如果能把心量、眼界放寬，能把愛心廣被天下人，則親生、收養又有何不同呢？甚至國家民族江山代有偉人出，何必只顧及一家、一己之私呢？

再說，如果從佛教的「三世因果觀」來看，業道眾生在生死輪迴中，其實彼此都曾互為眷屬。如《法華經》說，從久遠劫以來，多少億年前到現在，眾生在五趣流轉、六道輪迴中，沒有一個人不曾做過我們的父母或兄弟姐妹，所以說「一切男子是我父，一切女人是我母」，只是礙於眾生有「隔陰之迷」，因此看不到這層關係。

有一首偈語說：「眾生真是苦，孫子娶祖母，牛羊席上坐，六親鍋裡煮。」這是說一個有天眼通的人，看到一個結婚典禮的場合，發現新娘其實是新郎前世的祖母所轉世；準備宴客而在鍋裡煮的牛、羊，則是過去世的親朋好

因為「隔陰之迷」，人會忘掉過去生的事。

友投胎而來；與會參加宴席的親朋好友，過去世也曾經淪為牛、羊。然而眾生認不清這一切，所以說輪迴真是苦。

人之所以會忘掉過去的事，是因為有「隔陰之迷」。「陰」指的是「中陰身」，也就是我們的身體。人死之後，至再次受生前的識身稱為「中陰身」。中陰身隔開了前生與今世，但也連繫了今世與前生。由於「中陰身」的隔離，使我們忘記前生的種種造作，不知身為何道眾生。

也許有人會很遺憾的說：多可惜！如果我們有宿命通，沒有隔陰之迷，能夠知道自己的過去、未來，人生不是很愜意自在嗎？其實，人類果真有了神通就很快樂嗎？譬如我們能夠測知過去，當我們知道自己過去墮為牛羊豬馬的畜生道，那時將情何以堪呢？當我們預知自己只剩下三年的生命，還能悠遊度日、逍遙生活嗎？有了他心通，看到對方美麗的笑容裡面卻包藏禍心、口蜜腹劍，能不痛心疾首、觳觫憤恨嗎？沒有神通，日日是好日，處處是好處，多麼灑脫自在！因此宇宙人生的發展，有它自然的軌則，各安其位，遵循它的變化秩序，才能得其所哉。眾生由於隔陰之迷，換了個好身體，忘記了不好的過去，何嘗不是美好的事呢？

也有一些年輕人不相信來生。然而，一粒黃豆種子、一粒西瓜種子，只要播種，都可以再發芽、生長、結果；一粒種子都有來生，為什麼人反而不相信自己有來生，不相信生命有輪迴呢？不相信輪迴，不相信來生，就沒有希望；人生最大的意義，就在於對未來有希望，所以要相信輪迴。

因為生命有輪迴，因此我們對倫理親情的看法，不一定局限在現世的父母、兄弟、姐妹；能與一切眾生「一體同觀」，共生、共存，就不會有親疏的分別，繼而把小我的生命融入到大我裡，讓自己活的歡喜、活的自在，這才是生命的價值。

六、延續上面的問題，現在科技發達，人類已開始研究「複製人」。請問大師同意這項研究嗎？依佛教的看法，「複製人」有違反人間的倫理嗎？

答：「複製人」與「試管嬰兒」一樣，同是科技發達的產物，自一九九七年英國成功的複製小羊「桃麗」（Dolly），緊接著複製牛、複製豬、複製老鼠也相繼誕生。甚至美國的科學家表示，他們不但複製動物，而且還可以同時更改動物的基因，利用基因重組技術，複製出對瘋牛症具有免疫力的複製牛。

此外，一個進行人類遺傳學研究的國際科學小組更說，未來複製人類可能比複製動物來得更為容易，因此一名義大利醫生已經打算開始複製人類，用來幫助不孕的夫妻。

儘管科學發達，未來或許真有可能誕生出複製人，但是以佛教的觀點來看，科學家所複製的是有機體，心靈的能量無法複製。也就是說，複製品只是形體上的，身體六根可以複製，但生命的精神與意志無法複製，生命要用生命才能複製，一切都不離「因果」。例如，用花、草、樹木，不能複製牛、羊、人；牛還是牛的基因，羊還是羊的基因，人還是人的基因，生命不能憑空複製，更不能錯亂因果。

由於宇宙萬有都是從因緣而生，緣起緣滅，世間上任何一法都不能離開因緣果報的定律，因此儘管現代科技發達，日新月異，還是無法發明生命。未來不論尖端科技以無性生殖方式複製動物，或是人工受精、試管嬰兒、借腹生子等，以佛法的觀點來看，他們的基因也都是由業力所潤生。生命不能複製，心識不能複製，真如佛性更無法複製，生命的基因正如佛教所說的業力，仍然是維繫生命的主因。

從這個觀點來看，父母生兒育女不也是在「複製人」嗎？每一個人本來就是父母所複製的啊！因為「複製人」基本上還是離不開「基因」，還是離不開「因緣果報」，還是要有生命的種子、因緣才能複製。

至於現在科學上所謂的「複製人」，未來能否讓大家所認同？能不能成為社會的主流？我想都還需要有一段時間來試驗。

七、曾聽大師開示，佛教的「五戒」等同儒家的「五常」，可否請大師進一步說明其意？

答：一般人談到學佛，就會聯想到持戒，佛教也一再強調「以戒為師」、「戒住則僧住」。戒是一切善法的根本，也是世間一切道德行為的總歸。佛教的「五戒」更是做人的根本，能把五戒持好，才算完成人格。

五戒就是「不殺生、不偷盜、不邪淫、不妄語、不飲酒」，雖然分別為五，但其根本精神只有一個，就是「不侵犯」；不侵犯而尊重別人，便能自由。因此五戒中，不殺生，就是對別人的生命不侵犯；不偷盜，就是對別人的財產不侵犯；不邪淫，就是對別人的名節不侵犯；不妄語，就是對別人的信譽不侵犯；不飲酒，就是對自己的理智不傷害，從而不去侵犯別人。

一般人的認知裡，總以為受戒是增加束縛，因此有人說何必受戒，自找束縛！其實，持戒是自由，犯戒才是束縛。持戒也非佛教徒的專利，持戒就如國民守法一樣，人人都要持戒，不持戒就會觸犯刑法。我們看社會上，凡是身陷牢獄失去自由

光是佛教一個「五戒」，就足以安邦定國。

的人，探究其原因，都是觸犯了五戒，譬如：殺人、傷害、毀容、迫害，是犯了殺生戒；貪汙、侵占、竊盜、勒索、搶劫、綁票，是犯了偷盜戒；強暴、拐騙、重婚、妨礙風化，是犯了邪淫戒；毀謗、背信、偽證、恐嚇、造謠、仿冒，是犯了妄語戒；販毒、吸毒、運毒、醉酒等，是犯了飲酒戒。

由於犯了五戒，於是身繫囹圄，失去自由，所以持戒不但是守法，而且不會失去自由。佛教的「五戒」與儒家的「五常」，有其相通之處。五常就是仁、義、禮、智、信，若以五戒配五常，即：不殺生曰「仁」，不偷盜曰「義」，不邪淫曰「禮」，不妄語曰「信」，不吸毒曰「智」。只是儒家的五常僅止於勉人律己，而佛教的五戒，則從消極的持守不犯，進而積極的尊重利他，因此是自利利人。

例如，不殺生而保護眾生，自然能獲得健康長壽；不偷盜而布施喜捨，自然能發財而享受富貴；不邪淫而尊重他人的名節，自然家庭和諧美滿；不妄語而讚歎他人，自然能獲得善名美譽；不吸毒飲酒而遠離毒品的誘惑，自然身體健康，智慧清明。

曾經有人質疑，佛教對國家社會有什麼貢獻？其實光是一個「五戒」就足以安邦定國。廬山慧遠大師說：「釋迦之化，無所不可適。道固是教源，濟俗亦為要務……何者？百家之鄉，十人持五戒，則十人淳謹；千室之邑，百人修十善，則百人和睦。傳此風教，以周寰區，編戶億千，則仁人百萬。夫能行一善，則去一惡；一惡既去，則息一刑；一刑息於家，萬刑息於國……此明詔所謂坐致太平者是也。」

因此，五戒是淨化人心的良藥，一人受持，一人得益，萬人受持，萬人得益；如果全國人民共同受持五戒，即如同人人都奉行三綱五常，則大同世界、和諧社會的建設，必然指日可待。

八、在《雲水三千》裡，看到大師的「生涯規劃」八個時期中，提到「人間佛

教」要有人間的性格、人間的倫理。請問大師，人間的倫理是什麼？現在的社會是否應該建立一些新倫理觀？

答：談到人間佛教的倫理觀，我曾把自己的一生，以每十年為一個時期，規劃出「成長、學習、參學、文學、歷史、哲學、倫理、佛學」等人生八個時期。

在最初的「成長」以及「學習」、「參學」期間，我一直很慶幸自己能在叢林裡接受嚴格的教育，在大眾裡努力學習，並且多方面的吸收各種知識。

到了第四個十年開始，我有感於生命的內涵必須有「文學」的情感來充實，因此不但大量閱讀各種歷史小說、言情小說、偵探小說，乃至東西方武俠小說都看了很多，覺得很夠味；平時自己也嘗試舞文弄墨，寫詩、寫小說、寫各種的文學作品，所以我把這個時期定為「文學」時期。

之後進入第五個十年為「歷史」時期，因為我覺得每個人都要用自己的生命，為社會人類留下「立功、立德、立言」的事業，生命才有意義，因此發願為佛教寫「歷史」。

隨著年歲的增長，到了第六個十年，我忽然覺得生命要有「哲學」的思想，才能超越世間的表相；凡事要懂得逆向思考，才能超越一切對待，所以定為「哲學」時期。

有了哲學的思想，還要落實到現實生活中，過著「倫理」的人生。所謂倫理，就是「次序」，有倫理、次序，才能將世間的一切差別對待融和在一起。所以到了六十歲的時候，我忽然感覺到我個人應該不是個人了，我應該比別人有更多的兄弟姐妹、更多的父母、更多的親人眷屬；也就從這個時候開始，佛光山定期舉辦親屬會，讓徒眾的父母、家人到佛光山來聚會，我甚至發心願意代所有的徒眾來孝順父母、幫助家人，這就是人間佛教的倫理關係。

尤其，我一生不喜歡過生日，每逢母難日都有不同的心情，但是在六十歲那一年，我很歡喜的集合了一千三百五十位六十歲的同齡老人在佛光山過生日，從此我更感受到，佛法對於建立人間的倫理道德觀念，對於和諧人間的倫理關係，至為重要。

之後一直到八十歲，我才真正把一切回歸到「佛法」，在佛法的「一真法界」裡，圓滿生命。

所以，所謂人間佛教的新倫理觀，就是要建立「怨親平等」、「生佛一如」、

「物我無間」、「人我互換」、「天下一家」的平等觀與慈悲觀。

佛教主張「人人皆有佛性」，所以「我不敢輕視汝等，汝等皆當作佛」，甚至「一切男子是我父，一切女人是我母」；有了這種「人人皆當成佛」、「人人互為眷屬」的平等觀與同體觀，就能「怨親平等」，就容易有「人我互調」的慈悲心。人我之間只要能換個立場替對方著想：「假如我是你、假如你是我」，人際關係就會更和諧。

所以，我對人間佛教的理念，就是建設一個「天下為公、世界大同」的社會；建立一個沒有仇恨，只有感恩，沒有打擊，只有幫助的「人間佛國」。總之，人間佛教就是美好的世界，是極樂淨土的人間化，而這種美好的世界，首須建立人間的倫理道德，如果人我之間都能相互尊重、包容，則和諧就不困難了。

九、國際之間，國與國的建交、斷交反覆無常，一切都以本國的利益為考量，完全漠視對方的立場、感受。請問大師對國際倫理有何看法？國際之間是否也應該建立起一套大家共遵的邦交倫理呢？

答：生活在世界上，每個人都需要財富、幸福與歡喜，但當人與人、人與社會、人與世界接觸時，最需要的就是融和與和平。因為家庭融和，家人才會幸福；世界和平，國家民族才能相安無事。

「人我融和、世界和平」的實踐，首先必須建立一套舉世共遵的倫理道德觀，例如：

㈠種族之間要平等，不可故意挑起族群對立，對少數民族要尊重，對弱勢大眾要愛護。

㈡人權應該受到尊重，舉凡生存、參政、財產、自由、文化、智慧、信仰等，都應受到尊重與保障。

㈢國際之間語言要溝通、文化要交流、種族要平等、經濟要互助、物質要互通；所謂「四海之內皆兄弟」、「天下本一家」，民族之間不應該狹義的分成你和我，大家應該發願做個「地球人」。

㈣國與國之間要提供移民、開放觀光，對於國際人士進出海關受檢時，應該給予尊重；旅客也應配合、接受當地的出入境辦法規範。

㈤國際間遇有重大災難，應該本著人道精神，迅速提供救援，彼此相互幫助，要有「人飢己飢，人溺己溺」之「共生共榮」的關懷。

㈥凡是正信宗教之間，應該互相尊重包容。各自的教主不同，彼此要尊重，不可混淆；教義各有所宗，應該各自發揮，彼此「同中存異、異中求同」；教徒之間則可以彼此溝通往來，增進友誼。

此外，重視國際邦交友誼，促進國際經貿往來，舉辦國際會議交流，尊重國際種族通婚等。總之，世界上有許多不同的國家、文化、種族，彼此要互相包容、尊重，如一個盒子，能盛裝不同的東西；如一只茶杯，不管倒入茶水或咖啡，杯子都能容納。尊重與包容是世間最美好、最高尚的品德，當別人有人格道德不健全時，只有誠心誠意去感化、包容他，才能讓對方有改進的機會。如果每個人都能「給人一點空間、給人一點諒解、給人一點尊重、給人一點包容」，則不管對自己、對他人，乃至對整個世界和平的促進，都能發揮很大的作用。

一〇、可否請大師再將佛教對倫理的看法，例如僧團倫理、朋友倫理、工作倫理、群己倫理等，多做一些開示，以期對今日社會，乃至人際相處之道有所參考？

答：在一般社會上，在家人有在家人的人倫關係；佛門裡，僧團也有師徒與師兄弟的關係。如《四分律》說：「和尚看弟子，當如兒意看；弟子看和尚，當如父意。展轉相敬，重相瞻視，如是正法便得久住。」《太平御覽》也說：「學之有師，亦如樹之有根也。……師者，發蒙之基。」

所謂「道成乃知師恩」，佛教裡，師徒之間的情誼有時更甚於世間的親情，如晉朝曇印罹病危篤，弟子法曠七日七夜為其虔誠禮懺；元朝印簡遇兵難，猶一如平常，侍奉其師中觀沼公，深受元兵敬重；布毛侍者依止鳥窠禪師十六年方受點撥，了悟自家面目；宋朝懷志謹遵老師真淨克文的遺訓，堅拒住持領眾，拋名利於腦後等。

此外，也有的師徒之間教學相長、互為師表，例如道真長老接受做住持的徒弟之命令，甘之如飴的為客人倒茶、切水果；如果今日社會大眾都能學習老和尚這種「老做小」的精神，必能消除許多「老少問題」與「代溝問題」。

至於朋友倫理方面，所謂「在家靠父母，出外靠朋友」，一般人都期盼伯牙與鍾子期的情誼，修道者也羨慕舍利弗與目犍連的法愛。「朋友」成為人與人之間支持互動的力量，經典裡比喻，有的朋友如花、如秤，只重視地位、權力，完全以利相交；但也有的朋友像高山、大地，以廣闊的心承載、包容，是一種道義之交。另外，經典中也記載善友是在急難時給予幫助，有過時予以規勸；惡友則是面善心

《佛說孛經》中，比喻友有四品，以利相交之友，如花、如秤；道義之交者，如山、如地。

惡，飲酒作樂，不顧生死。

如何才能獲得善友？佛陀教授七種方法：難予能予、難作能作、難忍能忍、密事相語、不揭彼過、遭苦不捨、貧賤不輕。佛陀並以蘭園、鮑肆比喻朋友習氣的相互影響，或薰其香，或聞其臭，端賴自己正見選擇。

談到工作倫理，工作是人們生活的依靠之一，有人藉此養家活口，有人從中實踐自我，有人只是得過且過，敷衍了事，也有人盡心盡力，努力完成。若要事業有一番成就，除了廣結善緣、節儉勤奮、樂於喜捨之外，工作倫理也是不可忽視的條件。身為上司者，在與員工相處時，應該做到：關懷員工工作，不使過分勞累；關懷員工飲食起居，了解待遇是否足夠養家生活；培養員工正當的休閒活動；關心員工的健康；各種福利與員工分享。

身為主管者，是領導的中心，除了愛護部屬、員工以外，也要健全自己，例如：包容的心胸、承擔的勇氣、決斷的智慧、主動的精神、不看輕後學、不推卸責任、不疑心猜忌、不爭相領導等。以此為行事準則，必能獲得大眾的擁護。

另一方面，員工與主管相處之道有：被怪不生氣、工作不拖延、指示不違逆、凡事不隱瞞、處眾不特權、敬業不偷懶、積極不懈怠、往來不投機、做人不孤僻、做事不呆板、思想不陳舊、處世不極端。

工作讓人開發生命的潛力，展現生命的價值；只有發揮熱忱，尊重工作倫理，用心投入工作，人生才會更有意義。

關於群己的倫理，人類是群居的動物，無論食、衣、住、行，所受用物皆是大眾相互成就而有，尤其資訊發達的現代，人人更離不開大眾而獨自生活，所以早在二千多年前，佛陀就殷勤教導弟子與人相處的禮貌，例如：能謙恭、知次第、不論餘事、悉心聆聽、信受奉行等等。尤其佛教講「同體共生」，人生彼此都是相關一體的，都是因緣關係的相互存在。每一個人都只是世間的一半，甚至是三分之一；

「我」以外還有一個「你」，你以外還有一個「他」，你我他之外，還有周遭接觸的各種人等。

人與人之間所以會有紛爭、不平，就是因為「你、我」的關係不協調。因此，想要獲得和諧融洽的人際關係，唯有把「你」當作「我」，你我一體，你我不二；能夠將心比心，彼此互換立場，才是和諧群我關係的相處之道。

一一、剛才談到，現代人的倫理道德觀念日益薄弱，請問大師，這是否與現在是個功利主義掛帥的時代，各國的大學教育普遍偏重資訊、企管、科技等理工學系，忽略人文思想的重要性，而直接或間接造成現代年輕人的價值觀偏差有關呢？我們應該如何來改善這種現象呢？

答：隨著工業科技的高度發展，現代社會的確充斥著功利主義，尤其在「升學壓力」下，學校教育普遍著重知識的傳授，忽視生活教育、思想教育、人文教育的重要；而青年學子在這樣的教育體制下，也把讀書當成是考上一流學校，或是求取專業知識，以便將來畢業後能找到一份好職業，賺取高薪，享受豐厚物質生活的途徑。

由於社會價值觀的偏差、誤導，現代青年普遍識見短淺，缺乏理想，凡事向

以人文精神為依歸的精緻型大學——佛光大學一景。

「錢」看齊，造成社會物欲橫流，脫序、亂象叢生。要改變這種現象，當務之急，應該提倡「人學」的重要。因為世間上除了「物」以外，還有「人」的存在，「人」才是世間最重要的學問；人與人之間若能相親相愛，宇宙何其寬廣？

記得一九九四年十一月，我出席在佛光山台北道場舉行的「海峽兩岸學術會議」，席中有一位教授說：目前中國大陸有一批學者專門研究「人學」，他就是其中之一。原來現在「唯物主義」已經不足為共產社會所需要，因此他們從「唯物主義」覺醒，開始研究「人學」，我覺得這是一大進步。不過我認為光是在表面上研究「人」還是不夠，重要的是研究我們的「心」，因為人是色與心和合所成，必須將物質與精神調和，才能徹底將「人」做好。

做人最重要的就是要有理想，有理想就有志願、就有抱負、就有熱力、就有成就。理想就是正當的希望，希望可以引導我們走上正途，希望可以指示我們達到目標。所謂「哀莫大於心死」，人生最悲哀的事，就是沒有希望；沒有希望的人生，前途一片灰色，黯淡無光。

人生有了理想，才有奮鬥的力量；有了理想，才有生機；有了理想，才有生命。沒有理想的人生，好比乾涸的泉水，不能長養生機；沒有理想的人生，好比荒涼的沙漠，無法孕育生命。

動物中，就算貓狗，也希望有美好的三餐；植物界，就算花草，也希望有朝露的滋潤；自詡為萬物之靈的人類，怎麼能沒有正當的希望，怎麼能沒有崇高的理想呢？

有鑑於人文精神的重要，當初佛光大學創校時，我就立定要辦一所以「人文精神」為依歸的精緻型大學，希望師生朝向師徒式的關係發展，學生不只是知識的追求，而是在師生共同生活中，學習如何待人處事，並且養成高尚的道德情操，期能為國家社會培育出品學兼優的下一代。

因此，針對當前教育缺失所產生的價值觀偏差、道德淪喪等問題，希望舉世在現有的正規教育以外，應該同時重視人文精神修養的宗教教育；以宗教的精神淨化社會人心，敦厚社會風氣，去除人民暴戾之氣，使國家成為富而有禮的樂邦，使世界邁向同體共生的地球村時代。

一二、現代的社會科技發達，高科技跟電腦代替了人力，所以很多公司行號不得不大量裁員。如此發展下去，請問未來的世界人類應該何去何從？是否在工業革命之後又會再引發一次高科技革命，人要如何求生存？請大師開示。

答：人類的歷史，從最初靠打獵維生，進而到游牧時代，接著進入畜牧時代，之後進步到農業社會，到了現在的工業社會，甚至高科技時代的來臨，未來人類繼續往前發展，將會進步到一個什麼樣的時代，這是「未來學」所要研究的課題。

然而，儘管科學的發展一日千里，科技不斷在變、變、變，不過人應該比科學更高明，人也會變、變、變。所謂「上有政策、下有對策」，未來不管科學發展到什麼樣的階段，人類為了生存，一定也會有因應的對策。

例如，現在社會失業率很高，但是我常說，一個人如果能夠放下身段，隨便擺個小麵攤也能生活；家中有一塊地，種菜也能自食其力；甚至未來電腦科技發達，人慢慢的不會寫字，就是幫人書寫，也能賺錢。總之，人只要肯自力耕生，就有很多路可以走；人只要自己有辦法，就能夠活下去。

我一生沒有被人錄用過，也沒有拿過一份薪水，雖然曾在幾所大學教書，也有薪水可拿，但我都是悉數捐出做為獎學金。現在我也不接受信徒的紅包供養，因為人生不是有錢就是富有，我認為知足常樂，安貧樂道才是富有。

人，有時不會自我調適，遇到一點困難，就覺得到處行不通，被境界束縛得緊緊的，每天坐困愁城，在框框裡不能解脫，這是人生最大的懦弱，也是最大的無知。

人生的路上，當你走到前頭無路，即將碰壁的時候，需要轉彎；觀念一轉，可能就會「柳暗花明又一村」。就如吃東西的時候，太鹹太淡、太酸太辣，如果懂得用一些配料加以調和，可能就會適合你的口味。

所以，因應時代發展，未來人類生存下去的對策，絕對不是靠天、靠地、靠電腦、靠科技，重要的還是要靠自己。例如增加自己的勇氣、增加自己的能力、增加自己的信心，尤其有信心就有力量，就如我們信仰宗教，不管信哪個宗教，只要有信仰，就會有力量。力量不是靠別人給我，所以不要一味向外追求，應該發掘自己本自具有的能量、動力，例如智慧就是力量，忍耐就是力量、慈悲就是力量、看破放下都是力量；有力量，就能在這個世界上生存下去。所謂「天無絕人之路」，不要杞人憂天，任何事情，只要懂得轉彎，只要能夠自我調適，世界上沒有解決不了的困難。

人生的路上，當走到前頭無路時，需要轉彎；觀念一轉，可能就會柳暗花明又一村。

佛教對「社會問題」的看法

時間：二〇〇六年三月一日
晚間七時至九時三十分
地點：美國西來大學
記錄：滿義法師　英文翻譯：妙光法師
對象：西來大學校長、副校長、教務長，
以及遠距教學位在世界各地幾十個
地區的學員近千人。

隨著科技與物質文明的繁榮發展，現代人的物用生活愈來愈豐富，但是相對的，人心並未因為物質豐厚而獲得滿足與提升，反而愈來愈貧乏、空虛，甚至感到不安、恐懼；尤其社會結構變遷、人際關係疏離、道德淪喪、價值觀產生偏差等，致使人人活在不安定當中，繼而衍生出層出不窮的社會問題，因此經常有人慨嘆說：「我們的社會生病了。」

我們的社會到底生了什麼病？社會到底發生了哪些問題？二〇〇六年三月一日，星雲大師在西來大學主持「遠距教學」課程中，針對現今社會發生的諸多問題，如「高齡化社會」（人口老化）、「家庭少子化」（人口減少），以及「憂鬱症」、「自殺」、「色情」、「亂倫」、「家暴」、「虐待兒童」、「青少年流連網咖」、「卡奴族以債養債」、「網路犯罪」、「環保」、「傳媒」、「治安」等問題，分別從佛教的觀點加以分析、探討，同時提出解決之道。

大師表示：很多社會問題都是大家所共同遭遇的困難，雖然有的問題一時沒有辦法究竟解決，但是大家要自許成為一朵淨蓮，要能出汙泥而不染，千萬不要與社會的諸多問題共舞，更不要成為製造問題的一分子。

由於當天正逢西來大學為全校的植物花草施肥，大師開場白第一句話就說：

「肥料的氣味不好聞，這也是環保問題；不過，施肥以後，對植物未來的生長有所助益，乃至生活環境也會隨著植物的成長而改變，這是我們種植花草的目的。」由於大師探討問題，都是從正面與積極面提供看法，因此總能帶給人無限的希望。誠如大師所說：「儘管這個社會像汙泥，只要大家能做一朵淨蓮就好了。」以下是當天的座談紀實。

一、佛教重視「心法」，強調「心地用功夫」，然而現在是個資訊發達，科技文明一日千里的高科技時代，由於新道德尚未建立，舊道德不被重視，所謂「人心不古」，導致社會問題層出不窮。因此，首先想請大師從佛教的觀點來為社會把脈，看看現在舉世到底發生了一些什麼樣的社會問題？請大師開示。

答：現在社會到底發生了哪些問題？總的來說，由於社會變動太快，所謂「人心不古」，導致社會道德一直向下沉淪，整個社會的價值觀產生了偏差，對生命的意義與價值之認知也產生問題，因此不但個人有個人的問題、家庭有家庭的問題，機關團體或者大家共處的社區，也有各種問題。甚至國家有政治、經濟、軍事、治安上的問題，乃至隨著醫學科技及醫療保健的進步，人類壽命不斷延長，銀髮族的增加不但是全球普遍的趨勢，「人口老化」與「家庭少子化」造成人口結構變遷，更是未來舉世共同面臨而急待解決的重要課題之一。總之，這個世界好像到處都有問題，今天我們就是針對「社會問題」來討論，看看究竟這個社會有哪些問題跟我們有關係，需要我們一起來關心。

首先，人打從出生接觸到這個世間以後，第一個所要面臨的就是安全問題。在家庭裡有父母保護我們，進了學校有師長教育我們，但是一旦出了社會，社會的安全問題則是我們所最關心的。現在的社會治安敗壞，殺人、搶劫、詐欺、綁票，乃至現在的恐怖主義猖獗，甚至宗教之間的對立、種族之間的衝突，這些人為的災難，都直接對我們的生存造成很大的威脅。

除了人為的災難以外，大自然的天災，諸如地震、海嘯、火山爆發、風災、水災、土石流等。不管天災還是人禍，其實都是源於人心的問題。例如，社會大眾缺乏環保觀念，使得山川大地飽受汙染與噪音的侵害，國土已開始生病了；現代人類被功利與虛榮沖昏了頭，導致世風奢靡，暴力連連，時代也罹患重病了；為人師長者不知道關懷下一代，或濫用體罰，或縱容惡行，久而久之，教育就百病叢生了；愛的觀念偏差，方法不對、對象錯誤，感情也會產生變化，於是網路援交、一夜情，甚至網路犯罪、網路相約自殺等問題一一浮現。

此外，現代青年男女「不立、不婚、不生」，衍生出人口減少、男女失衡、單親家庭、不婚生子、隔代教養等問題叢生。尤其現在人際關係疏離，很多人得到憂鬱症，甚至自殺；乃至青少年迷戀網咖、盲目追星、崇拜名牌、吸毒、亂倫、色情、家暴等，也都成了社會問題。

近年來台灣還有信用卡問題；刷卡容易，還錢卻不容易，於是不少卡奴族為債所苦。尤其現在政黨惡鬥，選風敗壞，每到選舉時，諸如買票、賄選、抹黑、互揭瘡疤等，乃至媒體報導失真、隱善揚惡、報壞不報好、沒有是非、只有立場等。可以說現在的社會問題之多，弄得整個社會治安混亂，因此現代人的痛苦指數不斷上升。

照理講，這個時代科技發達、物質豐富，人們應該生活得很快樂才對，但是卻有愈來愈多的人覺得心裡不快樂、不安穩，這種心理問題沒有解決，也將造成社會層出不窮的問題。所以面對當前的諸多社會問題，包括價值觀偏差、風氣敗壞、道德淪喪、輿論不公、公權力不彰、正義難伸、公理不明、缺乏道德勇氣等，凡此都是源自一顆有病的心靈，所以現在最需要解決的問題，就是從「心」開始。

佛教之於世間，最重要的任務就是淨化人心、改善社會風氣。雖然一般人認為佛教應該從事社會服務，甚至把佛教定位為「慈善救濟」，其實這不是宗教的最大任務，因為救濟人人能做，社會上任何一個團體、機關都可以從事慈善事業，但是唯有宣揚教義、淨化人心、改善社會風氣，這是宗教界當仁不讓的，尤其佛教更應該擔負起這個任務。

總之，社會問題就是大家的問題，需要全民一起來關心；世間上無論再怎麼困難的問題，只要喚起大家的關心，問題都會減少，甚至根絕。

二、如大師所說，拜醫學科技發達之賜，現代人愈來愈長壽，因此形成高齡化社會。高齡化的社會，不但照顧老人是一大問題，社會的醫療成本也隨之提高，尤其老人太多，生產力自然降低，這都是國家的沉重負擔。請問大師，面對高齡化社會，政府與人民應該做些什麼因應與關懷的措施？我們要如何才能幫助老人安度晚年呢？

答：所謂「高齡化社會」，根據聯合國衛生組織（WHO）的定義，當一個國家六十五歲以上的老人人口占全體人口百分之七以上，稱為「高齡化社會」（Aging Society）；當比例超過百分之十四，則稱為「高齡社會」（Aged Society）。

老人擁有豐富的人生閱歷，可以把智慧、經驗傳承給後代。

談到老人問題，「老人是寶」，老人的體力、眼力等各方面功能雖然退化，但老人擁有豐富的人生閱歷，可以作為後代學習的榜樣，可以把智慧、經驗傳承給後代，所以「家有一老，如有一寶」，實在不能輕視老人。

在佛教裡有一則「棄老國」的故事。有一個國家的國王，認為老人只會消耗糧食，對國家的發展毫無助益，因此下令全國人民，要把老人趕離國境，如果家中藏有老人，一旦被查獲，將會受到重罰。

有一位大臣不忍心把年老的父親遺棄，於是私下把父親藏在地窖中。有一天，敵國送來一份挑戰書，使用的文字全國無人能懂，後來國王昭告全國，哪一個人能認識這種文字，將有重賞。結果就是靠著這位大臣的父親讀懂挑戰書的內容，並把文中的問題一一解答，化解了國家的危機，這時國王才發現，老人是國家之寶，老人不是負擔，也不是累贅。

不久前，我在網路上看到一則故事，台灣話叫做「歐巴桑救台灣」，也可以說是「老婆婆救台灣」。話說在一部公共汽車裡，一個中學生趕著上學，急急忙忙下了車，座位上留下一個便當沒帶走。同車的許多年輕人看到，「啊！」一聲，但是都沒有任何行動，只有一個老太太看到了，不顧旁人怎麼看，大叫：「囡仔啊！你的便當喔！」這個動作、聲音當然引起了大家對他的側目，但是他也不管那麼多，還是繼續叫：「囡仔啊！你的便當喔！」當然還是沒有人行動，小孩仍繼續往前走著。

這時候，對街的一個老婆婆發現，很是關心，他遠遠的就說：「耶！你講什麼啊？」車上的老婆婆就說：「便當啦！那個囡仔的！」街上的老太婆一聽，說了一聲：「喔！」隨即趕了過去。於是車上的老婆婆把便當丟給他，他快步迎頭去追趕那個孩子。一瞬間，公車已經開動了！

從這個故事可以知道，老婆婆對社會的愛心、關懷，有時候更甚於年輕人。所以，上了年紀的人，尤其是退休的老人，對自己要有信心，要讓自己愈老愈有雄心壯志，要想方法創造自己生命的第二度春天。例如：組織「松柏聯誼會」，交友往來；成立「銀髮族俱樂部」，讓身心有所寄託；參加旅遊活動，促進身體健康；倘若手腳動作還算敏捷，不妨做些手工藝，讓身心有所寄託。

我自己到現在還沒有感受到老人問題的嚴重，原因是我從小研究佛法、喜歡看書，憑著一點佛法的功夫，所以年輕人與我能和諧相處。也就是說，人一定要勤於讀書，要有智慧，即便將來老了，由於自己的智慧不老，一般人還是需要你。或者在年輕時候，能夠廣結善緣，為人服務，有了善名美譽，結的緣多，幫助的人廣，到了老來的時候，自然也會有人幫助你。

老人本身最需要的是親人的關懷與精神上的支持，家人應多陪同說話，而不只是定時提供足夠飲食物品。過去中國家庭有所謂三代同堂，甚至五代同堂，但是由於社會變遷，慢慢地演變成小家庭。反而現在新加坡提倡三代同堂，鼓勵兒女能跟老人住在一起，因為老病時，最需要、最希望的就是有親人陪伴。

佛教講的地獄裡有一種叫「孤獨地獄」。所謂「孤獨」，就是身旁沒有因緣，沒有人歡喜跟他在一起，太孤單、太孤獨，也會如同生活在地獄一般。因此，如果我們讓一個老人獨自住在一棟房子裡，雖然每天按時供應三餐，不也如同生活在牢獄一樣嗎？現代父母辛苦養育兒女成人，但是兒女長大之後，都像小鳥一樣離巢而

老人最需要的是親人的關懷與精神上的支持

去，鳥窩裡沒有小鳥，老鳥當然會有忽然失去一切的感覺。所以，對於老人，不能只是供給物質，還要豐富他的精神。

現在社會上有幼稚園、托兒所，看起來今後社會要解決老人問題，也要成立「托老所」。人老的時候，喜歡講話，喜歡分享過去的經歷，所以最好有個聚會所，然後再有一些義工來聽老人講話，這也是一種發心！我在年輕初出道弘法的時候，有一個自己覺得很好的習慣，就是喜歡聽老人講話，聽老人家眉飛色舞的講述過去，你只要點頭、稱讚，就可以交到很多老人朋友。

其實，老人問題一般家庭都會面臨，即使暫時沒有老人問題，自己也會有老的時候，所以年輕時就要想到老年，要懂得未雨綢繆。好比美國有社會保險，主要就是防範年老以後，沒有人孝養，因此年輕時繳稅，日後國家就會幫助你。

另外，針對老人問題，目前舉世對老人的醫療保健、社會福利、關懷照顧等，都很積極在推行，就是一般民間也有很多慈善、公益團體投入關懷老人的行列，尤其針對獨居老人進行居家訪視、居家服務等。

佛光山目前在全世界辦有許多的老人中心、老人院、老人公寓、老人學校等，平時指導老人做一些簡單的運動，促進身體健康，同時安排有下棋、打麻將，以及各種才藝班，幫助老人透過學習，充實晚年生活。此外，佛光山的慈悲基金會並設有友愛服務隊，定期或不定期的為孤苦無依的老人服務，內容包括居住環境的清理，為老人盥洗、洗頭、剪指甲、縫補衣服、增添日用物品，尤其教他們念佛修行。

過去中國有「養兒防老」、「積穀防飢」的說法，現在看來不一定行得通。養兒不一定能防老，自己應該要有一些儲蓄！另外，老人要注意運動，要多走路，一天能走一萬步，那是最幸福不過的事，尤其要培養自己廣闊的心胸，要能看到未來，甚至看到自己老病死後的未來，讓生命充滿希望。

所以，關於如何養老？第四等的老人靠子孫養老，第三等的老人靠儲蓄養老，第二等的老人靠緣分養老，第一等的老人靠學問智慧來養老，最高等的老人，則是靠信仰養老。

一個人如果從年輕時就有信仰，老來自己可以看經、念佛、禪坐、冥想，一樣可以在生活中「以佛為伴，以法為用，以僧為友」，甚至跟自己同樣信仰的老友必定會很親，所以有信仰的老人不會孤單寂寞，有信仰的老人一樣可以活得怡然自得、豐富多采。

總之，老人要自我肯定，要做自己的主人，只要自己有條件，現在的老人還是有很多生存之道。

三、現代社會的另一個大隱憂，就是罹患憂鬱症的人愈來愈多，因憂鬱而自殺的人數也不斷增加。有人認為現代人工作壓力大是造成憂鬱症的主要原因，請問大師對此有何看法？佛教在防患憂鬱症及治療心病的方面是否有什麼有效的方法呢？

答：近年來，「憂鬱症」好像流行病一般，在社會上流行開來。有人說，之所以罹患憂鬱症，是因為社會帶給人的壓力太多、太大了。但是我的看法不認為全然如此，回想我在童年到青少年的時期，在接受近乎專制、獨裁的教育下，天天被老師打罵，所受到的委屈、壓力才真的是大，但是我們受到的壓力愈大，卻是愈健康。

現在的青少年可以說要風有風，要雨有雨，怎麼會得到憂鬱症呢？分析憂鬱症的產生，雖然不排除生理因素，但是絕大多數是由於心理不健康，比方多疑、嫉妒、見不得人好、比較、計較、看不開、想不通，乃至自我閉塞、孤僻、偏激、執著等，這些心理的毛病很容易造成精神異常的現象。

也就是說，現代人之所以有憂鬱症，不在於壓力太大，而是不願接受壓力挑戰，禁不起各項考驗，尤其希望一夕成名，一旦欲求不遂，就自我閉塞，甚至憤憤不平、憤世嫉俗等，這些都是造成憂鬱症的因素。

總說憂鬱症產生的原因，跟現代人普遍生活富裕，日子過得太平順，平時沒有受過困難、挫折的磨鍊，因此經不起壓力有很大的關係。所以我認為現在的父母，從小就要培養孩子勇於接受困難、挫折等逆境考驗的毅力，才能增強他的抗壓性。

日本知名的企業家松下幸之助，有一次他的公司招考高級職員，預定錄取十名，結果幾千個人前來報名。考試的門檻很高，一關又一關，花了好幾天，最後終於錄取了十個人。這當中，松下幸之助很早就注意到一個年輕人，覺得他很優秀，但結果這名青年卻落選了。松下幸之助心想：「好奇怪，為什麼那麼優秀的年輕人沒有考取呢？」於是他把考試的資料調來一看，發現是分數算錯了，原來這位沒有被錄取的年輕人應該是第二名，由於分數算錯才會落榜。松下幸之助趕緊叫人通知那個落榜的年輕人來上班，結果回話說：「那個人因為落榜，已經上吊自殺了！」大家一聽：「唉！真可惜啊！」松下幸之助說：「不可惜，經不起一點壓力就要上吊的人，還是早一點死了比較好。」

另外也是一則關於求職的故事。有一家公司招考員工，一位東京大學畢業的高材生前去應考。董事長問他：「你有替爸爸、媽媽擦過澡、搥過背嗎？」青年說：「小時候有，長大後就不曾做過了。」董事長說：「好，你今天回去先替他們擦背、搥背，明天再來考試。」青年心想：「爸爸很早就往生了，媽媽每天在外面賺錢給我念書，平時跟媽媽互動不多，現在要我跟他說『我替你擦背』，怎麼說得出口呢？」不過年輕人還是很聰明，等到晚上媽媽回家，他就跟母親說：「媽媽，我替你洗腳。」母親一聽，非常驚訝，問道：「今天怎麼突然想到要替我洗腳呢？」青年說：「我求職的公司主管要我先為您服務。」母親一聽，「喔！既然有這個需要，好吧！就讓你洗腳吧！」

佛光童軍傳承中國固有之孝道精神

就在洗腳的時候，年輕人發現母親的腳上長了好多的硬繭，甚至還有凍傷、龜裂的傷痕，心裡非常不忍，這時他忽然體會到：「原來媽媽賺錢供我讀書，都是他辛苦用血汗、健康換取得來的啊！」

第二天到公司見了老闆，他說：「老闆，我今天不是為了求你錄取我而來的，我只是來感謝你，因為你昨天叫我回去替父母服務，讓我學到人生最大的學問，你為我上了人生最寶貴的一堂課，使我終身受用不盡，這樣已經足夠了！我已不介意你錄不錄取我了。」董事長一聽，說道：「你已經被錄取了，你就來上班吧！」

人不能自私，不要凡事只想到自

己，要能夠敞開心胸，多為別人著想；一個心中有人，而且知恩報恩的人，才不會容易得到憂鬱症！因此，當我們看到家人、朋友面臨事情想不通、想不開或者孤僻的時候，應該主動協助他融入到大眾裡。尤其，平時若能為自己製造一些壓力來源，勇於接受挑戰，就能從中健全自己，讓自己不斷成長，自能與憂鬱絕緣。

四、青年是國家的棟梁，然而現在不少青少年因流連網咖而荒廢課業，甚至沉迷網路的虛擬世界，造成人格與價值觀的偏差，不但愛慕虛榮、注重吃喝玩樂、生活起居不正常，尤其上網交友不慎而誤入歧途的案例時有所聞。面對這個問題，家庭、學校、社會似乎都難以防範，甚至束手無策。請問大師，佛教有什麼辦法可以解決青少年的問題嗎？

答：現在的青少年，有兩個狀況如果沒有處理好，將會影響到他的未來。第一是好奇心，第二是欲望。

好奇心和欲望都是人的本能，不能不隨順發展。但是由於青少年的人生閱歷淺，自制能力不夠，往往因為好奇心的驅使，加上不良朋友的引誘，容易誤入歧途。例如，因為好奇而抽菸、賭博，甚至吸毒等，尤其現在很多青少年迷戀網咖，沉溺在網路的虛擬世界裡，以致荒廢學業，引生種種問題，所以身為老師或家長，要能培養小孩子正當的興趣，以代替他的好奇心與欲望。

四十年前，蔣經國先生在台灣倡導青年救國團，讓青年利用寒、暑假的空檔參與團康活動，到戶外接觸大自然，從事正當的育樂活動，當時青少年的問題明顯比現在少很多。

除了提倡正當娛樂之外，建立健全的家庭，營造家的溫暖，也能把青少年從網咖乃至一些不良場所搶救回來。現在的小孩子教育不好，行為偏差，父母也有責任。舉一個例子：有一個小孩子到寺廟裡，見了法師就說：「師父！我撿到十塊錢，我要添油香。」法師一看，很親切的讚美他：「你拾金不昧，真是一個乖孩子！」第二天，他又到寺廟裡，告訴法師：「我又撿到十塊錢，我還要添油香。」法師說：「你運氣真好，又撿到了十塊錢，真是太好了。」第三天小孩子又如法炮製，再到寺院添油香。法師覺得奇怪，怎麼你運氣這麼好，每天都能撿到十塊錢？小孩這時從口袋裡掏出一把錢來，說：「師父！我跟你說實話，其實我家裡很有錢，但是我不快樂，因為爸爸媽媽幾乎天天吵架，吵了架就罵我，而且罵得很難聽，但是我到寺院裡來，你都讚美我，說我很乖、很好，你講的話很好聽，所以我

營造一個溫暖的家庭，能把青少年從不良場所搶救回來。

來添油香，就是為了要聽你講好話。」

人活在世上，最大的欲望就是希望過幸福快樂的生活，但是有很多家庭因為父母不和，或者管教不當，讓兒女在家庭裡得不到快樂，所以就會往外發展，希望從外面尋找刺激，獲得快樂。

尤其，一般年輕人一心追求的，大多以愛情為重。只是愛情往往是無常變化的，萬一情海生波，一時經不起，很容易就被情感打倒，有的消極頹唐，自暴自棄，甚至鬧自殺。我曾經遇到一個年輕人，失戀後準備跳水自殺，我把他救起來以後就問他：「為什麼要自殺？」他說：「就是失戀啊！」我說：「天上的星星千萬顆，地上的人兒比星多！你真傻，為什麼自殺只為他一個呢？」每一個人都有父母、兄弟、朋友，為什麼只為一個人自殺呢？所以年輕人有時會鑽牛角尖，做父母或老師的，應該給予養成教育，在他們童年乃至少年時期，就要養成這方面的知識，要知道事情隨時會有變化，「無常」隨時可能發生。

另外，有的年輕人希望有錢，可是有錢也可能會被騙、被搶；有的人想要有名，可是有名的人，爬得高也跌得重！所以，世間「五欲」：財、色、名、食、睡，這裡面的快樂與痛苦，究竟何者為多？實在難有定論！不過能夠肯定的是，以有限的物質，想要滿足人類無窮的欲望，這是不可能的。

二十年前，中國大陸人人都夢想能有一部腳踏車，但是改革開放以後，腳踏車不能滿足大家的需求，又希望能有摩托車；有了摩托車，又希望能有小汽車；有了汽車，就滿足了嗎？沒有。看到人家的進口車，心想如果我也有一部就好了！當擁有了進口車，就真的會快樂嗎？還是不快樂，因為「我還沒有飛機呢！」所以，人生在物質上追求快樂，永遠不能滿足。我覺得人生最大的財富，就是知足、明理、懂因果，當有則有、當無則無，不要做無謂的妄求。

佛教有所謂的「八正道」，主張人要有正常的經濟、正當的職業、正見的思想、正命的生活。過去中國的禮義廉恥、忠孝仁愛、信義和平，一般稱作「舊道德」，現代的年輕人可以有新思想，但是為了保身立命，「舊道德」還是很重要的。

人生最大的財富，就是知足、明理、懂因果。

尤其人「寧可正而不足，也不要邪（斜）而有餘」，因此行走「正道」，才是人生最平坦的道路！

五、剛才大師提到，「環保」也是現代社會問題之一，現在舉世經常發生天災人禍，例如去年（二〇〇五）卡翠納颶風橫掃美國的紐奧良，乃至前年南亞地區因海嘯造成幾十萬人死亡等，都引起世界的關注，紛紛加入救災行列。請問大師，發生這種世界性的大災難，是否乃人類的共業所造成？自信「人定勝天」的人類有辦法防止這類天災的發生嗎？

答：佛教講，「苦」是人生的實相，所謂：「天堂地獄有時盡，人間苦難無盡期。」你和我不協調，很苦；金錢、物質、愛情求不到，很苦；不喜歡的人趕不走，很苦；身體上有老、病、死，很苦；心理上有貪瞋、愚痴、邪見，很苦；社會上的詐欺、拐騙、冤枉、委屈，都會讓我痛苦；人言、是非、利衰、毀譽，給我痛苦；刀兵、戰爭、政治壓迫，給我痛苦；自然界的地震、颱風、水火等等，讓我不安全，很痛苦。

痛苦究竟從哪裡來？它是從「我」來的，我欲、我貪、我私，只想到個人，所以有很多的苦。苦，是由「業力」引生而來，也就是我的所做所為如何，所感的果報就有不同，因此要想解決世間上所謂的「三災八難」，一定要全人類自省、自覺，還要自修。

說到業力，有「共業」，也有「別業」，也就是有自己各別的業，也有大家共同招感的業。例如：卡翠納颶風橫掃美國的紐奧良，這是紐奧良居民的「共業」；但是當中有的人活、有的人死，各人業力有所不同，這就是「別業」。無論什麼樣的災情發生，死亡的、生存的，這都與業力有關係。

所謂「善有善報、惡有惡報」，業力是「自作自受」，沒有人能代替我們受報。有一個小孩子正要寫作業，母親對他說：「你去睡覺，媽媽替你做。」「你去看電視，媽媽來替你寫字！」有一次，小孩子不小心被刀子割破了手，大喊：「好痛喔！好痛喔！媽媽，請你代我痛一下嘛！」有很多事情是別人不能代替的。所以「禍福無門，唯人自招」！

佛教有一部《普門品》，記述觀世音菩薩救苦救難的精神。裡面說到「救三毒」，也就是觀世音菩薩可以解除我們內心的貪、瞋、痴三毒；能「救七難」，即：火難、水難、盜難、風難、鬼難、囚難等。觀世音菩薩也能滿足人「求男得男、求女得女」的願望；甚至觀世音菩薩能變現各種不同身分來度化眾生。

舉個例子，若人陷入大火，稱念觀世音菩薩聖號，火不能燒；遇到風災，風不能吹。真是這樣神奇嗎？我們點個火，把手擺到火上燒，然後稱念觀世音菩薩聖號，火燒不燒？會燒死啊！那怎麼說稱念觀世音菩薩聖號，火就不能燒呢？有些事情不能單從事相上來論，有時候要從理上去做深入了解。

從理上來說，當一個人心頭起了仇恨的火、無明的火，想要殺死某一個人、打死某一個人，到了觀世音菩薩的面前，合掌稱念「南無大慈大悲觀世音菩薩」，這時心裡不但不會有「殺死他」、「打死他」的念頭，反而會想：「算了吧！算了吧！」這就是觀世音菩薩的功德力。你稱念觀世音菩薩，無明火自然會息滅，無明風也會自然停息，所以諸佛菩薩或者其他宗教的靈感，都含有一些理論和意義在。不過，我們遇到什麼災難，除了他力的救助，還是要靠自力，所謂求人不如求己，自助才有人助！

總之，世間上的災難是一定有的，然而有福德的人自然會消災免難；有了災難，寄望別人或是祈求神明，都不一定有用。甚至事後救災，不如事前防範，所以只要自己行善積德，培植福德因緣，善因自然會有善果。

六、宗教旨在引導人類追求真善美的生活，然而有一些宗教彼此互相對立，經常引發衝突，造成部分社會人士對宗教產生反感，甚至有人倡言「人類不需要宗教」。請問大師對此有何看法？

答：世界上無論哪一個宗教，都不是宗教自己本身想要怎樣就怎樣，而是各種不同的人會需要不同的宗教。

宗教信仰是發乎自然、出乎本性的精神力；宗教的發展，也是隨著民智的開展與人生的需要而有不同的進程。例如，過去民智未開的時候，人們對大自然不了解，遇到颳風，就認為有風神；下雨了，有雨神；閃電了，有雷神；乃至有山神、海神等。由於對自然界的不了解，因而產生敬畏自然的「自然宗教」。

隨著民智漸開，英雄人物不斷出現，於是崇拜自然的宗教就漸漸進化為崇拜英雄的宗教。譬如，關雲長赤膽忠義、岳武穆盡忠報國，值得人們效法學習，因此大家就把他們奉為神明來崇拜。

之後，人類的思想再開展下去，慢慢發覺到不能只是個人的崇拜，而要信仰真理，所以有了「真理的宗教」。所謂「真理」，一定要合乎宇宙人生的定律，比方要

宗教的產生是基於人類的需要

有普遍性、平等性、本來性、永恆性，也就是要普世所共同認定，而且合乎自然的法則，這才是真理，而不是公說公有理、婆說婆有理。

宗教的產生是基於人的需要，因此儘管有人說：「我什麼宗教都不信！」但是當他遇到重病、苦難、挫折、失意，一時找不到支柱的時候，總會脫口而出：「佛祖呀、神明呀、上帝呀，你來救我啊！」可見他還是需要宗教。可以說，人只要有生死問題，便離開不了宗教，宗教的重要，在於能領導生命的大方向，能將生命之流的過去、現在、未來銜接，所以人人都應該有宗教信仰，有信仰，生命才有規範與目標。

宗教的發展，有其合乎人性需要的必然性，但是也衍生出一些現代的社會問題，例如邪教的出現，多年前美國的「大衛教派」，自稱上帝，能在死後三天復活，造成八十多名的教徒被活活燒死；日本的「奧姆真理教」，教主麻原彰晃以基督自居，要求教徒膜拜他的肖像，花數十萬的日幣買他的洗澡水，謂之「神水」，藉此加強功力，麻原的心理扭曲，最後引發五千多人死傷的東京地鐵毒氣事件。

因此，信仰最怕「邪信」，若要邪信，不如「不信」。但是不信也不好，不信不如「迷信」，不信任何宗教，對於生從何處來，死歸何處去，完全不想探討，人生猶如無根的浮萍；比起有些人雖然迷信，但他信得很虔誠，憑著一片純真的心，對於防非止惡也能產生很大的功效。

當然，迷信也不究竟，最好、最高尚的信仰就是「正信」，能夠信仰於史有據、道德高尚、戒行清淨、正法圓滿、智慧超然的正信宗教，才能幫助我們昇華人格，解脫煩惱。

信仰除了有正邪的問題之外，有時宗教本身也會因為教派不同，而有互相內鬥的問題。就如政治人物，為了實現理想，當別人與我的目標、理念不同，尤其彼此利益衝突時，自然就會有政爭，這就是「我執」作祟；因為我的「執著」而互相排斥，有

宗教倡導世界和平

人說這是「宗教的排他性」。

其實，我覺得一個好的宗教只有包容性，沒有排他性。因為每個宗教信仰的對象或有不同，但是不管是信仰天主、上帝、阿拉、佛陀，乃至地方性的各種神祇等，其實都是信者自己心中所規劃出來的「本尊」，名稱雖有不同，意義卻是一樣。

由於各人心中各有本尊，所以不管耶穌、穆罕默德、孔子、上帝、關公，認定就好，不要互相排斥，也不要以自己心中的本尊去要求別人，所以大家要和平共存，你信你的耶穌，我信我的佛陀，各信各的。就如世間的學問，有人喜歡醫學，有人喜歡哲學，有人喜歡數學、科學、文學等；學科很多，各有所愛，何必要互相排斥呢？

再說，宗教一向倡導世界和平，如果宗教徒彼此互相內鬥、互相排斥，自己都沒有和平，世界怎麼能和平呢？所以宗教之間應該互相尊重、包容，才不會失去宗教追求真善美的本質。

總之，人是宗教的動物，除了物質的需求之外，還要有精神的、心靈的、藝術的、信仰的生活等需求。尤其人一定要有宗教信仰，因為有信仰，人生才有目標，心中才有主。因此，不管在家庭或學校裡，父母、老師都應該灌輸孩子正當的信仰觀念，免得長大後因為對宗教沒有正確的認識而亂信。

七、從歷史上看，流行病對人類造成的傷亡極為慘重，例如瘟疫，乃至SARS、禽流感等，都曾對人類的生存造成威脅，尤其現在的愛滋病被認為是二十一世紀的黑死病，是世紀的公敵。請問大師，佛教對各種流行病的看法如何？有什麼辦法可以防範嗎？

答：天災人禍，在歷史的長河裡經常發生；尤其瘟疫的流行，翻開歷史的長卷，更是時有記載。其中較為嚴重的，例如，一三四八年到一三五一年，歐洲有三分之一的人口死於鼠疫；一八三二年，倫敦萬餘人感染霍亂，半數死亡；一九一八年，一種新型的流行性感冒幾乎傳遍全球，世界人口一半以上受到襲擊，死亡人數比第一次世界大戰死於炮火的人數還多。乃至二〇〇三年的SARS流行，一時舉世人心惶惶，尤其現在愛滋病的傳染，更是讓人「聞滋色變」。傳染病的流行，可以說比起洪水猛獸更為可怕。

自古以來，中國人一向有「敬天畏神」的觀念，尤其要求身居高位的人，要修德、修身，自我省悟；要養廉、養眾，利益群生。但是一旦遇到全民失去良知美德，那麼瘟疫的流行、洪水的氾濫、蝗蟲的肆虐、山石的流變等，世間種種奇異的現象就會接踵而至，不斷發生。

瘟疫等各種傳染病的流行，對有情世界來說，就是苦空無常的寫照，同時也印證佛教所說共業與不共業的問題。人生在世，不管幸與不幸，都是自己的業力造作所成，也就是佛教所說的「業」。

業，就是人的行為，包括身、口、意的造作。從古到今，由於眾生殺業的造作，瘟疫就會悄悄跟進。當然，這當中也有各別的善男善女，行持修善，也會挽救災變，使之減少。如經典所說：一切貪瞋愚痴，自有定數；一切慈悲喜捨，自會功不唐捐。

所以，當二〇〇三年SARS流行時，我曾經發表一篇〈為SARS疫情祈願文〉，說明SARS的流行，如果僅止於某一人、某一行政機構的應變、努力，都緩不濟急；只有喚起全體人民的覺醒，大家共體時艱，人人修德淨心，改善社會風氣，淨化全民人心，才能轉化共業。

其實，不管SARS或是各種瘟疫的流行，都是人類的共業，要靠全民淨化身心來改善。因此，要想杜絕各種流行病的發生，重要武器就是淨化身心，只要人人做好事、說好話、存好心，內心有了善的力量，即能消除惡業，只要人人心中有佛法的慈悲智慧，自能得到好的果報，這就是所謂「有光明就能去除黑暗，有佛法就能求得平安」，所以消災、消業比祈福重要。

總說，很多天災都是源於人禍，乃至人的貪瞋愚昧也是可怕的流行病，所以能夠藉助宗教信仰，以及倫理道德的倡導，先從人「正常」做起最好。尤其現在被視為可能讓人類滅種的愛滋病之傳染，雖然患者不一定都是由於行為不檢點所致，例如有的護理人員在工作時被感染，或是因為遺傳而來，但是不可諱言的，愛滋病的感染，多數是因為不正常的性行為造成。佛教的「五戒」，主要就是對治人的不正常；如果人人都能持守戒律，相信必能杜絕愛滋病、SARS，以及各種瘟疫等流行病的傳染。

八、「器官移植」是近代醫學科技造福人類的一大突破，捐贈器官在歐美國家也早就蔚成風氣，但在東方，尤其是中國人一向有保全全屍及死後八小時不能動的老舊觀念，因此器官捐贈尚不能普遍的推行。請問大師對此有何看法？在這些舊有的觀念下如何推動「器官捐贈」的運動？

答：「器官移植」是近代醫學科技的一大成就，「器官捐贈」在佛教看來，是內財的布施，是資源的再利用，是生命的延續，也是同體共生的體現。

佛教認為身體不是「我」的，乃「四大假合」而有，人死後器官都會腐爛敗壞，與其棄置無用，不如「廢物利用」，在臨終前捐贈給他人，遺愛人間。

佛教裡有一則寓言：有一個旅人，錯過了住宿的旅店，於是在荒郊野外的土地廟歇腳。豈料半夜三更，忽然見一小鬼背著一具死屍進來。旅人大驚：我遇到鬼了！就在此時，又見一個大鬼走來，指著小鬼說：「你怎麼把我的屍體背來？」小鬼說：「這是我的，怎麼可以說是你的！」兩鬼爭論不休，旅人驚恐觳觫，小鬼一見：「喲，神桌底下還有一人！」當下就把旅人叫出來說：「不要怕，你來為我們做個見證，看看這個死屍究竟是誰的？」旅人心想，看來今日難逃一劫，橫豎會死，不如說句真話：「這個屍體是小鬼的！」大鬼一聽，大怒，即刻上前把旅人的左手折斷，兩口、三口吃入肚內。小鬼一看，此人助我，怎可不管？即刻從屍體上扳下左手接上。大鬼仍然生氣，再把右手三口、兩口吃完，小鬼又將死屍的右手接回旅人的身上。總之，大鬼吃了旅人的手，小鬼就從屍體接回手；大鬼吃了旅人的腳，小鬼就從屍體接回腳。一陣惡作劇之後，二鬼呼嘯而去，留下旅人茫然自問：「我是誰？」

這是佛經中的一則寓言故事，主旨雖然是在闡述「四大本空，五蘊非我」，但是故事的情節不就是今日的器官移植嗎？

器官移植讓許多生命垂危的人，得以延續軀體生命；也讓捐贈者的慈悲精神得以傳世。

根據報載，美國前總統老布希夫婦早就立下遺囑，願意在逝世後，將身上任何器官捐作科學實驗之用。在佛光山，也有不少弟子隨我立下捐贈器官的遺囑。捐贈器官，不僅能帶給別人生機，也是自我生命的延續。試想，當你捐出一個眼角膜，就能把光明帶給別人；當你捐他一個心臟，就能給他生命的動力；當你捐贈骨髓，就是把生命之流，流入他人的生命之中。所以，器官捐贈可以讓生命的價值得以再延續，是非常有意義的。

然而，中國人向來有「全屍」的觀念，甚至認為人往生後八小時內不能觸碰、移動，否則痛苦難耐，若瞋心生起，恐怕墮入惡道，因此「器官捐贈」的觀念一直很難普遍被接受。

其實，一個人如果生前就發慈悲心，立菩提願，希望遺愛在人間，那麼願力勝過一切，摘除器官時應該不會感到痛苦；縱有痛苦，「難行能行，難忍能忍」，正是菩薩道的實踐。

至於人死要保持「全屍」的看法，其實人生在世都有缺陷，何必要求死後一定要「全屍」呢？佛經裡記載，釋迦牟尼佛在因地修行時，就有「割肉餵鷹」、「捨身飼虎」的義行，可見佛教並未標榜「全屍」的觀念；相反的，能夠全心喜捨，全願助人，這才是佛教所提倡的真理。

所以，只要有願心，人人都可捐贈器官。器官捐贈打破了人我的界限，破除了全屍的迷信，實踐了慈悲的胸懷，體現了同體共生的生命；透過器官移植，可以讓我們把慈悲、愛心，無限的延續、流傳。因此，我贊成器官捐贈，因為與其讓身體被蟲蛀、腐爛，不如將有用的器官加以移植，讓別人的生命能夠再延續。

九、現代人對婚姻的態度日趨開放，「結婚」已不再是人生必然的選擇，所以有很多「不婚族」樂於當單身貴族，也有人以「同居」來試婚，請問大師對不婚或同居有何看法？

答：家是社會的基本單位，婚姻則是組織家庭的基礎。一對成年男女，經過正常而公開的結婚儀式，彼此結為夫妻，從此展開家庭生活，這是人倫之始。

所以，結婚是人生的大事，過去中國人把「男大當婚，女大當嫁」，視為理所當然的事。但是隨著民風日趨開放，以及女權日漸抬頭等多種因素的影響，現代人不但離婚率愈來愈高，甚至有些人抱持「單身主義」，有愈來愈多的「不婚族」樂於當個單身貴族。

不過，有些年輕人其實也想邁向結婚這條路，只是又怕婚姻出現問題，不知道對方適不適合自己，所以先行「試婚」、「同居」。這種作法顯示自己對婚姻沒有信心，由於一開始就對婚姻失去信心，接下來在兩人的共同生活中，一旦遇到問題，很容易就會選擇逃避、放棄，無法真正負起責任，因此衍生很多的後遺症，這種把婚姻當兒戲的心態實在不足取。

例如，同居之後如果有了孩子，萬一不適合，還要分開嗎？這是不能的，一旦有了下一代，雙方就要負起責任，所以結婚一開始就要想到責任問題，要對婚姻有信心，要想辦法建立一個健全的家庭，否則就不要輕易嘗試。

在「一夫一妻」制的正常家庭裡，夫妻是家庭的兩大支柱，但是現代社會有很多「雙薪」家庭，夫妻分居兩地，可能一個在台灣，一個在大陸，或是一個在台北，一個在高雄。對於夫妻分居的情形，這是不得已的情況下，短時期還可以，如果長期如此，何必要結婚呢？既然結婚，彼此都要履行組成家庭的義務，盡家庭的責任，否則日子久了，對於維繫感情真的是一大考驗。

很多人在談戀愛時，對結婚懷著很美的憧憬；結婚應該是組織幸福家庭的開始，但是也有人說：「婚姻是愛情的墳墓。」事實上，結婚後夫妻要怎麼樣共同生活，如何才能維持愛情不會消失？的確是一門很大的學問。

有一個青年結婚後，逢人就說：結婚真好，有個家庭真是幸福，因為每天下班回家，門一打開，太太就拿拖鞋給他穿；進了屋子，小狗就圍著他汪汪叫，他覺得有個家，人生真是幸福無比。

一年以後，青年逢人就說結婚很苦，結婚不好。因為現在回到家裡，打開門不是太太替他拿拖鞋，而是小狗啣著拖鞋給他穿；進到屋子裡，不是小狗圍著他汪汪叫，而是太太圍著他汪汪叫，嫌他沒有升官發財，怪他每個月的薪水不夠生活開支等，真是苦不堪言。

旁邊有一個老師聽到，他說：「青年朋友，聽了你的話，我覺得你應該繼續歡喜才對，因為你現在回家，雖然沒有太太拿拖鞋給你穿，有小狗啣拖鞋給你，一樣有拖鞋穿嘛！進了屋子裡，小狗沒有圍著你汪汪叫，太太圍著你汪汪叫，一樣有汪汪叫嘛！」

結婚是人生大事，家是社會的基本單位。

這個故事的意思是說，我們要求外境永遠不變是不可能的，重要的是自己的心不能變。回想當初結婚時，彼此互相體貼、信任、了解的心，這顆心要保持到婚後，要讓它更加的散發愛的光輝。所以結婚不是走進墳墓，結婚就如同一朵花，要用心施肥、灌溉，讓花朵開放得更加芬芳美麗，這不是一個人的責任，需要兩個人共同來營造，因為結婚之後是兩個家庭的結合，不僅是兩個人要磨合，還要面對很多現實的問題。

例如，結婚之後要侍奉的不是一對父母，而是兩對父母；結婚是兩個家庭的延伸，不只夫妻相處要互相尊重、體諒、包容，尤其婆媳之間，乃至家庭中的每個成員，如果都能「待人好」，並且奉行「你對我錯，你大我小，你有我無，你樂我苦」的處世哲學，則不管一家也好，兩家也好，必能和諧相處，其樂融融。

人就怕自私，如果凡事只想到自己，無視於他人的存在，如此即便是再恩愛的夫妻，日久感情也會變質，再好的人也難以相處下去，所以夫妻的感情要建立在相互尊重之上。所謂「敬人者人恆敬之，愛人者人恆愛之」，相敬相愛的婚姻才能維持長久；如果只顧自己的感覺，經常堅持「我要怎麼樣」，完全不去體諒對方的感受，那麼婚姻就可能會亮起了紅燈。

一〇、有人認為治亂世要用重典，但現在有許多的國家，包括台灣的部分人士都主張廢除「死刑」，請問大師對這兩種主張有何看法？

答：過去我主張政治犯、貪汙犯等，罪不及死，可以免除死刑；但是如果殺人犯殺了人，自己卻可以免於一死，似乎不合因果。不過現在我又有不一樣的想法，我覺得即使是殺人犯，也不一定要判他死刑，有時候他殺了人，自己受到良心的譴責，生不如死，反而處罰比讓他死了一了百了更難堪。

基本上，這個社會需要靠法律來維持秩序，但是道德良知、因果觀念，對社會的安定還是很重要。日本有一位楠木正成將軍，因受冤枉被判死刑，受刑後在他的衣服上留有五個字「非、理、法、權、天」，意思是告訴我們，無理不能勝過理，理不能勝過法，法不能勝過權，有權力的人可以改變法律，但是權卻無法勝過天，天就是因果的法則。

從佛教的觀點來看，所謂「如是因，招感如是果」，造因不受果報，這是不對的，因此對於社會上有些人主張廢除死刑，死刑一概廢止，未必是好；但是如果動不動就殺殺殺，也不能解決問題。基本上，只要不是傷害到別人的生命，例如有些

國家貪汙罪也要判處死刑，我認為貪汙有罪，但罪不及死，可以用別的方法，例如改以「終身監禁」來代替死刑等等。不過對於有些人權團體，質疑一個人沒有權利去剝奪另外一個人的生命，因此主張廢除死刑，也是值得商榷。

多年來我一直有個願心，希望到監獄中與死刑犯談話，不是短暫的會晤，而是長談。讓死刑犯對自己一生的過程有個檢討的機會，並對未來的生命抱持希望與信心，讓他們能夠死得很安心，同時將懺悔歷程記錄成書，將來對社會教化必定是很好的教材。

一個社會要長治久安，不能只靠法律的制裁，法律的制裁雖然能恫嚇於一時，卻不能杜絕犯罪於永遠；唯有持守佛教的戒律，體現慈心不犯、以法攝眾、以律自制、因果不爽、懺悔清淨等教義，才能確實改善社會風氣。因此，有人主張「亂世用重典」，但嚴刑重罰只能收一時治標之效，正本清源，應該宣揚因緣果報的觀念，才是治本之道。

總而言之，死刑是不得已的手段，一個人犯了罪，當然可以用種種的處罰來代替死刑；但是廢除死刑，在因果法則上要怎樣來看，還有待進一步研究。不過，有關單位對判決死刑要很慎重，如果案情的真相沒有辦法完全釐清之前，還是應該槍下留人。

一一、大師一向很重視教育，並且主張老師對學生要有愛心，應該「以鼓勵代替責備」、「以讚美代替呵斥」，但是有些頑劣不受教的學生，老師在無法可施的情況下，不得不施以「體罰」，不知大師對此有何看法？

答：教育是人類傳遞和開展文明的方法，人要受教育，不管是家庭教育、學校教育、社會教育，甚至不只是傳遞學問的知識教育，還有道德教育、思想教育、生活教育等；受教育才能知書達禮，因此每個人都有接受國民教育的義務與權利，父母、師長也都有施以兒女、學生教育的責任與義務。

教育要寬嚴適度，恩威並濟，就如一般寺廟，才到山門口，迎面就有一位胖胖的、笑咪咪的彌勒佛，用慈悲的笑容迎接你；彌勒佛身後，常可看到一位威武凜然，手執金剛降魔杵的將軍，就是韋陀天將。意思是說：佛教是用大慈悲攝受你，儘量給你歡喜，給你滿足；但是，如果依然冥頑不化，只得用力量來度化你。這就等於一個家庭裡，兒女需要父親嚴格的教育，也需要母親

教育是人類傳遞和開展文明的方法

慈愛的照顧；嚴的折服，慈的攝受，同樣重要。所以《禪林寶訓》有一句話：「姁之嫗之，春夏所以生育也；霜之雪之，秋冬所以成熟也。」也就是說：春風夏雨，可以使萬物生育；秋天的霜，冬天的雪，也可以助長萬物成熟。

世間的一切，從自然界乃至家庭的教育，都需要愛的攝受與力的折服，因此父母、師長對下一代的教育不能溺愛，但也不能讓他受到傷害，尤其管教時要維持其尊嚴，不能動不動就施予體罰。雖然適度的體罰，有時也能收到一些教導的效果，但是嚴格說起來，只有不懂教學法的人，才會以體罰做為教學手段。所以理想的教育應該以鼓勵代替責備，以讚美代替批評，讓孩子在健康的環境中，快樂、積極的成長，才能培養出人格健全的下一代。

過去，在佛學院，有的糾察老師罰犯錯的學生去拜佛，學生正好趁此機會拜佛修行；我則罰犯錯的學生不准拜佛，為的是要激發學生的慚愧心與榮譽感。

人要有榮譽感，有了榮譽感，自然能自動自發的向上、向善。我個人一直深感，一味的打罵教育，只有使學生更畏懼、退縮。因此，對於功課不好的學生，要依根機加以輔導；性格頑劣的學童，更要施予愛的教育，沒有人是用打或罵而變聰明的。尤其有的老師處理問題，在事情還沒有明白究理時就施加處分，甚至集體處罰，這都容易造成學生心理不平衡，所以我認為處罰學生的方法要慎思，不能傷害他的自尊，要用鼓勵的方式使其向上，能夠「愛的攝受」與「力的折服」相輔相成，這才是最好的教育法。

十二、現代社會風氣日益敗壞，道德觀念日漸薄弱，誠所謂「世風日下，人心不古」，尤其部分媒體缺乏專業素養，罔顧職業道德，不但報導不實、不公，而且煽情暴力，甚至只有立場、沒有是非等，無形中都在引導社會向下沉淪。請問大師，如何才能重建社會的道德、秩序，如何才能喚起大眾的良知、勇氣，共同伸張正義、彰顯公理，使社會風氣獲得端正，民風重回淳樸呢？

答：平時我們講環保，不只是環境要保護，其實心靈的環保、語言的環保、行為的環保等都很重要，尤其媒體更需要重視語言文字的環保。

照理說，在一個文明進步的國家裡，媒體應該是扮演著傳播文化、提升人性的角色，肩負著淨化社會、引導大眾追求真善美的使命，但是誠如剛才所說，現在的媒體反而使社會向下沉淪。原因是有些媒體只為搶頭條，提高收視率，不顧職業道德，無所不用其極的揭人隱私，挖人瘡疤，造成當事人二度傷害。甚至未經查證的

孩子需要父親嚴格的教育，也需要母親慈愛的照顧。

爆料新聞滿天飛，不但報導的內容不實，而且立場不夠超然、客觀，有失公允。尤其有的媒體專門報壞不報好，甚至充斥著八卦、桃色、煽情的文字，讓人每天打開電視，翻開報紙，都是一些殺盜邪淫、殺人放火的消息與畫面。生活在這樣的環境裡，心靈怎麼會寧靜呢？

有感於媒體報導不當，不但汙染了閱聽大眾的思想、心靈，造成社會風氣敗壞、道德淪喪，甚至眼看著世風日下，社會治安日益敗壞，所以我曾經在一次對媒體記者講話時說：「口中有德可以救自己，筆下有德可以救社會。」並且率先在二〇〇二

佛光山推動「慈悲愛心列車心靈淨化之旅」活動。1997.10.05

年九月，由《人間福報》與「人間衛視」共同發起「媒體環保日、身心零汙染」的活動，呼籲媒體奉行「做好事、說好話、存好心」的三好運動，及「不色情、不暴力、不扭曲」的三不運動，希望喚起媒體自律，還給閱聽人一個乾淨的社會。

乃至為了發揮佛教淨化人心、改善社會風氣的功能，早在一九九二年國際佛光會成立之後，就不斷舉辦各種大型的「淨化人心」社會運動，諸如「淨化人心七誡運動」，透過七誡宣言、街頭簽名、校園輔導，以推行「誡毒品、誡暴力、誡貪汙、誡酗酒、誡色情、誡賭博、誡惡口」為目標，期能淨化人心，建立祥和社會。

此外，也曾聯合中華文化復興運動總會舉辦「把心找回來」的公益活動，尤其一九九七年舉辦的「慈悲愛心人列車心靈淨化之旅」活動，在台灣各鄉鎮街頭布教，巡迴宣導「心靈淨化、道德重整、找回良知、安定社會」之宗旨。並於一個月後，在台北中正紀念堂大會師，共有八萬名慈悲愛心人及數十個友教、異教團體共襄盛舉，大家以實際行動發揮慈悲愛心，並且推己及人，期能蔚成社會善良風氣。

其實，要解決社會的問題，除了透過宗教導人為善的力量以外，加強社會教育，重視職業道德，伸張正義公理，提升公權力量等等，都是刻不容緩的事。當然，能夠喚起每一個人的自覺、自省，更是重要。

淨化人心，建立祥和社會，人人有責。

佛教對「自殺問題」的看法

時間：二〇〇三年七月六日
　　　下午三時至五時
地點：南天寺大雄寶殿
記錄：滿義法師
對象：中澳信眾一千多人

世間上最寶貴的東西是生命，最殘忍的行為是殺生。人為了維持生命，想出種種的方法來保健與養生。例如，為了健康，三餐飲食講究均衡營養之外，還要輔以藥補，以及從事種種運動；為了讓生命活得灑脫、舒服，更是透過種種方法來修鍊身心。但是另一方面，卻有不少人想用自殺的方式來結束自己的生命，真是令人百思不解。

自殺的發生，有的是因為情場失意，有的是為了財務困難，有的是久病厭世，有的是為了情仇而自殺殺人，想要同歸於盡。自殺是一個人對自己的生命所做最大的傷害，同時也將造成對家人及社會難以估計的損失。現在幾乎所有先進國家都把防範自殺當成重大的議題在處理，例如，「聯合國世界衛生組織」在一九八二年就把降低自殺率訂為政策目標之一，同時在一九九六年重申預防自殺的重要性。此外，英國在一九九二年訂下目標，希望在二〇〇〇年把自殺率降低到百分之十五；美國在一九九一年開始訂定國家憂鬱症篩檢日，並於一九九九年把降低自殺率訂為國家的重要目標。芬蘭、瑞典、丹麥、挪威、比利時、澳洲，也都很早就把降低自殺率訂為國家政策。

自殺問題儼然已經成為舉世共同的隱憂，甚至不但人會自殺，連動物也有自殺的行為。根據澳大利亞聯合新聞社報導，澳洲有一隻袋鼠企圖跳海自殺，後來被四名海灘救難隊員連哄帶騙，費了好一番功夫才把牠救上岸。報導幽默指稱，這隻袋鼠為何要跳海，原因恐怕沒有人會知道。

關於自殺的問題，雖然現在世界各國都有研究社會問題的專家在想方設法，希望能遏止自殺風氣的蔓延，但是遺憾的是，到目前為止自殺案件顯然有與日俱增的趨勢。

人為什麼要自殺？自殺者的心態為何？如何防範自己萌生短見？以及如何幫助有自殺傾向的人走出自殺的陰影，重新活出生命的希望？二〇〇三年七月六日，星雲大師在澳洲舉行一場皈依三寶典禮，共有中澳人士一千多人參加。會後應信眾之請，針對自殺問題舉行一場座談會。以下是當天的座談紀錄。

一、根據統計，目前不少國家都有自殺人數逐年攀升的隱憂，尤其在台灣更經常發生父母強帶兒女一同自殺的案件。請問大師，佛教對自殺行為與道德問題有何看法？

答：中國人說「好死不如歹活」，但是有些人覺得自己活得沒有意思，所以想要自我了斷。他認為這麼做又不會傷害到別人，和他人有什麼關係，哪有什麼道德不道德的問題呢？

其實，在佛教看來，自殺仍然是殺生，是不道德的行為，佛法不允許人自殺。因為一個人的生命，並不是屬於個人所有，這具血肉之軀，最初是由父母結合而生養，並且從社會接受種種所需得以茁壯、成長。生命的完成是社會大眾的眾緣所成就，當然也應該回報於社會大眾，因此每一個人都有義務使自己活得更幸福、更有意義，但是沒有權力毀滅任何的生命。

希臘三大哲學家蘇格拉底（Socrates）、柏拉圖（Plato）及亞里斯多德（Aristotle），他們都反對自殺。前二者是從信仰的角度出發，認為人的生命屬於諸神，沒有神的諭令，人不可以自殺；而亞里斯多德則是出於社會倫理學的考慮，在他看來，自殺是加諸於社會的一種不義行為，而且常常反映出當事人在道德上的缺乏自制。

此外，中世紀的宗教思想家奧古斯丁（Augustine）認為，人對於自己的生命，只有使用管理權，沒有絕對的生死支配權。另一位宗教家多瑪斯（St. Thomas Aquinas）認為，一切自己殺害自己的行為，都是不容於道德的自我謀殺。

自殺到底合不合乎道德？直到二十世紀的西方國家，基本上他們對於自殺或嘗試自殺，都認為是不能寬容的不道德行為，因此有些國家對於自殺未遂者還會判以刑罰，例如英國直到一九六一年都是如此。

不過，自殺雖說是不道德的，但也不能一概而論，例如許多聖賢殺身成仁，捨生取義，為國家、為人類的利益而自我犧牲，你能說這不算是偉大的道德嗎？如果把一個人害死是不道德的事，那麼法官判人死罪，這究竟合不合乎道德呢？法官判處罪犯死刑，目的也是為了維護社會的秩序、公理與正義，你能說這是不道德的行為嗎？再如兩國交戰，一旦戰爭就要殺人，佛教不容許殺生；殺敵是犯戒，那麼戰爭殺敵，合乎道德嗎？

其實，如果用瞋恨心去殺人，當然是不道德；如果用慈悲心去殺人而救人，卻是大乘菩薩的道德。就像醫生，為了醫學實驗，解剖人體，有時候把這個人的器官移植到他人身體，像這樣基於慈悲的救人之行，是合乎道德呢？還是不道德呢？

道德不道德的標準，應該從人心為出發點，於人有益的舉止是道德，於人有害無益的行為是不道德。也就是說，基於慈悲所做的事，便是究竟的道德；相反的，出發點不是為了慈悲，雖然是好事，仍然是不究竟的道德。就如倫理學家赫寧（Bernard Haring）說，一個國家的間諜如果為了維護重大機密而結束自己的生命，這不算自殺，因為這種行為不是出於自私的動機，而是為了保衛國家的祕密，是為了國家安全；這種為了某種高尚理想而結束小我生命的行為，不是「自殺」，而是「犧牲奉獻」。

依照赫寧（Bernard Haring）的觀點，只有出於自私的動機或不道德的殺害自己，才叫「自殺」。例如有的人因為情場失意、事業不順、經濟窘困、久病不癒，或因一時承受不了重大打擊而以自殺來逃避責任，卻把問題留給人間、留給他人來承受，這就是不道德的行為。

尤其更應譴責的是，現在有些人不但自己自殺，還要別人與他同歸於盡，例如剛才問到，父母帶著兒女一起死，或者情侶雙雙殉情，或者與仇家玉石俱焚，可以說都是喪心病狂的行為，令人難以同情。

不久前，台灣彰化有一對中年夫婦，因為經濟發生困難，一時想不開，因此夫妻兩人先行吞下安眠藥，然後帶著小孩燒炭，準備一起自殺。所幸後來因為小孩子大聲哭叫，才被鄰居發現而把他們從鬼門關給救了回來。

另外還有一個得到憂鬱症的離婚婦人，她帶著孩子從三樓往下跳，小孩子當場死亡，婦人自己沒死，但多重性骨折，結果造成全身癱瘓，也把自己的未來陷入了萬劫不復之地。

自殺甚或帶著別人一起死，這種行為叫愚痴、邪見，也是不道德的。人不可以把自己的痛苦建築在別人身上，也不可以把自己的痛苦感染給周遭的人。我們看歷史上很多有德的君子，縱使自己內心充滿了痛苦，在人前也總是強顏歡笑，他要把歡喜帶給別人，而不會把痛苦傳染給別人。所以我們現在的社會，應該加強生命教育、道德教育、人文教育、宗教教育。尤其人要有正當的宗教信仰，信仰不當，沒有正知正見，對世間的真相、真理認識不清，就容易胡作非為。像有些父母就是因為知見錯誤，認為帶著孩子一起死是不忍心留他獨自在世間受苦，這是為了愛他，是一種解脫。實際上這樣的行為是不合乎道德、倫理，是一種罪惡，是無法見容於人的自私之行。

一般說來，自殺的人大都只有想到自己，他把所有關注的焦點都放在自己的身上，他想到的只有自己的痛苦、自己的煩惱、自己的解脫。但是如果他的心中有愛，如果他能想到孩子、想到父母、想到親人、想到朋友，或許他的生命就得以延展，而不會活得如此的沒辦法。

在日本有一處「青木原樹海」，因為經常有人到此自殺，富士吉田警察署因此特別在入口處立了一塊告示牌，勸告想要自殺的人：「我們的生命是從父母那兒得來很珍貴的東西，請您靜下心來，再一次的為了您的父母親、兄弟和孩子們想一想。不要獨自一個人苦惱，請您來與我商量一下。」

人的生命要自然的生，也要自然的滅，強求的苟活與自暴自棄的放棄都不對。所以自殺前，請再給自己幾分鐘的思考，想一想，人活著才能解決問題，死了怎能解決呢？只要你有心振作，世界上沒有解決不了的問題，何必用自殺來逃避呢？所以為了要泯除自殺，我們要增加道德的觀念與勇氣，心中要有與眾人同體共生的想法，要想到問題的解決，總有第一、第二、第三方案，何必把自殺想成是解決問題的唯一途徑呢？

總之，世間的一切萬物，從有情到無情，都有它的生命與生機，我們都應該保護尊重。所謂螻蟻尚且偷生，何況是人類？所以把自己寶貴的

一個轉念，自能海闊天空。

生命結束，或是因此又牽連、傷害到別人的生命，這都是不道德的行為，應該加以規範、防止。

二、如前所說，自殺的人大都因為遇到困難，生活不如意，或對人生感到悲觀、失望，覺得生命了無生趣，因此消極地以死來尋求解脫。請問大師，如何幫助有自殺傾向的人建立信心，讓他們重新活出希望？

答：俗語說：「留得青山在，不怕沒柴燒。」自殺其實並不能解決問題，只有徒然留給世間及後人更多、更大的問題與痛苦，所以德國哲學家康德（Immanuel Kant）認為，在任何情況下，都不可以自殺，因為這是做為人的一種必要乃至完全的義務。

但是，現在社會上還是有很多人想以自殺來結束自己的生命，為什麼呢？根據一項有關「自殺原因」的研究調查指出，一般人所以會自殺，除了精神方面有異常、性格方面有問題之外，「遭遇挫折」及「不知道人生的意義是什麼」而自殺者，占了很大的比例。因此如何防範自殺，最重要的就是要能活出歡喜、活出希望，尤其活出心中有世界、有眾生、有因果、有道理。

「2016全國大專校院學生生命教育微電影」競賽。2016.06.27

就像前面提到，每個人的生命都不是自己的，生命是天地間共生共有的，只有自己有資格把自己奉獻給大眾，只有盡力讓生命活出意義與價值，但沒有摧殘生命的自由。

生命的意義在於服務大眾、在於成就別人；每個人活著不能只想到自己的利益，要想到奉獻是生命的意義、服務是生命的意義、對社會的責任是生命的意義、造福大眾是生命的意義。一個人能建立對自我的責任感、對家庭的責任感、對親人的責任感、對自己有恩惠的人，如父母、師長等，你還沒有報恩，責任未了，如何能一死了之呢？

我曾經遇到過一位青年，因為情場失意，悲傷難過，想要自殺。當時我去看他，要他冷靜一點，並且念了一首《中央日報》副刊上刊載過的小詩給他聽：

天上的星星千萬顆，

地上的人兒比星多；

傻人兒！

為什麼自殺只為他一個？

世界上的人這麼多，難道都不值得你愛嗎？何必苦惱、自殺只為愛他一個人呢？這樣的生命價值不是太有限了嗎？

所以，雖然「人生不如意事十之八九」，人生難免會有順逆境，心情難免有高低起伏的時候；一旦發現自己的情緒陷入了低潮，就要懂得找善知識、好朋友談談話，或者自己看看書、聽聽講演，都有助於紓解壓力與轉換心情。

過去我在「中華電視台」每天有一個五分鐘的《星雲法語》節目，播出期間觀眾反應非常熱烈，曾經有人本來想要自殺，因為看了《法語》而激起了再奮發的信念。也曾有一個家住高雄的國二學生寫信給我，他說自己不慎交了壞朋友而跟著學壞，原本一些很要好的同學因此不再理他；雖然他已知錯想改，但那群壞朋友並不罷休。就在孤獨絕望想要自殺的時候，無意間看到《覺世旬刊》所刊載的《星雲法語》給了他很大的鼓舞。他想到自己還年輕，還有很多事沒有做，不能如此輕易了斷，所以決定要以歡喜的心情從頭開始新生活。

也有這麼一個故事。有一位失業的青年徘徊在台北火車站前，望著車水馬龍的繁華景色發愣，想找一個有錢人的座車撞上去自殺，以便讓貧窮的老母親得到一筆撫恤金過日子。正在他萬念俱灰的時候，有一個高貴美麗的小姐經過他面前，對他微微一笑的點了個頭，這個青年一高興，倒忘了尋死；第二天他居然得到了一份工作養家，便不想死了！

曾經在佛光山台北道場也發生過一件感人的事。有一個星期六的晚上，法師們正在忙著準備共修的時候，忽然接到一通十萬火急的電話，對方說：「我要找住持說話！我，我想殺人！」

原來這位先生經營小本生意，不久前小舅子倒了他的錢，導致財務周轉不靈，眼看著月底就要到了，公司裡幾十名員工等著他發薪水，真是又氣又急，只想殺了小舅子一洩心頭之恨。

住持慈容法師告訴他：「您殺了他，自己還得坐牢，仍然不能解決問題啊！」

「那我只有自殺了！」

「自殺了以後，家裡的親人情何以堪？難道要他們為你揹債嗎？」

「那我怎麼辦？怎麼辦呢？」對方的聲音沙啞了，想必是在掉眼淚。

慈容法師留下台北道場的地址，請他過來談話。約莫半個小時以後，他依約來到台北道場。慈容法師安慰他：「人生難免有起有落，跌倒了，只要自己肯站起來，就有希望，況且人活著，不只是為了自己而已，更要為愛護自己的人著想。殺人、自殺，不過落得親者痛，仇者快罷了。」

看到他情緒漸漸穩定下來，望望牆上的鐘已經十點了，慈容法師說：「您趕快回家吧！這麼晚了，太太一定等得很著急了！」

「唉！」他嘆了一口氣，接著說：「我的太太很賢慧，但是回家看到他，就想到他弟弟，心裡更難過！」

慈容法師繼續耐心地勸導他。一番懇談之後，這名男子居然請求住持收留他出家。慈容法師以出家必須知道家庭狀況為由，請他填表格，然後按照上面寫的資料，偷偷地打電話給他的太太。

「王太太！您請坐。」中年男子聽到這句話，吃驚地回過頭，只見太太在知客法師的引導下，走進門來，一臉的悲悽。他不禁起身走上前去，與太太相擁而哭。

三個月以後，王先生夫婦二人再度來到台北道場，拜訪慈容法師。王先生歡喜地說道：「感謝您救了我的一生，也救了我的家庭。」

如何脫離自殺的陰影？如何活出生命的希望？其實光靠外面的幫助是有限的；甚至有的人把自己的未來交付給神明保佑，這也是不夠的。人最重要的是靠自己，當然，一個國家的社會福利完善，例如醫療制度健全、道路交通發達、民生飲水、公共路燈等設備都很周全，社會的富樂當然能減少人民一些生活上的不如意。但是儘管外在的朋友、家庭、國家、社會提供給我們幫助，也要自己能接受。有時候別人的好意幫助，不見得當事人都能接受，有些人不但心生懷疑，甚至把別人的好意當成惡意。這種人凡事都往壞處想，別人就是再怎麼有心也幫不上忙。

我曾經說過，有的人聽了一句不中意聽的話以後，旁人即使說了再多的好話來解釋、相勸，他一句也聽不進去，他就只相信一句壞話，不相信一百句好話，其實這是自找麻煩。所以要想消弭自殺問題，必須靠自己有智慧、能明理，想想我為什麼要為別人的一句話、一件事、一個眼神就上他的當，為他而苦惱呢？

此外，我覺得每一個人平時要培養各種興趣，例如讀書寫作、蒔花植草、旅行郊遊、參加社團等。多參加一些益智性的活動、對身心有幫助的活動，就不會自閉；一個人如果太自閉，就會愈來愈想不開。今天的社會之開放、廣大，每一個人都要走出去，要走入人群大眾裡、走入朋友圈子裡、走進書香學校裡、走進社團活動裡、走入義工行列裡。當然，走到各種正當的宗教信仰裡，都是很好的。總之，你要有很多調適生活、紓解壓力的管道，尤其多結交一些善友、益友，平時多聯誼往來，偶爾相約喝喝茶、談談話，有時候別人的一句話，一語點醒夢中人，也可能得到很大的利益。

人生本來就是苦，人類的苦，有時是因為欲望太高，求不到當然苦；有的是愛瞋太強烈分明，想愛的愛不到，冤家卻常相聚首，自然就會感覺很苦。甚至老年體衰的苦、疾病纏身的苦，乃至死亡的痛苦等；有時看到別人苦，自己也跟著苦。此外，還有自然界給我們的苦，社會上給我們的苦，甚至經濟的、家庭的、人際的，各種的苦從四面八方推擠而來，真是苦不堪言。

不過，我們可以轉苦為樂，就等於一間房子，本來是黑暗的，我們只要點個燈，就可以轉暗為明。人生懂得一「轉」很重要，轉壞為好，轉惡為善。懂得轉身，退一步想，海闊天空；懂得回頭，後面的半個世界，更是無比寬廣。

曾經有人問：我們拿念珠是念佛，觀世音菩薩也拿念珠，他念什麼？「念觀世音」。為什麼自己要念自己？因為「求人不如求己」。所以佛教講「自依止、法依止」，皈依自己、相信自己、肯定自己。如果社會上每個人都能發揮自己的力量，不但自立，而且能幫助別人，如此社會才有力量，才會更美好；如果每一個人都希望國家保護我、社會幫忙我、父母養育我、老師教導我、朋友對我好，那我自己來世間幹什麼的？所以人要在世間上生存，一定要靠自己有力量，要強化自己、發揮自己最重要。若說要靠哪一個人來救我們？靠哪一個人來幫助我們？總不如自己可靠。

人生懂得「轉」很重要，懂得轉苦為樂、轉惡為善，就可以轉暗為明。

多年前，名作家三毛忽然厭世自殺，引起整個社會都在關心名人為什麼要自殺的問題。功成名就的人常有這種情況發生，面對挫折無法承擔時，就會想到以死來逃避。其實排遣的方法不外引開對死的注意力，情況就不會如此惡劣，一個人對死都不害怕，世上還有什麼可怕的事呢？與其把生命毀於死亡，不如用在更有意義的事情上。所以，對於有自殺傾向，或曾經自殺過的人，以後如何輔導他，就如對受刑人的更生保護一樣，需要社會大眾一起來關心。

三、萌生自殺念頭的人，雖然多數是因為活得不快樂而輕生，但也有的人則認為死後可以和親人相聚，或是因為信仰因素而提早結束自己的生命。請問大師，佛教對自殺心理，乃至因信仰而自殺的行為，有什麼樣的看法？

答：自殺是對生命意義無知的表現。有的人以為自殺是不怕死的勇者，其實那苦逼迫到絕路，已經超過死亡的恐懼，他以為一死就能解決生的痛苦，因而作出的愚蠢行為。這種人連活下去的勇氣都沒有，怎能說他對死不害怕呢？

談到生死，其實一般人還是「寧在世上挨，也不要土裡埋」，不過也有很多人因為生活、事業、功課、感情等壓力過大，或因信仰偏差，乃至受了氣、有了委屈，一時忍耐不了而走上自殺之途。不管自殺的原因為何，歸納起來不外乎：第一、不明白生命的意義；第二、沒有解決問題的勇氣，遇事逃避；第三、不懂得自己的生命與別人的因緣關係；第四、不知道自殺、殺人都是同樣的罪業。

總說一句，萌生自殺念頭的人，必定是自私，必定是無能、無力、無明，不懂得製造歡樂，不知道營造和人的同體共生，缺少對生命的認識。生命的意義是生生不息的，這才叫生命。自殺者因為沒有看到「生」，只想到「死」，所以他活著，念頭裡只有自私、灰色、黯淡；他看不到光明、看不到美麗，所以死的陰影就籠罩他，死的魔手就掌握他，因此稍有一些精神恍惚、意志不堅的時候，死亡的繩索就會綑綁他、束縛他。

自殺的意念其實時刻都盤桓在我們的潛意識裡，一遇到生命最脆弱的時刻，便容易化為行動，成為事實。日本第一個獲得「諾貝爾文學獎」的名作家川端康成，兩、三歲時父母病故，數年後祖母、姐姐、祖父又相繼過世，這種對死亡的體驗所造成的恐懼，成為他一生的陰影，終於在榮獲諾貝爾文學獎三年後的一天，在公寓裡含煤氣管自殺，實現他說過的話：「無言的死，就是無限的活。」日本名作家芥川龍之介，正當三十五歲的壯盛之年，因感「人生比地獄還地獄」，因此仰藥自殺；另一位同是日本人的知名畫家古賀春之江則覺得「再沒有比死更高的藝術了」，因而毅然自我了斷。雖然他們的死亡哲思不同，卻都同樣選擇以自殺來結束自己璀璨的一生。

「自殺」就是「自己殺害自己」。現代人不僅自殺的方式層出不窮，如服毒、跳樓、懸梁、投河、割腕、刎頸、燒炭等；就是形容自殺的詞彙也不在少數，例如「自盡」、「自裁」、「自決」、「自戕」、「自縊」、「自刎」、「自剄」或「自我了斷」等。甚至自殺的心態、動機，更是不勝枚舉。記得曾在報紙上看到一則新聞，有一個人養了一條狗，人狗相處，日久生情。老狗總免不了死亡，這個養狗的人頓覺了無生趣，幾天後就自殺身亡，隨著老狗共赴黃泉。

歷史上燕太子丹與田光謀刺秦王，田光推薦荊軻，太子：「此事關係燕國存亡，務請保密。」田光：「是！」回家後立即自殺，用自殺來表示不會洩密。

佛教「三武一宗」法難之一的北周武帝廢佛時，佛教所有的經像幾遭焚毀殆盡，當時靜藹法師以「毀教報應」力諫武帝，但不被採信，後來遁入終南山，因自愧無益於佛法，乃趺坐石上，自割其肉而死。

宋朝的文天祥領兵抗元，失敗被俘，元軍統帥張弘範及將領李恆每日好酒款待，百般勸降，但在文天祥認為，死並不嚴重，失去名節才是嚴重，於是寫下膾炙人口的千古絕唱〈過零丁洋〉一詩「辛苦遭逢起一經，干戈寥落四周星。山河破碎風飄絮，身世浮沉雨打萍。惶恐灘頭說惶恐，零丁洋裡嘆零丁。人生自古誰無死，留取丹心照汗青」後，從容就義。

所謂：「死有重於泰山，有輕於鴻毛。」世間上的人，有的人為了成全名節，他把名節看得比生死重要；有的人為了完成忠烈的志願，寧可犧牲生命。所以殺身成仁，捨生取義，其意義不能與一般的自殺行為相提並論。乃至為教犧牲，為了信念而死，那就是他的生命，是更超越的生命。

佛世時，佛陀的弟子當中也偶有自殺或計畫自殺者。如比丘尼獅子歷七年修行，仍未能治其貪欲心，愧憤自身愚痴，遂萌自殺之意；然於森林投繯之際，頓然開悟。比丘薩婆得薩歷經二十五年修行，仍未得平安，遂決意自殺；但於抽拔剃刀時，頓然開悟。比丘跋伽利亦曾因此立意自盡，欲躍下山崖，以了生命；就在邁足將縱之際，突然開悟。

另據《雜阿含經》卷三十九所載，比丘瞿低迦曾六度開悟，六度退轉；於第七度開悟後，因恐第七度退轉，遂欲入滅。瞿低迦於第七度開悟後，已入超越生死之境，心中不再殘留任何妄念，佛陀遂聽任其自行般涅槃。乃至佛陀在過去世修行時，自己曾「以身飼虎」、阿難尊者一百二十歲時因為不想再聽世間的邪言雜話而進入涅槃等，以及佛教一些悟道高僧，他們預知時至、生死自如、坐脫立化等遊戲神通、瀟脫自在地面對生死，就非一般逃避責任而自殺，或是因信仰錯誤而導致集體自殺的行徑所能同日而語。

說到信仰，近年來世界各地不時傳出一些教徒因為信仰邪教，導致思想偏差而集體自殺。例如，一九七八年美國一位患有妄想症的牧師吉姆．瓊斯（Jim Jones），帶領九一四名追隨者在圭亞那的瓊斯鎮（Jonestown）集體自殺，這是有史以來集體自殺人數最多的一次。一九九一年，墨西哥的一位名叫阿爾馬桑的政府部長由於信仰上帝走火入魔，率領二十九名追隨者在一個教堂中集體自焚；一九九四年、一九九五年和一九九七年，太陽聖殿教在北美和歐洲製造了三起集體自殺事件，造成超過上百人死亡的不幸；一九九五年，五十三名越南村民在一個篤信邪教的盲人帶領下使用粗劣武器射殺自己；一九九七年，三十九名「天門教」教徒認為不明飛行物會把他們帶到天堂，因此集體服毒身亡。邪教害人之深，由此可見。

其實在佛教裡，根據《成實論》卷十舉出，惡有「惡」、「大惡」、「惡中惡」三種，其中自殺亦教人殺是為大惡。《梵網經》也說，凡生者皆為我父、我母，故殺生即殺父、殺母。準此而言，自殺亦無異殺父、殺母。再如《大智度論》說，無論如何勤修福德，若未遵守不殺之戒，亦將失其意義。

因此，一般而言，佛教十分重視生命，因此反對任何戕害生命的作法，而主張應該在有生之年，發揮生命的光與熱，以奉獻一己、服務大眾來擴大生命的價值與意義，延續生命的希望與未來，這才是正當的信仰之道，也才是我們面對人生應有的正確態度。

四、決定自殺的人，都有一個共同的心態，就是想以死來擺脫一切。請問大師，死以後真的就能一了百了嗎？

答：「人死一了百了」，這種對生命的錯誤見解，普遍存在於一般人的心裡，因常見有人在遇到無法排解的困難或挫折時，就消極地想要自殺，希望以死來擺脫一切。

其實，人到世間投胎為人，都是帶業而來；現世所受的順逆、好壞境遇，都是自己前世、今生行為造作的結果，應該直下承擔，才能隨緣消業。如果遇到困難、苦厄，就以自殺來逃避，不但不能消業，而且更造惡業；如此舊業未消，又造新業，人生如何能解脫？如何能一了百了呢？

所以，自殺並不能解決問題！自殺只有增加問題，甚至只會增加痛苦。比方說，我自殺了，即刻就會帶給我的家人、朋友、親戚、同學，乃至認識我的人無比的痛苦，有時還會把一些未了的責任加諸給他們，增加他們的負擔。再說，國家栽培我、大眾成就我，正當能為社會服務的時候，卻因故自殺死了，這就是社會成本的浪費。因此，一個人的自殺，不但造成社會的損失，並且拖累了許多人，辜負許多關心我、愛護我的人，真是情何以堪。

再者，自殺也會留下很多的後遺症。例如，一個家庭裡如果有一個前輩是因自殺而死亡，雖然隔了幾代以後，後代的子孫都會覺得不榮譽，不但在他們的心裡留下拂不去的陰影，有時還會起而仿效。所以我覺得社會上有時候發生凶殺案，被人殺死還可說是不得已的，自殺是不可原諒的行為。因為遭受外力而死是沒有辦法抗拒的事，可是自殺則是自己結束自己的生命，這是愚痴，是因為一時想不開所造成；由於自己的愚痴想不開，造成了家庭、社會的損失，所以基本上自殺是不值得同情而令人感到遺憾的事。

尤其，自殺者當時的心情，必定是帶著一種心靈的創傷，是在痛苦、哀傷、無助、絕望、焦慮，甚至是憤怒、瞋恨、懊悔的情緒中死去，就憑當下這麼一念，死後必定墮入地獄、惡鬼、畜生，這就是《俱舍論》所講的「業道」。

所謂「業道」，亦即貪、瞋、痴三業，彼此之間由貪生瞋，由瞋生痴，由痴生貪；前者能夠成為後者之道，或者互相輾轉為道，如此成為六道輪迴之通路。也就是說，我人造作的業，自然會產生一種力量引生結果；業本身就像道路，隨著善業能通向善的地方，隨著惡業通向惡的地方。因此我們不要萌生自殺的念頭，就不會有自殺的行為與結果。

人在一生的數十年歲月當中，難免會遇到種種的問題，雖然讓人感到生活艱苦，但另一方面也可以讓我們在思想上、心情上千生萬死，從中慢慢進步。千萬不要為了一時的困難，就想一死了之，總以為死了就可以解決問題，這是不對的想法。人，只要有信心、有勇氣、有慈悲、有智慧，世間其實沒有解決不了的事，因此希望社區裡的一些有德之士，能夠經常舉辦各種聯誼、講習，發揮守望相助的精神，讓鄰居之間彼此互相關心、鼓勵，從心理上建立起一種積極樂觀的人生態度，如此才能防範自殺悲劇的一再發生。

五、請問大師，人在自殺的時候，乃至自殺死後有痛苦嗎？

答：人一有了煩惱、痛苦，就想要自殺，希望就此一了百了；也有的人在面對困難、挫折的時候，覺得「生不如死」，因此也想以自殺來結束生命，總以為死了就能獲得解脫，但是當他自殺死後就會知道，其實「死更不如生」。

根據《醒世千家詩》記載：「吳江蔣某，與人爭氣不勝，服毒自殺。後來憑在他的妻子身上向人道：我不當死而死，罰入枉死城，火床銅柱，慘苦萬狀。方知在生一日，勝死千年，勸大家寧可氣死，切莫自殺，以致後悔無及，大哭而去。」可見自殺只能逃避一時，但是卻因此更增無邊的痛苦。

另外根據《認清自殺的真相》一書說，自殺者所感受的痛苦，千百倍於生前所受的苦，非語言所能形容。例如投河窒息而死者，江水急進，肺氣外逼，內外交攻，苦痛不堪。自縊而死者，氣管閉塞，血流逆行，身如刀割，繼而渾身麻痺，痛苦萬狀。服食農藥、鹽酸等藥品中毒而死者，五臟壞爛，極痛難忍。服食安眠藥而死者，頭眩氣促，五臟翻攪，有時暫時停止呼吸，心臟也停止跳動，與死無異，可是經過一段時間，悠悠醒來，卻早已入殮，欲出無門，於是輾轉棺木之中，恐懼痛苦而死。

大師與單國璽樞機主教應邀出席「關懷人間，超越生死」，與靜宜大學師生交流。

另外也有研究報告指出，開棺檢視服食鴉片而亡者，伏著居多，側者亦常有，唯平仰者甚少。

從以上記載可知，自殺的方法雖然有種種的不同，但自殺者自始至終，痛苦了了在心，而且在將死之時，意識轉清，過去和現在的景象，映現分明，因此所感受的痛苦也就更加的深刻。

自殺的人，在自殺前想當然爾一定是感到很痛苦，不痛苦就不會想要自殺，他因為熬不過痛苦，遂想要以自殺求得一死來解決。但是自殺將死未死之際，不管是上吊、服毒、刀割、槍殺、投河、跳樓，或是燒炭等，儘管方法不同，但其結果都是痛苦不堪。就以上吊而言，不是那麼一分鐘就死了，死前的一刻，呼吸悶絕，有時後悔了想要自己解救都沒有力氣，想叫也叫不出來。可以說上吊的過程中，真是千百種的痛苦，難以盡述。

自殺者不但在彌留之際要受無量苦痛，就是死後所遭受的痛苦，比臨死時還要增加千萬倍。甚至死了固然苦，得救了還是苦。現在有愈來愈多的人以「燒炭」來自殺，他們以為燒炭自殺可以安詳地在睡夢中離去。不過根據馬偕醫院及高雄長庚醫院的醫師表示，這類自殺倖存者可能因為急性一氧化碳中毒，造成遲發性神經精神症狀，部分甚至無法恢復。曾有患者在獲救一個月後出現意識混亂、幻聽，甚至拿抹布洗臉、將電話當成飲水機、大小便失禁、無法自理清潔等症狀；有些人則留下反應遲緩、記憶力減退等後遺症。

自殺也是犯了殺生戒，即使如願自殺成功，死了以後仍免不了要受殺生的業報。殺生乃天地所不容之罪，即使閻王老爺也不會給您好臉色看，所謂「有何面目見江東父老」，自殺者有什麼面目見人？所以，自殺並不是解決問題的辦法，死，不是痛苦的結束，死並不能「一了百了」，生命是隨著個人的善惡業報而一再相續不斷的。所以佛教講「善終」，唯有善終，才能往生善道，才能得到真正的解脫。

六、有人說，憂鬱症是二十一世紀精神疾病的頭號殺手，已經有愈來愈多的人憂鬱而自殺。請問大師，如何防範因憂鬱症而萌生自殺心理？

答：根據「世界衛生組織」研究報告，憂鬱症已經成為全球性的疾病，全世界一億五千萬人遭受精神疾病的困擾，平均每四個健康有問題的人，當中就有一個是精神疾病的問題。而所有精神病患中，憂鬱症患者的自殺率最高，已經有愈來愈多的人因憂鬱而走上自殺之途，憂鬱將是二十一世紀人類的第三大死因。

人為什麼會憂鬱呢？有一篇名為〈卸下憂慮〉的文章說：「讀書人為考試憂慮；年輕人為前途而憂慮；父母為孩子而憂慮；老人為來日不多而憂慮；窮人為錢不夠用而憂慮；富人為保持財產而憂慮；病人為疾病而憂慮；忙的人為事情做不完而憂慮；無所事事的人為無聊而憂慮；孤獨的人為孤獨而憂慮；熱鬧的人為不能永久熱鬧而憂慮；未成名的人為沒沒無聞而憂慮；成了名的為名聲不再顯赫而憂慮。甚至有的母親單單為孩子離開去遠足幾個小時而憂慮流淚。試問天下人，誰無憂慮呢？」所以作者最後結論出：「人無近慮，必有遠憂，真是顛撲不破的真理。」他形容：「憂慮是人的影子，走到哪裡，它一樣跟到哪裡，不因地方和環境變化而消失。」

誠然，現代人似乎都活得很苦悶，活得很不快樂，尤其功利主義掛帥，人與人之間缺乏互信、互助、互尊、互諒，彼此冷漠，互不關心，造成心靈的疏離感。加上現代年輕人普遍養尊處優，缺乏抵抗壓力及接受挫折的能力，所以容易罹患憂鬱症。在台灣罹患憂鬱症的就有百萬人之多，因為憂鬱症而自殺的個案也愈來愈多，雖然並非每個自殺的人都是精神病患，但精神病患自殺比率約百分之二十，比一般人高出二千倍。

根據精神科專科醫師鄭泰安在一九九九年發表的一項研究指出，針對東台灣一一三位自殺成功的個案家屬進行訪談，了解自殺者生前的生活史及精神狀態，結果發現有九成以上的個案都有精神科方面的疾病，其中最多的包含重鬱症及輕鬱症（約九成），以及酒癮、藥癮（四成以上），和人格疾患（占六成）。而在國外的研究中，也有類似的結果，約百分之八十三至百分之百的個案在自殺前都罹患了某種精神科疾病。

因此，專家表示，降低自殺率一個可行的方法，應該把自殺當作是一種疾病來看待，而不僅僅把自殺認為是個人意志力薄弱，或是對生命不尊重。他們認為，將有自殺意念的患者當作是「意志力」、「態度」，或是「道德」上有問題，可能會使他們有更強的罪惡感，反而更不願意向周圍的人請求幫忙。

在台灣，許多憂鬱症患者初期時沒能及時求診，或是沒有看對科別，失去了向親友或是醫生求助的最好時機，自殺意念高漲，因而導致自殺死亡的比率愈來愈高。其實有情緒上的困擾時，如果能及早觀察、分析並尋求正確的治療，將可減低許多自殺的機率。有鑑於此，像台灣新營醫院已開辦憂鬱症特別門診，並且提供憂鬱指數量表，讓民眾自我檢測，降低自殺的意念。

目前世界各國預防自殺的重點，都放在精神疾病需要接受治療，特別是藥物治療的宣導上。因為許多研究顯示，百分之五十至百分之六十以上自殺的人，在死前三個月都曾經看過包括內外婦兒科或家醫科的醫生。因此八〇年代瑞典在哥特蘭島（Gotland）曾進行一項計畫，教導家庭科醫師認識並治療憂鬱症，結果的確使得國民的自殺率下降，這可能是目前被證明最有效的方法之一。

憂鬱症的產生，一般人認為是外在的生活環境動亂，例如政治不穩定、社會治安不好、經濟低迷、失業率高、生活壓力大，感覺人生活著只是受苦，乾脆以死自我了脫。但是根據專家研究，有的人出生富裕家庭，一生順遂，毋須為生活打拚，照說應該活得很安然，但其實不然，這樣的人到了中年以後，往往覺得人生了無生

嗑藥、酗酒等於慢性自殺，非理智行為。

趣，不知生命所為何來，也會產生憂鬱症而自殺。

就以澳洲來說，在這裡不僅有優美的居住環境，而且還有醫療、養老金、免費上學、失業金等優渥的社會福利。但是此地的人照樣憂慮難解，仍然吸毒，自我麻醉，甚至放棄生命，以致成為世界自殺率最高的國家之一。

其實現在社會上有很多人嗑藥、酗酒，長期戕害自己的生命，這也等於是在慢性自殺；有的人冒險玩命，例如有些特技演員經常玩命性的表演，乃至於青少年飆車、酒醉開車等，無形中也是在自我謀殺。另外也有人則是活在虛擬的幻境中，例如把情侶自殺殉情認為是很淒美的事，這是一種不正常的心態；也有的時候是一種幻覺，幻想死亡，結果弄假成真。更多的是因為挫折、憂鬱而自殺。

因憂鬱或者受到挫折想不開而自殺，這都是由於自己內心沒有力量，無法抵抗外在的壓力。要如何抵抗外在的壓力、挫折呢？平常就要增加、訓練自己內心的力量，比方說用歡喜去抗拒，用明理去抗拒，用為人設想去抗拒，不要凡事只為自己著想。也就是平常就要培養足夠的實力，要開發自己的智慧，要多讀書、多親近善知識、多參加社團活動或是各種宗教活動，在宗教裡得到鼓舞。

甚至現在的心理諮商、面談，乃至透過旅遊、運動、藥物治療、音樂治療、動物療法、技能訓練、人際溝通、培養興趣、鼓舞信心、找人傾訴、創造希望、融入大眾、打開心田、走出去、忙起來等。如果在自殺前，或是面臨各種壓力時，自己能夠備妥各種戰鬥武器，則「兵來將擋，水來土掩」，再也不怕壓力的魔鬼打擊我們，因為我們都有個辦法應付、化解。

因此，一個人平時要接受挫折教育，要增強抗壓能力。因為從古至今，天地萬物要想生存，誰沒有挫折？很多成功的偉人，都是從挫折中突圍而出，才有成功的一天。所以每一個人從小到大，在成長的過程中，自我一定要有力量，不要因為一件事就煩惱，或是被別人一句話就打倒。很多時候我們聽了一句不高興的話，說的人早已忘記，自己卻幾天幾夜氣得睡不著覺、吃不下飯，實在是很吃虧划不來的

有目標，路就走得長遠。

事。或者有的人遇到一點不如意，乃至經濟陷入困境，就想要自殺，其實總會有辦法可以解決，不要一下就鬧自殺，實在是不理智。

人除了要有挫折教育，要有抗壓能力以外，還要找出自己的人生目標。有目標，路就會走得遠，走得長，因此要防範自己萌生自殺念頭，唯有找出生命的意義與價值，活出生命的尊嚴與歡喜。

人的一生只能活一次，每個人都是獨一無二的，別人代替不了，所以要正視「生命的一次性」與「不可替代性」，對自己的生命給予重視與尊嚴。當你懂得尊重生命，知道生命存在的可貴與難得，就會珍惜生命，而不會因一點挫折就自暴自棄，甚至喪失生存的意志而自殺。

雖然專家說，二十一世紀將是憂鬱肆虐的時代，但是我們不要耽溺在憂鬱的泥淖裡，要思想如何超越，例如對佛法真理有深入的認知，能夠了解生命的真相，就有力量去忍受、接受、化解。所以，希望想要自殺的人都能勇敢、發心，把生命用來服務、奉獻大眾，這不是比尋死要好得多嗎！

七、根據專家研究，每當國家社會發生重大災難，例如台灣九二一震災後，災民

常有相繼自殺的現象。請問大師，自殺也會成為風氣嗎？

答：現在的社會亂象紛陳，不但賭博、吸毒、竊盜、綁票、家暴、性侵害等問題叢生，尤其最嚴重的社會問題是自殺。

自殺是全球十大死因之一，以台灣為例，根據衛生署在二〇〇三年的統計，一年共有三〇五三人自殺，平均約每三小時就有一人自殺。其中男性自殺死亡人數約為女性的二倍。若以年齡層來看，二十四歲以下的青少年自殺死亡率比九〇年增加百分之十八點一，二十五至四十四歲增加百分之十七點一，自殺已經成為青壯年人口的第三大死因，僅次於意外死亡和癌症。

另外，一項統計資料顯示，大城市的自殺比率遠比居住在鄉下者為高，中產階級自殺者也比其他社會層級的人多。從年齡的分布來看，十五至二十五歲的年輕人以及七十五歲以上的老年人自殺率也愈來愈高，尤其老年人自殺身亡的比率很大，但近年來國小學童自殺的比率也日漸升高。以性別而論，男人自殺成功的機率比女人高出三倍；但是女人嘗試自殺的頻率卻比男人高。

由文化的角度觀之，西歐先進國家的自殺率遠比回教、佛教、印度教等地區來得高。原因可能包含了人際關係的疏離、宗教的遜位以及支配自己生命的現代意識高漲等。至於資本主義國家與社會主義國家之間相比較，則是見仁見智，沒有定論。不過也有學者認為，前社會主義東歐國家自殺率上升的速度快過西方，例如匈牙利，一九七八年每十萬人有四十一點一人自殺，名列世界之冠。總之，經驗統計的結果顯示，自殺之分布與年齡、性別、職業等似乎不無關聯。

此外，國家社會的發展步調愈快，人民的自殺率也會愈來愈高，這已是不可逆轉的趨勢，尤其當碰到經濟不穩定，或者遭逢巨大變故，都會讓自殺率明顯上升，如剛才所問到的問題，台灣九二一地震發生後幾年間，南投縣的自殺率高居全台之冠。

自殺不但會成為慣性，據美國的一項研究統計，平均每位自殺成功者約嘗試自殺十六次。自殺也會成為風氣，因為世間上的人都是有樣學樣，人與人之間，彼此的情緒是會互相感染的，就如瘟疫一樣，有傳染性，加上媒體對自殺的報導過度渲染，不但給了社會大眾負面教育，對當事人更是造成二度傷害，因為自殺已造成身心的傷害，再加以大肆報導，等於又殺了他一次，所以媒體不能推波助瀾。

不過，媒體之所以會偏重這種負面的報導，也是為了迎合讀者的口味，所以社會不能一味怪罪媒體，觀眾的心態也要反省，也要學習自制。

有一個故事說：有一天閻羅王在審判人犯，首先對著趙大說：「你在世時殺人放火、貪汙舞弊，現在判你到地獄受苦五十年，之後再到人間投胎為人。」接著對王五說：「你是個讀書人，生前為文寫作、著書立說。可是你寫的書都是黃色書刊，不但造謠生非、而且淫穢人心，對世道人心毫無助益，現在判你終生在地獄受苦。」王五一聽不服，抗議說：「閻羅王，這樣不公平，趙大生前殺盜淫妄，他的罪也只不過是下地獄五十年；我只是寫寫文章，為什麼把我的罪判得那麼重呢？」

閻羅王說：「因為你寫的書現在還在世間流傳，你的文字對人心造成的傷害還在持續擴散中，必須等你在世間所寫的文字影響力消失了，你的罪業才有辦法消滅，到時你才能超生。」這個人一聽真是大驚失色，想不到自己一時愚痴所造下的罪業，真是無邊無量，不知何時才能消除。

因此我就想到，有一次應內政部之邀在台北國際世貿中心舉辦一場人生哲學講座，找我去講演。記得當時我講了這樣的話：「現在我們的社會，每一個人如果筆下有德，就可以救台灣；口中有德，就可以救自己。」我們不要以為自己興之所至的一句話，隨便說說，過去就算了，其實「聲是無常」，聲音沒有了，但是影響力卻永遠存在，因果業力是不會消失的。所以平時不能逞口舌之能隨便說話，也不要逞筆下之能隨便造謠，引人學壞。平時說好話、做好事、存好心、寫好的文章、報導好人好事，必定可以救自己，也能救國家社會。所以，社會善良的風氣，要靠全民一起來營造。

至於說到自殺，其實一個人之所以想要自殺，大都是因為覺得「活得很苦」。一個人為什麼會苦？不外乎太自私、太為自己著想，沒有能力應付外來的壓力。一個人如果天天只想「我」，我想、我要、我愛，就會感到生命很有限；一個人要愛大自然，這麼美好的山河大地，為什麼你要離開呢？一個人要愛國家、社會、眾生，這麼有成就的社會，你何以不愛他就想離開呢？你能想到家人、朋友，他們不是都愛過你、幫助過你嗎？你何以忍心離開大家呢？所以能夠活出責任，活出心中有人，自然不會想要自殺。尤其假如心中有佛法，有「忍」的智慧，由「生忍」、「法忍」，一直到「無生法忍」的漸次具足，自然能夠放下世間的人情冷暖、是非榮辱，進而淡化對心外世界的執著，則內心世界變得寬廣、豁達，就能活得踏實、自在，而不致於會有自殺的想法。

總之，如何活出自在，這是教育家的責任，也是媒體的責任；是家庭的責任，也是社會的責任。一旦國家遭逢重大的災害變故後，如何防治災民自殺，這是需要全民一起來關注的重要課題。

淡化心外世界的執著，內心世界就會寬廣、豁達。

八、憲法明文規定，殺人有罪；那麼殺人以外的動、植物有罪嗎？甚至殺人未遂有罪，自殺未遂有罪嗎？

答：現在是個重視生權的時代，不但法律明文規定不得虐待動物，尤其對於一些保育類的稀有動物更不能獵殺，甚至不准豢養。乃至現在的環保意識高漲，不但全民實行資源回收，而且不得濫墾山坡地，不能濫伐山林樹木等。

可以說，現在已由人權擴展到生權的時代，不只是有人才有生命，大地一切眾生，情與無情都有生命，都應該受到尊重與保護。所以佛教雖然是以人為本的宗教，有時不小心傷害蟲蟻、蚊蠅等，雖然法律上沒有刑責，但於道德有虧；不該傷害的，如山河大地，乃至動植物，都應該善加保護，如果肆意破壞、傷害，都是廣義的殺生。

佛教是個嚴戒殺生的宗教，認為一切眾生皆有佛性，未來必當成佛，故當視如父母般供養給侍，豈忍殺之；若殺之，是亦殺未來佛也。佛教的殺、盜、淫、妄、酒等戒律，有自作、教作、見作隨喜的犯行。所以「十重波羅提木叉」中的「殺戒」，有謂：「佛子不得自殺、教人殺、方便殺、讚歎殺、隨喜殺、咒殺、殺因、殺緣、殺法、殺業，乃至一切有生命者，不得故殺。」

佛教不僅嚴禁自殺、殺人，乃至不准教人方便殺生或讚歎殺生等。有人問：殺人有罪，殺害昆蟲動物有罪嗎？譬如噴灑農藥、DDT，殺害蚊蠅蟲蟻罪孽重不重？一般來說，殺生是有罪業的。有的人聽了這樣的話也許會說：我是種田的，我是賣農藥的，我不要信仰佛教了，因為佛教主張不殺生，不能殺死害蟲，我何以維生？其實縱然你不信仰佛教，一旦殺生，還是一樣有罪。何況佛教是人本的宗教，同樣是殺生，殺戮人類的罪遠比殺害其他動物的罪業要來得重。不過話雖如此，我們也不能以此為藉口而濫殺生物，即使不得已而殺，也要存著慈心為生物祈福，譬如吃雞蛋、鴨蛋時，心中默念：「我今送你西方去，免在人間受一刀。」當然最好是不去侵犯所有動物的生命，包括殺害自己。

自殺是弱者的行為，自以為逃避責任，事實上所有的痛苦並不因為自殺就能解決，像現在的青少年自殺，等於花還沒有開放就萎謝凋零，這是何等殘忍；像青壯年，正當有為的時候，因為情場失意，或因經濟周轉不靈，也用自殺來逃避。再如老年人雖然久病不癒，但是現在的醫療不但發達，還有健保體系，總有一個延長生命的方法。就算是任何辦法都失效了，死亡是很自然的事，是自然的現象，並不

大地一切眾生，情與無情都有生命，都應受到尊重與保護。

需要我們強迫為之，所以不管殺人、自殺，都是同等罪惡的行為。甚至自殺未遂一樣有罪，因為有殺心、殺念，有殺的念頭，舉心動念就有罪，雖然還沒有成為行為，但是念頭也是行為的根源，已經進入危險的邊緣。

總之，殺害別人有罪，必得受刑法制裁，那麼殺害自己有沒有罪過呢？在法律上對於自殺雖不加以判決，但是在佛教認為自殺不僅是愚痴的行為，並且是罪惡的行徑，因為個體的生命是社會眾緣所成就，個人沒有權利加以毀滅，若用暴力強制截斷自他的生命，都是違反佛教的不殺生戒，自己仍須背負行為的苦果。所以想要自殺的人，應該要有責任感，要有勇氣來面對問題，要用智慧來解決問題，千萬不要用自殺來逃避問題。

九、有些病人纏綿病榻多年，感到苦不堪言，因此要求安樂死。請問大師，如此也算是自殺嗎？再者，婦女墮胎也算殺生嗎？

答：安樂死及墮胎的問題，長久以來一直廣受討論，尤其對於安樂死能否立法通過，有些國家已合法化，有些國家一直抱持保留態度，有些國家則斷然否決。

在台灣，關於安樂死的問題，有一半的人說可以，有一半的人覺得不可以。贊成的人認為，當一個人被病魔折磨得不成人形，甚至成為植物人，活得很痛苦，你不讓他死，活著的人看了都不忍心。而反對的人則說，上天都有好生之德，為什麼要讓一個生命提早死去呢？這是不道德的。尤其是中國的儒家思想，更是反對安樂死。只是反對或贊成安樂死都只是一句話，但對於家有親人長期臥病的人來說，往往一照顧就是幾十年，你們這些反對的人有幫過忙嗎？

大約四十多年前，台灣的中山女中有一個很優秀的學生叫王曉民，因為車禍成為植物人，當時台灣有很多的官員、衛道人士都不贊成讓他安樂死。但是他的媽媽很可憐，一直陪伴他四十多年，就為這麼一個女兒奉獻一生。

另外，有的母親懷了殘障兒，或者被人強暴而懷孕，他不甘願生下這個孽種，你說不可以墮胎，他就要扶養殘障兒幾十年，或和他不願意生的孩子生活在一起，他覺得對不起丈夫，怎麼辦呢？

其實，安樂死或墮胎問題都不是宗教、道德、法律所能解決，只有愛他的人有權利決定，或是由當事人自己在明白因果業報的道理下，自己願意擔當後果，由當事人自己決定、負責。甚至安樂死到底算不算自殺，或者墮胎有沒有構成殺生罪？也是很難有定論。只是當一個人生不如死的時候，等於世緣已了，其實也不必再去借助插管、氧氣筒等方法來延續，應該讓生命回歸自然。

不過，有時候一個人即使重病彌留之際，能不能再生，也是很難斷言的。譬如在台北，有一位趙老居士，非常熱心於電台布教，並且經常往來於監獄，對身繫囹圄的犯人說法。多年前，不慎跌了一跤，腦震盪，送到三軍總醫院，醫生寫上了紅字，宣布回天乏術，甚至將他送到太平間。但是趙老居士至今仍然身體健朗，在台北各道場往來走動。

大家聽了這個例子一定以為佛教是反對「安樂死」的！事實也不盡然。佛教認為上天雖有好生之德，能夠存活的生命當然不應該被結束，但是所謂「安樂死」是在一種已經沒有意識，只是苟延殘喘的維持住一時的生命，可是他的內心、精神卻痛苦不堪，活不好，也死不了，這種痛苦比死更嚴重，他自己也希望能早一點死以免除痛苦，求得解脫。這種情形跟自殺不同，自殺是逃避責任，不肯面對問題、解決問題，而以死來逃避；安樂死是在不得已的情況之下，自己不能自主，所以由愛他的人用愛來決定、來衡量要不要安樂死？

安樂死能不能立法通過？墮胎能否合法化？其實世間上的事情，沒有絕對的可否、好壞、是非、對錯；世間上有很多的問題也不是法律、道德、輿論能夠徹底解決的。所以安樂死的問題，應該由最愛他的人用愛的一念來決定生死。因為人一旦成為植物人，求生不得，求死不能，真是痛苦不堪！在法律上也無法解決這類問

佛法是以慈悲為根本，對於「安樂死」與「墮胎」，必須依因緣而定論。

題，因為牽涉到「生權」；而醫生也不能將他致死，因為這是犯法的。事實上，有很多病人活得很痛苦，對於照顧他的親屬而言，更是沉重的負擔。能不能執行安樂死，只有最愛他的人以愛為出發點，基於慈悲來做決定，才能解決麻煩的問題。

同樣的，關於墮胎的問題，雖然天主教主張無論在任何狀況下都不能墮胎，但是佛教認為墮胎固然是犯殺戒，逃不了業報，但如果已知孩子是殘障，或是被強暴而受孕，勉強生下這個孩子，不但是社會的重大負擔，母親一生也會深陷痛苦，因此如果這位母親願意承擔殺生的業力，就該把決定權交還給母親，旁人無權置喙。

佛教有種種的法門與方便，而一切的法門與方便，如果不能和大悲心相應的話，都是魔法，因此佛法以慈悲為根本，對於「安樂死」和「墮胎」並不絕對否定它，也不斷然肯定它。對於每一個生命，我們都應該本著愛心、慈悲心，讓他健康地存在。萬一不得已，而施以「安樂死」、「墮胎」，如果確認是出於慈悲心，不忍病人、親人受苦，也沒有什麼不對，重要的關鍵在於是否以慈悲心為出發點。

一〇、最近世界各國的自殺年齡層都有逐年降低的趨勢，有愈來愈多的兒童有自殺的傾向，請問大師對此有何看法？

答：在一般人的觀念裡，孩童時代應該是人生中最無憂無慮，最為快樂美好的時光。但隨著社會結構及生活型態改變，加上資訊多元而複雜的大環境薰染下，現代兒童普遍思想早熟，但在沒有獲得適當的引導下，經常傳出中小學童因功課壓力、人際受挫、家庭變故等因素而自殺，使得自殺年齡有逐年下降的趨勢。

例如在台灣，根據陽明大學衛生福利研究所江宜珍所做的一項「國小學童自殺意念相關因素之研究」指出，台北市有二成六的小四學生有過自殺念頭，多數是因為功課太多、心情不好、家庭支持程度低或是與同儕間的關係所致，而他們自殺的方法，大都得自媒體的報導。

另外，根據內爾遜（Nelson, 1994）的報告，在一九八〇年中全美國有二一五一位兒童和青少年自殺死亡，五到十四歲的兒童占其中的百分之十二。在日本的文部省也有一項報告指出，二〇〇一年日本有一九二名六歲到十八歲的學童自殺，比前一年的一三三名增加百分之四十四。其中百分之十四的自殺是牽涉家庭問題，百分之七是跟在學校遇到的問題有關。

而香港新華社也報導，香港在最近三年有自殺傾向或曾企圖自殺的學童急遽增加，多達五〇七人。為什麼短時間內學童企圖自殺的個案會突然上升，原因與傳媒廣泛報導青少年自殺的個案，令年幼學童爭相仿效有關。

因此，香港當局認為，青少年的自殺問題是一個多層面的社會問題，學校、家庭、傳媒、社會及政府等各方必須同心協力解決此一問題。他們除了呼籲傳媒在報導青少年自殺時要更為自律，同時教育署並為教師、學童、家長及學校提供各項服務，包括：

㈠為在職教師舉辦短期課程、研討會及研習班，以提高他們對學童自殺問題的認識，並加強他們的輔導及溝通技巧。同時編纂輔導教材，並設立求助熱線服務，使教師獲得更多的裝備。

㈡在小學課程內增加一門新學科，稱為「常識科」，更委聘香港大學心理學系在二十多間試點學校推行一項友輩支援計畫。

㈢積極成立試點家長中心，為家長教師會提供額外支援，並進一步加強對家長的教育。

㈣提供學校支援服務，幫助學校採用校本輔導方式，建立一個正面、關心及富有吸引力的學校環境，令受到困擾的學童可以求助。

香港的作法，有其值得學習、參考之處。此外，澳洲的自殺率是世界最高國家之一，尤其年輕人自殺問題日趨嚴重。布里斯本的格里菲斯大學（Griffith）於是著手推動全澳洲第一個防止自殺的大學課程，藉此對抗全球最高的自殺率問題。這項名為「防止自殺學」的學科，是專門針對輔導員、警員與處理邊緣青少年的社會工作者，指導他們如何防止及處理自殺行為。

兒童與青少年自殺，這是國家社會的損失，尤其有些資優生因為課業壓力而自殺，或者有的孩童因為出於好奇，不知道死亡是什麼樣子，所以親身一試，也有的則是因為憂鬱症而自殺，這些都是值得關切的嚴重問題。

一般人活著都有希望，因為對未來有希望，所以能夠忍受暫時的不如意。但是對於一個患有憂鬱症的孩童而言，明天比今天更灰暗，未來比現在更茫然。因為對未來沒有希望，所以容易陷入憂鬱的深淵，甚至沉溺於死亡的思考中，尤其是遇到挫折、委屈，或因親人死亡，都會推波助瀾地把孩子送入自殺的邊緣。

其實，小孩子所以會自殺，多數是因為缺乏信心，沒有安全感，他們內心孤單，渴望得到家庭的溫暖及父母親人的愛。所以父母平時在家庭裡的身教很重要，應該多營造家庭的歡喜、和諧，讓兒女對生命禮讚，感受生命的可貴。

有這麼一則故事，有一個小孩要到學校讀書，途中都會經過一座寺廟。有一天，他走進寺院的佛堂，拿出十塊錢給香燈師說要添油香。香燈師問：「你這錢是哪裡來的？」小孩說：「我撿到的。」「這麼好，你能拾金不昧，不但懂事，而且守規矩……」香燈師講了很多好話讚美他。

第二天，小孩子又來了，見到香燈師：「師父、師父，我今天又撿到十塊錢。」香燈師說：「你的運氣真好，都是你撿到十塊錢，而且你又誠實、有禮貌，你真是一個好孩子。」

第三天，他又來了，「師父，我又撿到十塊錢。」香燈師心想，哪裡會這麼巧？每天都撿到十塊錢？就問他：「你說實話，錢是從哪裡來的？」小孩從口袋裡掏出一包錢對著法師說：「你看！我家很有錢，只是我不快樂，因為在家裡，爸爸媽媽老是吵架，他們吵起架來就罵我，說得好難聽，我在家裡過得很不快樂，不如天天拿十塊錢來給您，可以聽你講好聽的話。」

所以，父母講話不要傷害兒童，要顧及他們的尊嚴。雖然父母為了生活，種種的辛苦，賺錢養家，種種的努力，為前途奮鬥，壓力也很大，不過人生就是要能負責任，要有忍耐的力量，否則日子不好過。我們學佛，最主要的就是學習承擔的力量、忍耐的力量。所以佛教有一個修行的法門，叫做「忍辱波羅蜜」，佛法中的忍是智慧，生忍、法忍、無生法忍都具足，對世間有透徹的認識，自然對世間的人情冷暖、好好壞壞、是非榮辱，都能放下。當一個人有了忍耐的功力，就會產生很大的力量，遇到問題就會懂得用智慧去解決，而不是以自殺來逃避。

自殺是弱者的行為，是對生命意義無知的表現。每一個生命的殞落，都是社會的損失，因此希望家庭與社會都應該加強兒童與青少年的教育，不要給他們太大的壓力，應予以更多的自由空間，了解他們的所思所行，幫助孩子走出困境，讓他們認識，生命不是自己一個人的，每個生命都與別人有共同的關係存在。例如，每個生命都與父母有關係，與家人有關係，與學校的老師及成就他的善知識有關係，乃至與國家社會有關係，所以不能認為生命是我自己的，我想要怎麼樣就怎麼樣。每個人一定要顧念到父母、家人、朋友，一個人活在世界上，如果完全不顧念別人，這種人活著也沒什麼價值。

所以，今後我們的教育，希望父母、學校、社會，能多多的在這方面加強教育、宣導，讓兒童、青少年養成一種樂觀的態度，養成一種開朗的性格，養成一種積極奮鬥的人生觀，我想這樣才能幫助青少年立身於這個社會。

一一、剛才說到，一個人所以會自殺，大多是因為心靈脆弱，缺乏抗壓能力。請問

大師，我們平時應該如何關照自己的「心」，如何才能增強自己心裡的力量呢？

答：佛教講：「佛說一切法，為治一切心；若無一切心，何用一切法。」心是人的主宰，心想好事，自然就能行善；心想壞事，行為自然偏差。一個人的心如果自私自利，每天只想自己，必然會縮小生命的空間。

話說有一位年紀輕輕的小姐，神情沮喪的在河邊徘徊，剎那間鼓起勇氣向河裡跳入，噗通一聲，河中濺起了浪花。老和尚剛好經過，趕緊將他救起來。誰知小姐非但不感激，而且生氣地說：「你為什麼不讓我死，我討厭你。」

老和尚問：「你為什麼要自殺呢？」他說：「我長得很醜陋，大家都恥笑我、批評我、不喜歡我，我覺得活著也沒什麼意思，不如死了算了。」

老和尚耐心的開導他：「人有兩個生命，一個是自私的，只想到我自己，凡事為自己設想，但是那個自私的生命，剛才已經死了。另外，人還有第二個生命，是專為別人著想的，現在我已經把他救回來了。從現在起，你要改變你的思想、行為，隨時隨地的幫助人，為別人服務。」

醜女聽了和尚的話，就開始行善，天天為別人服務，因此他的美名善行就傳播鄉里。由於大家都讚歎他，無形中心情愈來愈開朗，人也愈來愈清秀，最後也找到了如意郎君，結婚了。

醜女投河，由於老法師的一句話——「第一個自私為己的生命已死，第二個利人的生命可以再生」，因而開創自己的第二個生命。因此我們為人不能太自私，不能只想到自己，有時要多為別人想一想，多關懷別人一點。一個人只要能建立信心，發願為人服務，當自己把生命的光熱散發出來，在照亮別人的同時，必然也能點亮自己的心燈。

其實，每一個人從小到大，幫助自己成長的有兩種力量，一種是正面的力量，像是父母家人的關心、提供受教育的機會，以及社會大眾的助緣，讓你擁有一份很好的工作等等。另外還有一種負面的力量，就是有些人看你不順眼，打壓你、討厭你、抵制你，這種力量往往也會讓你奮發向上。就像皮球，壓得輕，彈得低；壓得重，彈得高。逆境、挫折反而讓你發現自己原來可以更堅強。

不過，這種負面的力量很少人能懂。有句話說「少年得志」，其實未必見得是好，反而愈早碰到困難，愈容易堅強，愈容易長大。但是，我們往往看不到這一面，就像台灣九二一大地震後，很多人一時沒有辦法接受這種負面的壓力與困境，因此選擇自殺。其實只要懂得轉化，逆境可以幫助我們的成長，可以磨鍊我們的意志，讓我們更堅強。就等於再好的種子，如果沒有肥料，也不能成長；即使是一朵蓮花，也要有汙泥，才能成長、茁壯。

逆境可以幫助我們的成長，即使一朵蓮花，也要有汙泥，才能成長茁壯。

所以，世間上很多的不如意，很多負面的逆境，在一個有作為的人看來，並不是障礙，反而是一種助緣。等於暴風雨過後，經得起考驗的樹木就會更加的青翠，乃至地震、土石流等一些天災以後，可能建設更美好的家園。

世間是無常的，地震、颱風會摧毀房屋，破壞建設，只要我們的信心沒有被打倒，我心中有主，心中有信仰，心中有力量，再大的災難都會過去，明天都會變得更好。因此，每一個人要成長自己的智慧，成長自己的力量；有了智慧，就能看清世間的真相；有了力量，就可以再奮鬥、再出發。

你看，蜜蜂、螞蟻，或是小鳥，牠們築的窩被風吹倒了，牠會再來一次，甚至一次又一次重來。小小的動物都有那種奮鬥的毅力，身為萬物之靈的人類為什麼反而不如牠們呢？所以，只要我們有信心，信心裡有無限的寶藏，信心可以產生力量，而且這個力量還可以感染別人，讓別人也有力量來成就一切事。所以，人要有克服困難的勇氣，自然會有力量。

一二、佛教是戒「殺生」的宗教，甚至連「殺心」都不能有。請問大師，「殺生」與「殺心」之間的關係、輕重、區分在哪裡？

答：我們的身體、言語、念頭所表現出來的行為結果，有善有惡，另外還有一種叫「無記性」，也就是行為的當下沒有善惡的念頭。

其實，善與惡有時很難斷定判別，有些行為有時看起來是兇惡的，細細推究它的情形卻是救人的善心；有時看似助人濟世的利行，卻反而害了對方。譬如殺人本來是犯罪的，但是當一個無惡不作的歹徒被繩之以法，執行法律的劊子手快刀殺了他，這種行為究竟是善，還是惡的呢？當劊子手在處決犯人的時候，可能也會耿耿於懷：「上天也有好生之德，今天我又殺了一個人。」同樣的殺人，歹徒的殺人是懷著兇殘、暴戾的瞋心而殺人，而執行法律的殺手對於殺害的對象，沒有深仇宿恨，只不過替國家執行一項除暴安良的工作，兩者的動機不同，行為的結果自然也會大異其趣。

佛教非常重視心意犯罪的輕重，每一條戒相之中都有開、遮、持、犯的分別，犯同一條戒，因動機、方法、結果等的不同，導致犯罪的輕重與懺悔的方式也不同。如殺人時要具足「是人、人想、殺心、興方便、前人斷命」五個條件，才構成不可悔罪，這與刑法因重視犯意和犯罪事實而制定的犯罪構成要件、阻卻違法要件的道理是相同的。但是佛教心意戒的積極意義，在要求個人自發地觀照身口意的起心動念，防範不法於念頭起時，較世間法更為徹底。

過去有一個小沙彌，夜晚走路時不小心踏死了一隻青蛙，師父知道以後責怪小沙彌說：「你怎麼可以隨便踩死生靈呢？阿彌陀佛，這樣一來罪孽深重啊！你應該到後山跳懸崖捨身謝罪。」

小沙彌一聽，剎那間猶如五雷轟頂，這才知道禍闖大了，只好含淚拜別師父，萬分傷心地去到山後懸崖，往下一看，又深又暗，小沙彌心想：「跳下去，粉身碎骨，必死無疑；不跳呢，三塗受苦，累世輪迴，業報逃不掉，這可怎麼辦呢？」小沙彌左思右想，真是進退為難，忍不住掩面痛哭起來。就在他哭得傷心的時候，有一個殺豬的屠夫經過，看到小沙彌跪在路旁痛哭，覺得奇怪，上前追問，小沙彌一五一十地把前因後果說了一番，屠夫聽了，頓時悲從中來，悔恨萬分的說：

「小師父呀！你只不過是無心踏死一隻青蛙，罪孽就這麼重，要跳懸崖自殺才能消業。我天天殺豬，屠來宰去的，滿手血腥，這罪過豈非無量無邊，不知有多深重了。唉！小師父呀！你不要跳崖了，讓我跳吧！應該謝罪赴死的是我啊！」

屠夫一念懺悔心生起，毫不遲疑地縱身朝懸崖一跳，正當他隨風飛墜，眼看就要命喪深谷時，一朵祥雲冉冉從幽谷中升起，不可思議地托住了屠夫的身子，救回

宇宙萬物都有生命

了他的生命。

這個「放下屠刀，立地成佛」的含義，正是顯示修行懺悔的殊勝。一念的懺悔心有此功德，相對的，一念惡心想要置人於死，有時雖然沒有行動，但這一念心就足以構成犯行。

所以，我們平時不要有殺心，例如摔碗筷、摔桌椅、用力關門、衝撞牆壁等毀滅性格，慢慢養成以後，不是殺人就是殺自己。不管自殺、殺他，或是見殺隨喜，都會養成不好的習慣。

佛教的殺戒，又稱斷人命，不僅包括自己親手殺人，即使唆使他人殺人或勸說別人自殺，皆犯波羅夷罪。《梵網經》在止惡方面，尤其具體而又嚴格。以不殺為例，它不僅禁止殺人，亦禁止自殺，認為自己結束自己的生命，亦算犯戒。若自己沒殺人，亦未自殺，只是鼓勵，指使別人去行殺業也不行。若自己沒殺，也沒指使，但讚揚別人行殺業，如此心有殺生之念，亦應禁止。也就是說，該戒不僅要求身業清淨，也要求口業、意業清淨，不然就是犯戒。

其實，宇宙萬有都有生命，有的是肉體上的生命，有的是思想上的生命，有的是事業上的生命，有的是道德上的生命，有的是時間上的生命，其價值雖有不同，但都應該珍惜。例如，一件衣服，你能穿三年，總比穿三個月好；花在開放，一個月，假如您把它摘下，一天就枯萎了，這也是傷害生命；桌椅、板凳、沙發，你保護它，能用個幾十年，最後甚至還能送到博物館、古董店裡，它的生命就能繼續不斷。

所以，廣義言之，殺生不僅止於用刀杖加害，在日常生活中，惡言厲色也能傷人於無形，也會招致重罪。反之，有時雖有殺生之行，但無殺心，罪業也會比較輕。例如有些地方的居民，因為生活環境使然，必須靠捕魚維生。他們雖以捕魚為業，但沒有殺心，反能時時提起慈悲心，果報也會有所不同。

另外也有些農藥行的商人說：我們開藥店，出售消除蚊蠅、蟑螂等害蟲的藥，有罪過嗎？農夫也問：我們栽種水果，為了收成好，要噴灑農藥，驅殺害蟲，有罪過嗎？當然，我不能違背佛法，打妄語說這些行為沒有罪過。但是根據佛法，驅除蚊蟲等，並不是很嚴重的大問題。因為佛法所說的不殺生，主要是以「人」為對象，以殺人為嚴重，殺人，這是佛法所不許。但如果為了去除蟲害，能夠預防當然比殺害來得好，不過以人為本的佛法，為了生存，雖用農藥，並不是很大的罪惡。即使受過戒律的比丘，犯了此過，依佛法上來說，也不過犯了「惡作」而已。「惡作」的行為，是可以用懺悔的力量加以洗除的，並不如殺人那樣不通懺悔。

事實上，我們平時在有意無意中殺害生靈的行為，縱使有罪，也很輕微，有些甚至無罪，最主要的是不能懷著瞋恨心而殺生，以瞋心而故意殺生，必然要墮地獄受苦。佛教之重視動機、存心，由此可見一斑。

佛教對「女性問題」的看法

時間：二〇〇三年六月二十三日
晚間七時三十分
地點：佛光山台北道場
記錄：滿義法師
對象：婦女法座會二百多名學員

女人的角色猶如「大地」，大地能生長萬物、培育萬物、承載萬物；女性就像大地之母，生養人類、培育人類、成長人類，女性是崇高而偉大的。

然而由於東西方的文化觀念不同，對女人的評價因此有極大的差異。西方國家的人民，將女人視為純潔、善美、神聖的象徵，因而稱呼女人為「安琪兒」、「維那斯」、「自由女神」，女人地位崇高、備受尊重與禮遇，西方的紳士總習慣讓座於女人，並且禮讓女人走在前面。東方國家的人民則視女人如魔鬼、蛇蠍、禍水，尤其在過去的父權社會裡，女人不能與男人同起同坐，甚至不能自由出門。更由於中國女性在禮教的規範下謹守本分，縱使受到不公平的歧視與待遇，也不會抗爭、計較，所以女權運動比較少。

同樣是女人，東西方的看法差異卻有如此之大，主要是西方人認為，一個偉大男人的背後，必定有一個偉大的女性；東方人則認為，女人的美麗可能會為家庭帶來不幸的遭遇，即所謂的「紅顏禍水」。所以，對於現代人提倡「男女平等」，如何才能達到真正的平等？佛光山開山星雲大師認為，必須從「觀念的改變」做起。

星雲大師本著「人人皆有佛性」的佛教平等觀，多年來一直致力於女眾地位的提升，他在初建佛光山的時候，就訂定「兩序平等」的規矩。在佛光山，出家的男女二眾，上殿、排班都是分列東西兩單，沒有誰前誰後；不管比丘、比丘尼，都享有同等的權利與義務，沒有誰優誰劣。

甚至從僧眾到信眾，星雲大師更喊出「四眾共有，僧信平等」的口號，不但設立佛學院，讓有心學佛的男、女二眾都能入學就讀，而且訂出規章制度，讓在家、出家的弟子們都有加入僧團，參與寺務的機會。

在最近五十年來的台灣佛教界，最早的「婦女法座會」、「金剛禪座會」，都是星雲大師一手創辦，後來更成立了「國際佛光會」，提供在家信眾學佛發心的空間，共同致力於佛法的弘揚。

星雲大師一生致力於「四眾平等」，甚至為了提升女眾的地位，雖然曾被同道揶揄為「女性工作隊的隊長」，但大師認為女眾具有耐煩細心的特質，做起事來絲毫不讓鬚眉，應該能在佛教弘化的行列裡發揮極大的力量，所以女眾應該走出去，要肯定女眾的地位與價值。

經過星雲大師幾十年的努力，今日佛光山的女眾弟子們果然不負大師所望，大家都很爭氣，例如目前佛光山許多學有專精的比丘尼在男眾佛學院授課，甚至在成功大學、師範大學、中山大學、文化大學、南華大學、佛光大學、義守大學等各校任教，而且著作等身，辯才無礙。在台灣首先發行的《佛光大辭典》，以及經過重新標點、分段、註釋的《佛光大藏經》，也都是由一群比丘尼一手編輯而成，受到海內外佛教界、學術界交相讚譽。甚至佛光山所辦的很多國際性大型活動，都是由女眾所主導，可以說他們的成就已經明顯提升了女眾的地位。

然而在現實的社會裡，婦女礙於本身的體能，乃至社會長期以來對女性既定的觀感，以及在家庭中男女角色的扮演不同，婦女在面對婚姻、家庭、事業、親子教育等方面，確有很多難解的問題，這非一般的世間學問所能解答。甚至今日社會有很多問題，其實都不是法律、科學，或一般宗教所能解決，唯有佛教教義能通達過去、現在到未來，能通達法界一切眾生，佛教解答問題的空間比較大。有鑑於此，星雲大師於九十二年（二〇〇三）六月二十三日，應「婦女法座會」的信眾之請，於台北道場舉行座談會，特別針對「女性問題」提供看法。

星雲大師說法，不但契理，而且善於觀機，尤其深具人情味與人性化，他首先針對婦女的問題，設身處地說出女性們鮮為人知的心聲與難處，然後再針對問題提供改善的具體辦法與應有觀念。大師一再肯定婦女的智慧、能力、修行和男眾一樣，而慈悲和忍耐力則比男眾強；同時引述佛門的觀音、文殊、普賢，都是現女相，鼓勵婦女們應以慈悲、美麗來莊嚴世間。

大師每一句話都說中了婦女的心，大師的同事攝與同理心，讓與會的婦女既感動又受用，尤其大師語多幽默，禪機處處，使得現場笑聲不斷，前後兩個小時的座談會欲罷不能，全場始終洋溢著溫馨而又熱絡的氣氛，以下是當天座談會的紀實。

一、現代「女權意識」抬頭，許多新時代的女性高喊「女男平等」，請問大師對「兩性平權」有什麼看法？

答：「平等」是宇宙人生的真理，是人間的宗要，也是佛法的根本。《中華民國憲法》第七條明確揭示，性別平等為國民的基本人權。在佛教的經典裡，有關「平等」的教義、思想，更是比比皆是。例如《華嚴經》說：「一切眾生平等。」《大智度論》說：「凡是一切法皆無二無別。」《大般若經》說：「上從諸佛，下至傍生，平等無所分別。」《金剛經》說：「是法平等，無有高下。」現代人倡導和平，但因為沒有實踐平等，所以真正的和平不容易到來。

「平等」的世界，是最美好而真實的世界！佛陀講中道、緣起，歸納起來就是一個「平等」。佛教講「空」、「有」之間的關係最能說明平等的意義；「空」未曾空，「有」未曾有，甚至「空」中生妙「有」，有無是平等一如也。所以在我們的人間，應該沒有誰大誰小、誰好誰壞的爭論，所謂「放下屠刀，立地成佛」，就是對「佛性平等」的最好詮釋。

甚至佛教講「不思善、不思惡」，有時候壞的也能看成是好的，例如在二〇〇三年六月號第一九五期的《講義雜誌》上有一篇文章，談到有位補習班的老師，因為教學深受學生歡迎，遭到同事的排擠，當時班主任高薪留他，但他仍然決定另謀出路。數年後回顧往事，他看到當年的同事因受高薪所困而放棄理想，這時不自覺地感謝起當日與他發生衝突的同事，如果沒有對手，他哪裡能有今日的成就？

「平等」是佛法的根本精神

將壞的變成好的，佛教稱之為逆增上緣。就好像池塘裡的汙泥很骯髒，但是有汙泥才能生長蓮花；菩提和煩惱，看起來是截然不同的領域，但是酸澀的水果不正是經過風吹日晒，才能變成甜美的果實嗎？《維摩經》中維摩居士也說：「譬如不下巨海，不能得無價寶珠，如是不入煩惱大海，則不能得一切智寶。」足見煩惱和菩提是平等一如，無二無別。

因此，我們生存的世間，雖是「一半一半」的世界，佛的世界一半，魔的世界也一半，但是佛的世界可以化魔為佛；就如男女也是一半一半，但是性格、能力、智慧，也是平等無差別的。

有人說，男眾剛強有力，女眾難以望其項背；但是女眾慈悲柔和，柔能克剛，柔軟亦有所長。所謂「從來硬弩弦先斷，每見鋼刀口易傷」，就拿我們的牙齒和舌頭來說，牙齒堅硬，但是人老了以後「齒牙動搖」，最後終將一顆一顆掉光，但是人即使到死，柔軟的舌頭還是存在。所以世間任何事物都有其特長，重要的是要能各展所長、各司其用。

我們看一棟大樓，建築得很崇高雄偉，但是如果沒有小小的螺絲釘把許多鋼板鎖在一起，也不能成其高、成其大，所以佛教講，一顆小小的沙石可以包容三千大千世界，這句話聽起來好像不合事實，實際上有其深奧的道理。

話說有一個寺院的門口貼了一首對聯「須彌藏芥子，芥子納須彌」。有一位書生看了以後很不以為然，便質問知客師說：「須彌山藏一粒芥菜子，當然說得通；但是小小的一粒芥菜子，哪裡能把一座須彌山藏到裡面呢？這話說得不合道理，叫人難以相信。」

知客師聽了以後，反問道：「先生，你們儒家也有兩句話說『讀書破萬卷，下筆如有神』，請問這一萬卷書你讀到哪裡去了？」

讀書人拍拍肚子，說：「讀到我的肚子裡面來了。」知客師隨即拿了一本書，對他說：「請你把這本書放到肚子裡面去。」讀書人恍然大悟，書的義理可以讀進來，但是書本不一定要放進來。這就是說明，事中有理，理中有事，事理是彼此包容的，事理是一致的。

所以，佛教主張「事理圓融」，不僅從事相上看，更要從理上來會。就世間的相上來說，有男、女，老、少，貧、富，貴、賤的差別；但是就理上來說，每個人的佛性都是平等一如。只是一般凡夫總是在相上妄自分別，因此他所認識的世間是千差萬別的；反之，聖賢看世間，一切皆平等。所謂「生佛平等、自他平等、有無平等、聖凡平等」，能用「平等心」看待世間，誠所謂「願將佛手雙垂下，摸得人心一樣平」，又何來男女的不平等呢？

因此，講到「兩性平權」的問題，所謂：「心入於正受，女形復何為？」（《雜阿含》卷四十五）若從佛教的觀點來看，一切眾生皆有佛性，人人都是平等無二；唯有從佛教的精神，從佛陀的本懷來認識人權，來發揚平等的精神，才能為女性帶來平等的空間。

二、過去因為男女不平等，女性在職場上經常受到差別待遇，例如同工不同薪，甚至結婚或者懷孕後就必須離職。請問大師，婦女對此不公平的待遇應該柔性接受，還是據理力爭？

答：世間上每一種東西都是在自我表現。例如：水，很柔，但是水的衝擊力也很強；花很嬌美、柔弱，這也正是花所要表現的力量；小孩子所求不得，以哭鬧來爭取大人的妥協，哭就是小孩子表現力量的方法；男人西裝革履，昂首闊步，他以威風來展現力量。女性也要表現力量，女性天生的力量，就是美麗。

但是，也許有人說我長得並不美麗，其實也不要緊，只要我柔和、細心、勤勞，這些都能表現女性的特質與內涵，重要的是，要懂得表現。就如一個修道的人，他也要表現慈悲，慈悲就是力量，他要表現忍耐，忍耐也是力量。

婦女慈悲、忍耐的力量，都很具足，也正因此而能長期忍受社會上所存在的一些不平等的現象。例如剛才講到，負責同樣的工作，但是女人的薪水總是比男人少，這種「同工不同薪」的不平等現象，過去確實存在。但是目前這種情況已經慢慢在改善，現在很多公司的主管，甚至老闆都是女性，例如天下文化公司的高希均教授說，女性比較容易合作，女性做事細心、耐煩，容易接受別人的意見，尤其女性比較遵守法律，所以天下文化公司喜歡任用女性當主管。

另外，《今日美國報》的報導更明確指出，雖然經濟停滯、裁員增加，但愈來愈多的女性正在管理職位上攀升，在美國前五百大公司中，有百分之十六的企業主管由女性擔任。在二〇〇二年，有逾二百一十萬女性在管理和專業崗位上工作，一九九二年時只有一四七萬。專家更指出，女性正在穩定成長，企業界在當前環境下仍然認識到起用女性管理人員的重要性，這能減少辦公室的緊張氣氛，在辦公區域產生良好的人際關係。

其實我也不是存心故意為女性講話，我想男女當中，都有賢愚不等，好好壞壞都有，不過在我們中國社會裡面，女性確實是比較受委屈的一群。我自己的一生，一直都很感念我的外祖母，他真是菩薩慈悲，他教我養我，我深刻感受到他的慈愛。我外祖母的一個妹妹出家當比丘尼，他的慈悲真是好像什麼東西都能被他融化，儘管再剛強，再兇暴的人，在他面前好像都要低頭，都要讓他幾分。

不過，在過去的社會不但女人沒有地位，出家人也是到處受人歧視，例如出家人只要一開口講話，旁邊馬上就有人說：「和尚講什麼話？」和尚不能講話，甚至連買一支鋼筆、一只手錶，在現在看來不稀奇，但在我童年的時代，社會的輿論會說：「和尚還買手錶，還使用鋼筆？」所以我後來就寫了一篇文章，題目叫「弱者，你的名字是和尚！」

但是並不只和尚是弱者，女人也是！因為你的名字叫女人，好像天生就應該是弱勢的一群。現在在台灣很流行保護弱勢團體，當時我也想應該要為女人講話，所以我一直都在提倡男女平等，但因為我是一個出家人，實在有很多的不方便。

基本上，出家人即使不守戒律、沒有道德，甚至喝酒、吃葷，別人還比較不管你，可是如果看到你跟哪一個女性來往，就是不得了的事。基本上社會人的眼光把女人看成是一個大染缸，不能碰，一碰就好像被染汙了，就是不清淨，所以在一般佛教的男眾僧團裡，都很顧忌。

我自己也在想，人要有道德的勇氣，要有正義，要有平等心，應該以平等心來看世間的人。過去我常常舉辦很多活動，一有活動就有很多表演的機會，例如我辦各種佛學講座時，請慈惠法師翻譯，由慈容法師教大家唱歌、表演舞蹈等等，如此一來就讓女性有多一點表現的機會。但是後來同道之間就封給我一個名稱，說我是「婦女工作隊的隊長」，這是很不好聽的譏諷之辭。不過我心裡很清楚，我哪裡只是為婦女工作，我是在為一切眾生工作。

除了「同工不同薪」之外，類似這種男女不平等的問題，其實還有很多。記得三十多年前我到日本高野山參訪，看到寺裡的中庭豎了一個牌子「女人止步」，意思是女人不能再往前進入寺內。甚至過去英國海德公園禁止中國人和狗進入，這都是對人權的歧視，也是種族的歧視。

不管是種族歧視，或是男女兩性不平等的時代，都已經慢慢成為過去了，現在社會的各個領域裡，女性都能發揮所長，與男性一較長短，例如中華開發金控代理董事長陳敏薰，他手下有六個大男人擔任助理，你說他的薪水會低於男人嗎？

此外，台灣高鐵董事長殷琪、陸委會主委蔡英文，乃至副總統呂秀蓮，他們的待遇所得，可能要比一般男性高出許多。再如立法院的女立委，如陳文茜、沈智慧、穆閩珠、秦慧珠、蕭美琴等人，他們的口才、能力、專業素養都不輸一般男性立委，他們在立法院裡負有同樣的監督、質詢權，自然也享有同樣的薪水。

女性要如觀世音菩薩一樣，具備柔和、慈悲、智慧。

甚至在民主先進國家中，政府更是立法保障女性的各項權利，例如結婚有婚假，生產有產假……而現在台灣的E世代新女性，也在推動「兩性平權」，他們建議政府：立法保障婦女就業機會、增加任用女性官員、推動保障女性人身安全的立法、增加婦女參政保障名額、補助為女性爭取權益的婦女團體組織等。所以在時代潮流的推波助瀾下，社會愈來愈重視女性的價值，兩性平等已經不再是遙不可及的目標了。

其實有關民主思想，在中國古老的專制社會裡，還是很重視平等的。例如《古文觀止》裡有一篇文章〈趙威后問齊使〉：當齊國的使臣呈上齊王給趙威后的問候函，趙威后不先看信的內容，第一句話就問：「你們國家的年歲收成好嗎？你們的人民都很好嗎？你們的國王也好嗎？」使臣聞言，滿懷疑惑的問：「為什麼你不先問我們的國王好，反而先問年歲收成如何，再問人民好不好，等於先問卑賤，然後才問尊貴的，這是為什麼呢？」

趙威后了不起，他說：「一個國家如果沒有好的歲收，靠什麼來養活百姓呢？如果沒有百姓，又哪裡有國君呢？」這種「民為貴，君為輕」的民主思想，其實在中國古代早已存在。而現在世界的女權運動更是如火如荼地展開，據悉北歐女性政治工作者占了全體參政人士四成左右的高比例，甚或成為國家元首。因此，對於兩性不平等的問題，只要女性再加把勁，好好地發揮所長，改進所短，假以時日，兩性平等的世界必然指日可待。

所以，我鼓勵女性更應該從家庭走出去，走出去才有天下，走出去才有世界，走出去才有未來。但是，走出去並非袒胸露背、花枝招展，或是以婀娜多姿的美色來獲得男人的垂青，而是要將女性的細心、耐煩、柔和、慈悲、智慧表現出來。我想大家都到過印度，印度婦女的服裝就像觀世音菩薩一樣，他們表現出的風儀姿態也很美。所以女人要在世間上表現力量，就是這種氣質、這種姿態、這種慈悲、這種謙和，我想只要女性能自尊自重、自立自強，慢慢的在這個時代社會裡，必能取得更令人尊敬的地位。

三、延續上一個問題，請問大師，婦女應該從事什麼職業比較恰當？

答：女人適合做什麼工作，你們應該比我更清楚、更明白才對，怎麼反過來問我呢？（現場學員大笑）。

其實女人能做的事很多，不一定以做人家的老婆為唯一的出路。（又是一笑）

現在有許多單身貴族，終身不嫁，抱定獨身主義；但是過去的女人，好像一生就是要嫁人，嫁人就是他的工作。所以很多女人終其一生都是生活在廚房裡，每天忙於煮飯、洗衣服、帶孩子，好像這些就是女人的天職，我在台灣也經常聽人說：「查某人（閩南語）就是應該做這些事情。」

對於這樣的論調，我覺得並不盡然。女人不一定要結婚，終其一生以煮飯、洗衣為唯一的出路。女人的智慧不亞於男性，女人的周全、細膩、柔和、慈悲等特性，也可以從事文化、教育、醫護、媒體、服務等多方面的工作。甚至現在女性擔任主管的，例如天下文化發行人王力行、《聯合報》發行人王效蘭、《聯合文學》發行人張寶琴等，可以說現在的女主管、女強人、女老闆，社會上比比皆是。

現在大學教授不也有很多女性嗎？甚至女性大學校長，如華梵大學的馬遜、佛光大學的趙麗雲、普林斯頓大學的雪莉・提爾曼、賓州大學的裘蒂斯・羅汀等，都是傑出的現代婦女。女人的毅力、堅貞，遠勝於男性。女人以柔為專長，柔能克剛，所以間諜大都用女性，例如名噪一時的川島芳子與南造雲子，就是中日戰爭時日本兩大王牌女間諜。女人的熱情、爽朗、膽識、機智，也是從事外交工作有力的條件，前以色列駐華大使南月明（譯音），他於一九九六年到任，二〇〇〇年五月卸任，就是大家所公認的「鐵娘子」式的一流外交人員。

基本上，男性能做的，女性都能做，例如過去當兵、駕駛飛機都是男人的專利，現在不但有女兵、女飛行員，還有女軍官、女警察、女檢察官，甚至女總統等，乃至士農工商，過去都是男性在做，其實女人也能勝任。

女性的靈巧慧性，蕙質蘭心，為人間增添了多少美麗的色彩；女人的忍耐美德，就是天下最大的力量。這個世間缺少不了婦女，沒有了婦女，人間是充滿缺陷的一半世界。

所以，婦女要發揮和平柔順的性情，柔性的慈悲沒有敵人，所謂「舉手不打笑臉人」，女人的美麗、善良，都遠勝於男人。男人比較粗獷、豪放，女人細膩、周全，是男人成功立業的助緣。男人長於理智，女人重於感情；男人偏向剛強，女人普遍溫柔。男人遇到困難的事情，能夠力排艱鉅，勇往直前，表現勇者的氣魄，但是女人的忍耐謙遜，化干戈於祥和之間，有時也是男人所不及的。男人富有創造性、冒險性，女人的隨順、圓融，有時可彌補男人的魯莽造次，彼此相輔相成。

在一般人的觀念裡，男人所表現的是陽剛、力勁的美，雖然男性中也不乏風流倜儻、英姿翩翩的俊男，但是女人的美貌絕色、天生麗質是男人所望塵莫及的。古來多少文人墨客以生花妙筆來描繪女人的綽約手姿而留下千古名著。就以戲劇來說，古裝戲裡的小生角色，本來應該是非男人莫屬，但是由女人來反串小生，扮相更俊俏，舉手投足更瀟灑，更能獲得觀眾的喜愛，因此民間戲劇裡的歌仔戲、黃梅調、平劇，乃至電視裡的歷史劇，小生一角往往由女性來扮演，主要是女人比男人更美貌。

女性的讓人喜歡親近，不只是因為容貌美麗，更重要的是有一顆慈悲的心。女人每到戰爭的時候，幫忙縫製征衣，募集軍糧，如過去的台灣婦聯會。甚至天主教的德蕾莎修女，將一生奉獻給苦難貧困的人民，因而榮獲一九七九年的諾貝爾和平獎，以及佛教的慈濟功德會證嚴法師與佛光山的永勝法師，都是得過慈

婦女要開闊心胸，發揮慈悲與智慧，照耀世間。

善獎狀，當選過好人好事代表。

在過去，中國女性也有很多走江湖的女俠，他們就像觀世音菩薩一樣，雲遊世界，救苦救難；現代婦女尤其應該開放眼光，有包容世界的心胸，將女性嫉妒、小心眼的習性、缺點去除，不僅在家中和善親人，在族裡敦親睦鄰，在社會謙恭隨緣，甚至應該發揮慈悲與智慧，或者從事施診、育幼、養老的慈善工作；或者執教杏壇，作育英才；或者著書立說，從事文化扎根事業，以豐富社會，照耀人間！

總之，女性要有遠見，有遠見，則能擔當許多重責大任；有遠見，才能散發生命的光輝。

四、中國人主張「男主外、女主內」，處理家事是女人的本分，但現在有許多職業婦女白天在外上班，回到家中還要一手包辦所有家事，而男人回家就可以喝茶看報紙，這種待遇公平嗎？

答：男女兩性從古到今，好像一直都是給人不平等的感覺。即使是主張「佛性平等」的佛教，在當初成立女眾僧團時，為了讓處於弱勢的女眾能為「重男輕女」的社會所接受，也不得不權宜制訂「八敬法」，因此造成二千多年來女眾一直受到不平等的待遇，甚至今日有不少受過高等教育的優秀女眾，常礙於「八敬法」而不敢進入佛門，這實在是佛教的一大損失。例如英國有一位女性博士教授就說，如果佛教的「八敬法」還存在的話，他是絕對不會出家當比丘尼的。

我覺得，男女平等、兩性平權，這是時代的潮流。在現在這個女權高漲的時代裡，不但關於比丘尼「八敬法」的問題，佛教界應該還給比丘尼與比丘一個同等的地位，就是社會上「男女平等」，乃至家庭裡「男主外，女主內」，究竟是外重要，還是內重要？都應該要有一個新的看法。

談到現代的職業婦女，白天與先生一樣在外工作，回到家裡還要包辦所有家事，到底公不公平？其實，工作之前，人人平等，工作無內外、貴賤。人外有人，天外有天，做人應該要勤勞工作，有工作，才有正常的生活。現在一般都是「雙薪家庭」，夫妻雙方都有職業，女人回家當然應該要做家事，不過男人也要協助，我對於有些男人回家就往沙發上一坐，抽香菸、看電視，這一點我也不太能認同。

現代優秀的男人，下班回家應該要主動協助家務，例如美國的麥克阿瑟將軍、艾森豪總統，他們就經常下廚房幫太太做菜；在澳洲，男人協助處理家務或當家庭煮夫，已經是澳洲文化的一部分，一點也不足為奇。甚至現在美國更正式立法，男士們必須依女人在家庭裡工作的時間，付給薪水。

如果說真要計算起女性在家裡工作的時間，其實遠遠超過男人在外上班的時間。有一個故事說，有一天媽媽想請假一天回娘家，就將平日的家事分由大家來負擔。爸爸煮飯，兒子揀菜，弟弟掃地，妹妹擦桌椅、澆花。

平常媽媽在家操持家務，到了晚上，爸爸下班回家、兒女放學進門，都說：「好累喔！」他們認為媽媽在家那麼清閒，一點也不知道我們的辛苦！但是當媽媽請假一天，大家分擔家事以後，竟然一個個喊腰酸背痛，此時方知一個女人從事家務的辛苦。

所以，一個男人愛護妻子，不應該只是每個月賺多少錢回家，而是應該為家庭帶來歡笑、幽默和快樂，把說好話、讚美妻子，視為家庭中的重要工作，這是一個男人應該有的責任與氣度。

男人尤其應該體貼太太，偶爾幫助太太整理家務，或是下廚作菜、端菜等。有時即使不動手，但能到廚房轉幾圈，看看太太今天做什麼菜，聞聞味道；或者讚美太太今天打扮得很漂亮，說幾句好聽的話，懂得說好話，這也是工作。我覺得這比賺錢回家更為有用。

所以，過去我常常講一個笑話：先生下班回家，太太煮了一道清蒸板鴨，先生一看，鴨子只有一條腿，就問太太：「鴨子不是兩條腿嗎？怎麼你煮的清蒸板鴨只有一條腿呢？」

太太說：「我們家的鴨子都是只有一條腿！」

「胡說，我們家的鴨子怎麼可能只有一條腿？」

「你不信，我帶你到院子後面的池塘去看。」

太太指著正縮起一條腿在休息的鴨子對先生說：「你看，我們家的鴨子不是只有一條腿嗎？」

先生一看，馬上雙手拍掌，鴨子聽到聲音，爭先恐後的放下縮起的腿，一隻隻奮力地用兩條腿朝池塘划走了。這時先生得意地指著鴨子說：「誰說我們家的鴨子只有一條腿呢？」

這時太太終於對先生說：「你不知道嗎？那是因為有掌聲，才有兩條腿啊！」意思就是說，我每天燒飯煮菜給你吃，你連一句讚美都沒有，所以就給你吃一條腿，如果你早一點有掌聲、讚美，我就給你兩條腿的鴨子吃了。

同樣的道理，先生要想吃兩條腿的鴨子，要會讚美太太；太太要想先生買化妝品、衣服送給你，也要會讚美。相互讚美，對一個家庭來說，比金錢更為重要。讚美之外，現在女權意識抬頭，一個家庭裡的男人，不應該把所有家事都推給女人一手承擔，應該全家人以體貼的心，平均分擔，才有真正的公平。

過去，在佛光山各別分院舉辦的「婦女法座會」，都是以女眾為主要成員，但現在男士們的出席率也不低，有些人為了讓太太參加而列席在旁邊帶小孩，可見大男人主義的時代已經被現在的社會所淘汰了。

現代女性的表現可以說愈來愈傑出，根據二〇〇三年八月九日出版的美國《商業周刊》刊載，在美國二十五歲到三十五歲的青年中，受大專教育的女性人數首次高於男性；而女性為法學院入學人數的百分之四十六，醫學院畢業生占百分之四十二，取得博士學位者的百分之四十。該報導特別指出，未來在快速的科技進步與全球化之時代巨輪下，將造就新型態的經濟結構，有助於提升女性的工作地位，因此可以預見的是，在二十一世紀的新時代裡，女性知識分子與就業者質與量的改變，將締造更友善、更美好的世界。

所以，現代的女性應該爭取從家庭中走出去，不僅將青春生命奉獻給丈夫、兒女，更要奉獻給社會，分擔社會責任，積極參與社會服務，彼此相互尊重、相互包容、相互提攜，才能建設女男平等的社會。

五、婦女在婚姻生活中，應該如何才能保有自我的空間？請大師開示。

答：每個人的生活裡，都要有「空間」。說到「空間」，婦女如何在婚姻生活之中保有自我的空間？其實「空間」是靠自己創造的。就像一個家庭裡，如果你不布置、不整理，就是再大的房子，卻像倉庫一樣亂糟糟的，住起來也不舒服；但是有的家庭雖小，只要懂得整理，就會有空間。

所謂「室雅何須大，花香不在多」，家庭的整潔雅致，就是我們的天堂，就是我們的空間。過去的女人，他的空間就是家庭，但是現在已不盡然，現代的女人可以透過讀書，所謂「書中自有黃金屋」，把身心安住在書本上，就像佛光山的法堂書記室，我替它起了一個名字叫「法同舍」，意思就是天天在這裡研究佛法，佛法就是我的房子，我住在佛法裡，以法為家。

平常有信仰的人，信仰就是房屋；你經常誦經，經書就是你的房子。有的人說我感受不到，也沒有關係，現在的女性可以走出去，例如旅行、周末度假等。在美國，一個男人假期如果不帶太太出去旅行，是可以訴請離婚的。所以女人應該要走出去，透過交友、參加社交活動來擴充自我的空間；乃至從信仰上開展自己的空間，例如到寺院當義工，參加讀書會、婦女法座會等共修活動。

婦女法座會是在我四十多年前所創辦的，每次活動都有一個主題，例如「家，要擁有什麼？」、「如何敦親睦鄰？」、「治家格言」、「私房錢」、「如何編家庭預算？」、「子女教育法」、「家庭保健新知」、「每日功過談」、「吵架時怎麼辦？」、「模範夫婦發表會」、「人際間的牆壁——疑心與誤會」、「人生——致勝之道」，乃至「如何參加社團」等。

婦女法座會的內容有知識性、學習性、生活性、動態性、利益性等多元化，參加的婦女如同進入實用的婦女大學，能獲得許多治家之道，也能有助於解決心理上、環境上的困難，讓每一個參加的婦女，宛如上學校一樣，在實質上或精神上都能有所得。

因此，我建議女人除了家庭的生活空間，更應該開發心靈的空間，例如：

㈠以「信仰」為家，心中有信仰，就有依靠，信仰就是我們的家。

㈡以「讀書」為家，書中自有黃金屋，全家人都來讀書，這個家就是一個「法同舍」。

㈢以「旅行」為家，女性要走出去，與家人、朋友到國外旅行、度假，以增廣見聞、開闊視野來充實心靈的空間。

㈣以「慈悲」為家，婦女普遍富有悲憫心，當看到社會有不幸的事件，多能解囊襄助，出錢出力，救災救難，不但為人間增添溫馨，帶給社會福祉，同時也開發了自己心中的喜悅和富貴。

㈤以「服務」為家，婦女普遍有良好的口才，比較肯主動招呼他人、幫助他人，譬如有些婦女利用閒暇，組隊到育幼院為院童洗滌衣服，洗手作羹湯；到養老院為老人清掃環境，作護理醫療等等。

總之，婦女結婚後，為家庭、丈夫、兒女付出心力之餘，應該保有自我的空間；女人不一定倚靠家庭、丈夫、兒女為唯一的樂趣，而是要靠自己的慈悲與智慧來充實自我的內涵，從讀書、信仰、寫作、藝術、歌唱、繪畫、插花、烹飪、從事地方公益、到醫院當義工等服務奉獻中，開拓自己的生活空間，豐富自己的心靈世界。

六、現代社會開放，男女平時有很多交往、接觸的機會，因此發生婚外情的頻率相對增加。請問大師，如果丈夫有了「婚外情」，應該如何處理？

答：人，是由情愛而生的；情愛助長了人生，也困擾了人生。尤其婚外情，造成多少家庭的不幸，甚至多少人因此身敗名裂，悔恨終身。

一個家庭裡，假如丈夫發生了婚外情，做太太的一般有幾種反應，一個就是痛苦，自我折磨；一個就是不甘願，抱怨先生為什麼不愛我而要愛別人，甚至產生報復的心理。

當太太發現丈夫有了婚外情，應該如何處理？我看現在的社會，丈夫有了婚外情，大部分是男人的問題，但有時候女人也應該要自我檢討。

記得四十幾年前，每年彌陀佛誕時，雷音寺都會舉辦佛七法會，有一位太太幾乎每年都會參加。有一年佛七的時候，他又來了，但是一進寺裡，見了我就眼淚鼻涕地哭著說：今年險些就不能再來參加佛七了。我問他為什麼？他說因為丈夫金屋藏嬌，他想尋死。

我看他哭得很傷心，一時也不懂得怎麼辦，不過心想總應該安慰他一下，我就說我有辦法挽回你們的婚姻，只是怕你做不到。

他一聽到這句話，就追問我是什麼辦法？我告訴他，你的先生平時回到家裡，你只有怪他對你不夠好、嫌他不夠體貼，但是他到了對方狐狸精那裡，狐狸精就對他千嬌百媚，樣樣都好，他把狐狸精的地方當作是天堂、是安樂窩，當然流連忘返，自然不想回到像冰庫一樣的家了。

我告訴他，如果你肯改變態度，先生一回家，你就讚美他、體貼他，針對他歡喜吃什麼東西、歡喜看什麼書，你都能滿足他，對他好。有時明知他要去跟狐狸精相會，你故意拿錢給他，替他拿鞋子、換衣服，出門前叮嚀他好好保重、早一點回來，慢慢他感到你的溫柔、體貼，自然就會回心轉意。所以，你要用愛才能贏得愛；如果你怨恨，只有加速破裂，他自然不會要你了。

他一聽我這樣講，就說：「我做不到。」我說：「所以註定你是要失敗的。」事情過去以後，我也沒有再去想它，不過後來他照著我的方法去做，果然挽回了丈夫的心。他的先生原本是一個反佛教的官僚，卻沒想到一個和尚竟然能改變他的太太，讓瀕臨破碎的家庭能夠重拾歡笑。所以後來他對我、對佛教也慢慢生起了感謝、信仰之心。

異性相愛，是很難得的因緣，男女雙方經過互相追求、互相戀愛，獲得了社會的認可、家人的同意，千辛萬苦才結成良緣，本來是應該被祝福的美事。但是，花無百日紅，人無千日好，世事風雲變幻，令人難以預料，只要夫妻任何一方發生了婚外情，從此家庭、事業、名譽、子孫、金錢的因緣果報糾纏，難以清楚。

造成婚外情的原因，往往都是怨怪第三者的加入。其實，第三者之外，男女雙方都沒有責任嗎？例如，有的人忙於自己的事業、社交、應酬，以致疏於照顧家庭、關心對方，因此讓第三者有機可乘。甚至有時候是因為雙方意見不合、習慣不同、認知差異、成就懸殊等。總之，不能讓對方滿足，最容易發生婚外情。

尤其現在的社會，由於色情行業充斥，不知破壞了多少家庭，破壞了多少夫妻兒女的關係，如果人類社會放縱情欲的發展，沒有一點空間出路是很可怕的。如《四十二章經》說：「財色之於人，譬如小兒貪刀刃之

發生婚外情，雙方都有責任。

蜜甜，不足一食之美，然有截舌之患也。」「愛欲之於人，猶執炬火逆風而行，愚者不釋炬，必有燒手之患。」所以家庭要防止婚外情的發生，首要加強男人的道德觀念，女人則應該培養做人、做家事的技巧能力。

其實，掌握一個男人的心，先抓住他的胃。當先生回家時，你能煮好吃的東西給他吃，先生吃慣了太太每天變化多端的佳肴，自然下班之後就不會往別處跑。

女人要給男人吃得好，並且要時時讚美丈夫，自然能擄獲男人的心。當然做丈夫的也要讚美太太，平時買點布料或化妝品等禮物送給太太，是增進夫妻感情的重要因素。

我們常說夫妻的關係是「另外一半」，你嫁的另外一半，他要的是什麼？無非是要你愛他，要你對他好，你都不會讚美，怎麼好得起來？因此不會笑的要學習笑，不會說話的要學習說話，沒有表情的要學習有表情。這個世界是個有色彩的世界，是個有笑容的、有音聲的世界，因此要多多讚美。

本來夫妻就是兩個來自不同家庭的個體，彼此因為成長背景不一樣，難免有思想、個性、習慣上的諸多差異，要維繫夫妻之間的感情始終如一，事實上並不容易，所以要靠彼此的尊重、包容、溝通，諸如思想上的、生活中的、對兒女的教育方法等，都應該坦誠布公的討論。

此外，夫妻雙方如果能夠培養共同的興趣、認識彼此的朋友；平時應酬成雙成對，甚至偶爾營造一下「小別勝新婚」的溫馨氣氛等等，都可以減少對方出軌的機會。如果能讓對方感覺「家庭如樂園」，每天生活裡充滿了歡樂、笑聲，又哪會有婚外情的發生呢？

總之，我認為造成婚外情的原因有很多，男女雙方都應該負責任。如果每個家庭中的先生都能做第一等的先生：回家後幫忙家事，體貼慰問，製造家庭的歡笑與和樂；每個太太都能做第一等的太太：治家整潔，賢慧有德，能把家裡整理的乾乾淨淨，三餐有美味的佳肴，時時有貼心的慰問、讚美的語言，就容易留住先生的心，自然不會有婚外情的發生。

但是，萬一先生有了婚外情，吵架是沒有用的，最好的解決辦法是「用愛再去把愛贏回來」，這才是明智之舉。

七、請問大師，一個家庭中，當婆媳之間意見分歧時，應該怎麼辦？

答：在一個家庭中，母女之間的問題比較少，婆媳之間的問題比較多。

有一個趣談：端午節到了，婆婆叫媳婦包粽子。現代媳婦不會包粽子，但是婆婆的話不能不聽。從清晨包到下午，好不容易包好了。當在煮粽子的時候，聽到婆婆打電話給他出嫁的女兒，叫女兒趕快回來吃粽子。媳婦聽了非常生氣，心裡不住地嘀咕：我忙得汗流浹背，你都沒有體恤我的辛苦，現在粽子快煮好了，你卻叫你的女兒回來吃粽子。因為心裡不平，愈想愈氣，把圍裙一甩，換件衣服就想跑回娘家。正要出門的時候，電話鈴響了，原來是娘家的媽媽打電話來說：「女兒呀！媽媽今天叫你嫂嫂包了粽子，你趕快回來吃粽子喔！」這時媳婦聽了一愣，才感覺到，原來天下的母親都是一樣的！

家庭中，母女有母女的感情，婆媳有婆媳的關係，你們當中大部分的人都做過人家的媳婦，甚至有的人也快要做婆婆了。如何做一個好婆婆？要記得當初作媳婦的難堪，所謂「己所不欲，勿施於人」，不要把過去所受的待遇用來對待自己的媳婦，如此一代一代地報復下去，因果循環，終不是辦法。

婆媳之間的微妙關係，若以婆婆的角度來說，可能會感覺自己的兒子被外人搶走而有所失落，加上媳婦再不懂謙讓，不知體諒，就更讓婆婆打從心裡討厭這個過門的媳婦了。

一個男人，既是兒子的角色，也是丈夫的角色，當然希望同時獲得母親與太太這兩個女人的關愛。婆媳之間也知道這個道理，婆婆也想對媳婦好一點，但就是不歡喜；媳婦也知道對待公婆應該孝順，但只要一看到婆婆的嘴臉就是不高興。

我認為婆媳之間，應該先學會認知、體諒與同情，並且要有方法、要交流、要溝通。比方說，為人媳婦要懂得尊重婆婆，了解婆婆的心理，並鼓勵丈夫對婆婆多些照顧，讓婆婆不致於有失落感，而丈夫便不會夾在兩個女人之間難做人，他自然就會更加愛太太。假如婆婆也把媳婦當女兒看待，教導兒子要愛太太，媳婦看到婆婆這麼開明，也會恭敬這個長者。總之，婆媳之間互相體諒，問題就容易解決。

代溝是雙方的責任，並不是單方面的問題，如果有一方肯讓步的話，就會天下太平。

在佛教裡有這麼一則故事：有一個信徒到寺院拜佛，知客師招呼過後，隨即對身旁的老和尚說：「有信徒來了，請上茶！」不到兩分鐘，又對老和尚說：「佛桌上的香灰要記得擦拭乾淨！」「拜台上的盆花別忘了澆水呀！」「中午別忘了留信徒吃飯！」只見老和尚在年輕的知客師指揮下，一下子忙東，一下子忙西。信徒終於忍不住好奇地問老和尚：「他是你什麼人？怎麼總是叫你做這、做那的呢？」老和尚得意的說：「他是我徒弟呀！我有這樣能幹的徒弟是我的福氣，信徒來時他只要我倒茶，並不要我講話；他只要我留信徒吃飯，並沒有要我燒飯。平時寺裡的一切都是他在計畫，省了我很多辛苦呢！」信徒不解，再問：「不知你們是老的大，還是小的大？」老和尚說：「當然是老的大，但是小的有用呀！」

「婆媳問題」是現代家庭普遍存在的隱憂。其實，只要身為婆婆的不要存有「多年媳婦熬成婆」的心態，而能改成學習老和尚「老做小」的精神，把媳婦當成自己的女兒般疼愛，媳婦也能視婆婆如親娘一樣的尊敬、孝養，家庭怎麼會不幸福呢？

我在《佛光菜根譚》裡曾經寫過「四等婆媳」：第一等婆媳，如母女親密；第二等婆媳，如朋友尊重；第三等婆媳，如賓主客氣；第四等婆媳，如冤家相聚。

婆媳之間的關係如同跳探戈，你進我退，我退你進。人際之間，只要我待人好，他人也會把我當成親人一樣；人家嫌你、怪你，就是你待人不夠周到，所以待人好才能增加人我之間的空間。婆媳之道，更是如此。

八、過去社會認為女人無才便是德，現代女人以高學歷為傲，甚至以學歷當嫁妝。但是也有一些高學歷的適婚女人一直乏人問津，面對這種另類的歧視，女人應該如

何因應？

答：長久以來，社會存在一種現象，男女結婚，男生的學歷一定要比女生高一些，例如初中畢業的男生會娶小學程度的女生，高中程度的男生則娶初中畢業的女生。依此類推，大學娶高中，博士娶碩士；如果是一個女博士，則往往讓男生望而卻步，所以有一位女博士如此形容他的感情世界：「讀本科時，門庭若市；讀碩士時，門前冷落；讀博士時，門可羅雀。」

女博士很容易讓人把他和「女強人」劃上等號，因此女人學歷愈高，反而愈難找到適合的結婚對象。為什麼？因為女孩子太有學問，凡事都講理，往往失去了女性的特質。女孩子有時可以有一些嬌嗔、有一些不講道理，雖然人都應該要服從真理，但有時太講道理，理由太多了，會讓人受不了。

我這麼講，有一些知識程度高的女生會認為我這是歧視女性，女人為什麼不能有知識？不過我講的是事實，例如剛才說，男人不敢娶女博士做老婆，因為博士要研究，鑽得太深，很麻煩。有時候人在世間上生活，尤其是夫妻之間，不必凡事都要講理，偶爾也需要有感情的生活。感情有時是很難用理論來衡量的，感情是感情的世界，理論是理論的世界，感情裡面有一點理性，這種淨化的感情、理智的感情，是很高超的境界，平時不容易達到。所以，有時高學歷的女人讓男人不敢高攀，這並不是對女人的歧視，而是男人天生的優越感使然。有的男人認為自己的學歷、工作職位，乃至薪水低於自己的太太，是一件不光彩的事，不但在太太面前矮了半截，在朋友之中也抬不起頭來。

但是這麼說並不表示女人的學歷一定要比男人低，學歷高低不是重要，夫妻最好是相互敬愛，如果男士對太太多一些敬畏，如胡適博士提倡「怕老婆」，未嘗不也是一種美德。再說，女人學歷高，並不一定就會讓男人望而生畏，女人只要有道德、器量、智慧、慈悲，還是能夠吸引男士的青睞。

所以，現代女性重要的是，要知道自己的缺點，如嬌嗔、嫉妒、自私、懶惰、惡口、虛榮、愛哭、偏見、量小等；要把愛計較、愛比較等缺點改正，代之而起的是有恢宏的氣度，以及雍容華貴、明白事理、顧全大局、公而忘私、溫柔大方等美好的德行。

過去的女性還有一個缺點，只想做花瓶，但是女人只靠外表漂亮是不行的，世間的實際生活很重要。所以過去中國的社會經常可以看到很多美人紅顏薄命，很多漂亮的女人生命很短暫，甚至漂亮的人不一定有人緣，反而不是很美的人，人緣很好，到處受人歡迎。所以佛教講美，內在美勝過外在美，尤其美是性格上的美、內心的美、語言的美，倒不一定光是面孔的美，這是不夠的。所以，我覺得現代的女性應該具備：

㈠有傳統的美德，也有現代的知識。

㈡有感情的世界，也有理智的生活。

㈢有家庭的觀念，也有社會的事業。

㈣有柔和的性格，也有堅忍的力量。

其實，現在的社會，工作職場上並不一定高學歷就必然吃香，現在的社會憑的是實力，而不全然是以學歷取勝；當然，婚姻更不能以學歷高低為選擇對象的條件。因此學歷不重要，人品道德才重要；學歷不重要，努力創造才重要；學歷不重要，自己如何定位才重要。

希望現代的女性都能學習中國歷史上那些偉大的女性、偉大的妻子、偉大的母親，例如孟母三遷、岳母教忠、黔婁之妻「寧可正而不足，不可邪（斜）而有餘」、樂羊子之妻「斷機勸夫，努力向學」等。這些都是女人中的模範，但願這些女性的光輝能夠重現今日，再為當前的社會平添光彩，這是今日女性爭氣之道。

九、從佛教的立場來看，如果婦女遇人不淑，遭受家庭暴力時，請問大師，您認為可以離婚嗎？

答：現代社會，由於人口結構變遷，台灣有愈來愈多的外籍新娘，包括中國大陸、越南、印尼、泰國等；彼此因為來自不同的國度，文化背景、思想觀念、生活習慣等諸多差異，能夠幸福美滿的固然有之，但是多數成為怨偶，甚至衍生婚姻暴力、家庭暴力，已經造成嚴重的社會問題。

所謂「家庭暴力」，是指具有血緣關係的親屬間所發生的虐待和暴力行為，甚至包括與家庭具有親密關係的成員間，例如男女朋友、同居人之間的虐待和暴力行為，也都屬於家庭暴力的範圍。

暴力，妨礙安全、妨礙生命，是大眾所共同唾棄的。但是現在世界各國，無論文化背景、階層、種族和社會性質怎樣不同，婦女、兒童都可能成為暴力的受害者。

一個家庭裡，不管男人的家庭暴力，或是女人的河東獅吼，都是家庭的不幸。尤其家庭暴力最後往往導致悲劇收場，例如妻子受不了虐待憤而殺夫，或是丈夫虐

一個家庭裡，不管男人的家庭暴力，或是女人的河東獅吼，都是不幸。

待妻子致死，更可怕的是在「家庭暴力」下長大的兒童，身心不平衡，人格不健全，日後又可能成為另一個施暴的問題人物。所以，享受無暴力的生活是婦女與兒童的權利，也是每個人所冀求的美好社會。

如何才能化解家庭暴力？正本清源之道，就是家庭裡的每一分子，對家人的愛要永恆、寬容、體諒、昇華，要互相尊重與包容，共同維護家庭的和諧與美好。

家庭是社會的基本組織，是人生的避風港，是最安全、最溫馨的地方。一個家庭裡，夫妻不和是社會問題的來源，而家庭暴力事件，無論弒父、弒母、夫妻互毆、虐待兒童等，更為社會大眾所不容，所以佛教主張男女要相敬相愛。

在佛教經典裡，有指導男性如何為人丈夫的《善生經》，和指導女性如何為人妻子的《玉耶女經》，都記載著男人要懂得愛護妻子才可名為男人，女人要知道敬事丈夫才可名為女人。

例如：妻子要身兼母婦、臣婦、婢婦、夫婦、妹婦之職，要把先生當成孩子一樣疼愛，當成君王一樣敬重，當成主人一樣順從，像夫婦一樣互相敬重，像兄妹一樣相互提攜。丈夫要當君子般憐惜妻子，當英雄般保護妻子，當勞工般為妻子服務，當禪者般給家庭歡笑幽默，要實際負起養活家庭的責任。

然而在現實的社會裡，現代家庭除了剛才提到外籍新娘的問題以外，還有老夫少妻、姊弟戀等，就如同現在的同性戀，總是讓人掛念。因此，對於外籍新娘，或是異國鴛鴦，我們建議最好在婚前能有一段相處的時間，讓彼此多一些認識、了解，因為彼此來自不同的生長國度，文化的差異會影響生活的美滿。

此外，一個家庭如果夫妻雙方個性不合，無法一起生活，甚至演變成為家庭暴力，到底可不可以離婚？站在人間佛教的立場來看，當然希望大家能組織幸福美滿的家庭，在天願為比翼鳥，在地願為連理枝，但願天下有情人皆成眷屬。基本上佛教並不贊成離婚，但是如果到了水火難容的地步，也要好聚好散，畢竟人和人之間，適性者同居。如果人心、人情到了水火不相容的地步，還是讓它水歸水，火歸火，勉強在一起，不如彼此好聚好散。所以現代很多青年男女、知識分子，雖然離婚了，彼此還是朋友，我覺得這總比演變到最後，成為「仇人相見，分外眼紅」來得好。因為男人和女人是構成社會的兩大元素，必須男女之間彼此敬重，互相成就對方，社會才能更和諧快樂，世界才會更可愛完美！

一〇、婦女不幸被人強暴而懷孕了，可以墮胎嗎？佛教對《優生保健法》有什麼主張？

答：根據報導，自從一九八四年立法院通過《優生保健法》，使墮胎合法化以來，台灣的墮胎率年年攀升，現在一年約有四十多萬墮胎的案例，已經超過出生嬰兒的人數。最近政府也在積極修正《優生保健法》，其中對於已婚婦女墮胎須否經過配偶同意，引發各方的爭議。

其實，像墮胎乃至安樂死等問題，並不是法律、宗教、道德所能規範，這是極為複雜的問題，攸關生命、人權、道德、信仰，甚至因果等種種的牽連。因為墮胎不是一個人、一件事而已，而是關係到丈夫、妻子、親人，或即將出世的生命，所以有的宗教反對墮胎，但是為了照顧未婚生子的少女，也有「未婚媽媽之家」的設立，可見都是在努力想要解決社會問題。

佛教對於墮胎的看法，認為胎中嬰兒也是一個生命，墮胎是殺生。不過，理上雖然如此，但是有的婦女墮胎是不得已之舉，例如所懷的是個殘障兒，如果第三者說不可以墮胎，但是母親生下一個殘障兒，要養育數十年，衛道人士能提供他什麼幫助或關懷嗎？

或者有的婦女不幸被人強暴而懷孕，如果我們只是一味地基於慈悲不可以殺生而反對墮胎，又何能體會母親一生對兒女的愛恨情感？所以，有些事情不是單純從道德或是法律的立場所能解決的，它所牽連的關係是多方面而複雜的，最好是授權給當事者，也就是婦女本身應該有權決定，因為利害關係他可以自己衡量，縱有因果，也由母親自行承擔。

基本上，女性的墮胎不是仇恨的殺，而是為了保全名節，保護安全，保持自己未來的形象等。所以雖然儒家主張「上天有好生之德」，但是「墮胎」不是法律所能解決，也不是衛道人士所能置喙，最有權可以決定的是胎兒的母親，如何處理，應該尊重母親的決定，因為他要承受一切後果。

所謂「家家有本難念的經」，人人都有苦衷，人間佛教基於人權，主張女性有權利決定自己應承受的後果。但是現在社會上還有一個現象，就是有的婦女墮胎後有罪惡感，一些不肖商人於是趁機勸他花幾千元買個嬰靈牌位來超度，以自我安慰，以為花錢消災就能化解冤結，其實是利用婦女軟弱的心靈來斂財，這也是有待宣導的社會教育。

有關婦女墮胎的原因很多，如果是被人強暴，基於迫不得已，社會大眾應抱持同情心，給予關懷，協助他走出陰霾。如果是青年男女偷嘗禁果，未婚懷孕，小至家庭，大至國家社會，都應及早防微杜漸，尤其要加強道德觀、禮儀規範和性教育。

這裡所要強調的是，青年男女既然已經未婚懷孕有錯在前，則不應該墮胎繼續一錯再錯，應勇敢的面對現實，擔起養育的責任。印光大師曾說：「淫殺二業，乃一切眾生生死根本。最難斷者唯淫；最易犯者唯殺。」再說，墮胎也是殺生，如《大集經》云：「愛因緣故，四大和合，精血二滴，合成一滴，大如豆子，名歌羅羅。」《四分律行事鈔資持記》言：「歌羅邏時（此云雜穢，入胎七日，狀如凝酥，即凝滑也。）即有三事：一命，二煖，三識，出入息為命，不臭不爛為煖（業持火大，色不臭爛。）此中，心意為識；若壞凝滑，即壞識之所依，命煖隨謝，便名犯殺。」因此，要防杜墮胎，最好就是不要邪淫。

若在不得已情況下必須墮胎，則要消冤解結，可以透過行善、懺悔、修持等功德回向。但是，更重要的，還是要多多修養身心，能夠防範未然，遠勝於事後補救。

一一、現代的社會，由於離婚率高，造成許多單親家庭，尤其一些新女性主張「不要婚姻，只要小孩」，因此形成不少的單親媽媽。請問大師，單親媽媽如何面對「空巢期」？

答：「空巢期」，這是現在新一代父母所普遍面臨的問題。在中國古代以農立國的社會，由於需要大量人力資源，每個家庭大都人丁旺盛，而且即使兒女長大成人以後，仍然與父母共同生活，因此三代同堂、五代共聚的家庭比比皆是，不但年老的父母有人奉養，又能含飴弄孫，充分享受天倫之樂，根本沒有所謂的「空巢現象」。

現在工業社會，人口密集在大城市，加以多年前政府提倡「兩個孩子恰恰好」的政策，使得原本人口簡單的家庭，在兒女長大後外出升學就業，正如小鳥離巢而去，留下夫妻二人面對空蕩冷清的房子。驟然失去兒女環繞的父母，首先需要調適的就是面對冷清的家庭生活，以及對兒女的思念。

不過剛才提到，隨著現代離婚率愈來愈高，以及許多新女性主張不婚生子，因此有愈來愈多的單親媽媽。到底單親媽媽要如何度過「空巢期」？你們有「空巢期」的憂慮嗎？其實能幹的婦女、聰明的婦女，不必等到空巢期再來面對，你要知道，兒女長大了，他必定會飛出去，為了他們的前程，你應該歡喜的讓他們出去揮灑自己的生命，所以自己也要早做預備。

在佛光山東方佛教學院教室的屋簷下，每年都有許多燕子來築巢，常常在走路時就會發現地上有出生不久的小燕子跌下來。剛開始我們很奇怪，為什麼會掉下來？後來發現不是不小心掉下來的，而是被牠媽媽推出來的。

媽媽為什麼這麼狠心？原因是媽媽認為牠的這個子女條件不夠好，將來求生困難，因此早早把牠推出去，不讓牠生存了。不過這畢竟是畜生，在人類的社會裡，即使是殘障的兒女，父母還是要愛護他，如果他有能力，當然是希望他能振翅高飛，雖然心中掛念，還是希望他能有所成就。

既然如此，對於「空巢期」，自己就要想方法來充實，例如你會讀書，你有信仰，你喜歡拜佛，你可以找許多朋友回家來談禪論道，或者喝茶、下棋等。但是我並不鼓勵女士們打牌，許多女性年紀大了，沒事就去串門子、講是非，或者是找朋友打個小牌，但是打久了會成為不良的習慣、不好的嗜好，每天沒日沒夜的，八圈以後再來八圈……不但影響生活，對健康也不好。

所以，關於單親媽媽如何面對人生的「空巢期」，我覺得人生聚散本無常，有聚必有散，應該用平常心看待。平常廣結善緣，只要你有學有德，天下人都可以做你的兒女；假如為人父母無學無德，沒有培養親子關係，就算自己的兒女，有時也會形同陌路。因此，只要你想得開，巢「空」了也很好，從此可以投身信仰，熱心公益，享受興趣的人生領域，一樣可以活出自我的幸福來。

以下五點意見，謹提供給「空巢期」的父母參考：

㈠空巢裡，兒女飛走了，可以聚集善友來訪，空巢裡當會充滿生氣。

㈡空巢裡，兒女飛走了，可以培養讀書的習慣，書中自有人和事，書中自有安心處。

㈢空巢裡，可以培養各種興趣，如寫字、蒔花、植草、養寵物等，以此來美化空巢。

㈣空巢裡，可以把關心擴展到社會公益，可以到校門口當愛心媽媽、到醫院探望病人、到寺院和十方信眾廣結善緣。

㈤空巢裡，可以培養信仰，用信仰代替家庭團聚。正如《維摩經》說：「法喜以為妻……善心誠實男……四禪為床座……解脫味為漿。」

單親媽媽只要擁有真心，巢「空」了，生命何「空」之有？

空巢期的婦女，只要想得開，一樣可以活出自我的幸福來。

一二、剛才大師一直鼓勵婦女要自我肯定、自我期許，可否請大師列舉古今中外有哪些傑出的婦女，他們有些什麼成就足以做為現代婦女模範的嗎？

答：在過去男尊女卑、重男輕女的封建社會裡，生男稱為弄璋，寶貝如玉石，不僅闔家歡喜，母親也因子而顯貴起來；生女則稱為弄瓦，賤如糞土，全家愁雲慘霧，母親還可能遭到七出的命運，這種看法實在有很大的偏失。不過這種偏見也不是一概而論，例如白居易的〈長恨歌〉就歌頌楊貴妃「遂令天下父母心，不重生男重生女」，可見女人還是要傑出，傑出就有地位。

自古以來有不少的女子，無論能力、智慧等方面，不但不讓鬚眉，並且其中不乏超越男人的巾幗女豪，都是不爭的事實。

國外方面，斯里蘭卡的總理西麗瑪沃．班達拉耐克夫人，是世界上第一位民選的女總理；巴拿馬總統米爾雅．莫斯科索、冰島總統魏笛絲、印尼總統梅嘉娃蒂等，也都是女性；菲律賓更先後選出艾奎諾夫人與艾諾育兩位女元首。英國的伊莉莎白女王、英國宰相柴契爾夫人、以色列總理梅爾夫人、印度總理甘地夫人等，也都是名聞國際的傑出女性。甚至芬蘭第一位女總統哈洛能，還是個單親媽媽呢！他們日理萬機、縱橫政壇，處事的果決明快，絕不遜於男人，因此從沒有人因為女子當權，就把他們看做第二等民族，而抹殺他們應有的榮耀與尊嚴。

此外，人類歷史上第一個取得醫學學位的女性布蕾克威爾，他成立了世界上第一家婦幼醫院「紐約婦幼診所」，並於一八六四年四月十三日在紐約成立「女子醫科大學」，一八六九年又於英國成立「倫敦女子醫學院」。他不但是世界上第一個取得證照、開業行醫的女醫生，而且二十世紀初期，許多傑出的女醫生，都是他一手培育出來的。在他以前，醫生是男人的專利，在他以後，世人看到女醫生也不會稀奇。因著他，普世的醫學院才招收女學生。因此，「布蕾克威爾」這個名字已經是「女人也可成為好醫生」的同義字。

其他普世知名的傑出婦女，如：

世界著名科學家瑪麗・居禮（一八六七～一九三四），他和丈夫——法國科學家皮埃爾・居禮，在共同的工作中發現了元素的放射性，並成功提取金屬態的鐳。居禮夫人曾兩次獲得諾貝爾獎，為人類科學事業做出巨大貢獻。

好萊塢影星，英格麗・褒曼（一九一五～一九八二），曾在電影《卡薩布蘭加》、《戰地鐘聲》、《煤氣燈下》等影片中擔任主角，三次獲得奧斯卡金像獎，一生共拍片四十七部，其中不少成為經典作品而名垂電影史冊，被譽為「有聲片時代最偉大的女演員」。

俄羅斯宇航員葉蓮娜．孔達科娃（一九五七），於一九九四年十月四日和兩名男宇航員一起乘聯盟——TM20太空船到達和平號空間站，在太空飛行一六九天後於一九九五年三月二十二日返回地面，創下女性連續在太空滯留時間紀錄。一九九五年四月十二日，葉爾欽總統授予他「俄聯邦英雄」的榮譽稱號。

國際婦女運動先驅克萊拉．蔡特金（一八五七～一九三三），他是一九〇七年國際社會主義婦女大會發起人之一，一九一五年在伯爾尼組織第一次國際婦女會議反對世界大戰，曾被選入第三國際主席團。

中國方面，漢朝繼承父兄遺志完成史書的班昭，宋朝與夫共抵金兵的梁紅玉等，都是一時的雋秀才女；鑑湖女俠秋瑾，「身不得男兒列，心卻比男兒烈」，憂心民族危機的俠烈性情展現無遺；冒死護送國旗到上海四行倉庫的女童軍楊惠敏，不僅是中國女童軍的光榮，也是中國女青年的榜樣。

此外，唐朝的文成公主信仰佛教，為了唐朝和西藏兩國的關係，遠嫁到西藏，把佛教也帶到西藏，為西藏佛教的源流播下了重要的種子，並且把唐朝的文化傳揚於異域。

武則天的用人之能，如狄仁傑、婁師德、姚崇、宋璟、張柬之、裴懷古、魏知古等人都願意為他所用。他與慈禧太后，在歷史上評價雖然不是很高，但能降伏男性在他們領導下工作，也是女性之光。

布達拉宮文成公主像

明太祖朱元璋當了皇帝之後，晚年性情暴烈，殺害大臣，株連無辜，幸好當時有一位虔誠信佛的馬皇后經常勸誘他少開殺戒，免去不少冤獄。

現代傑出的女性，如世界著名物理學家吳健雄，由於對核子物理有獨到的研究，被國際科學界稱譽為「中國的居禮夫人」；一九九〇年，中國大陸南京的紫金山天文台將第二七五二號行星正式命名為「吳健雄星」。

華裔傑出女性蔡宗影，今年獲得美洲中國工程師學會（Chinese Institute of Engineers, CIE）頒發的「二〇〇三年度亞裔工程師獎」（Asian American Engineer of the Year），是十五位得獎者中僅有的三位女性工程師之一。他曾多次獲獎，包括美國航空暨航行學會（American Institute of Aeronautics and Astronautics, AIAA）舊金山分會的「一九九〇年度工程師獎」，一九九七年獲矽谷地區工程與技術的「女性傑出成就獎」，一九九九年又獲得「族裔女性科技獎」等殊榮，屢為亞洲人與華人爭光。

再如「飛躍的羚羊」紀政，一九七〇年美聯社封他為「地球上最快的女人」，他在一九六〇年以十四歲的低齡當選羅馬奧運選手，一九六一年首度在全國運動會打破跳高、跳遠和八十公尺低欄三項紀錄。一九六八、一九六九年在全世界至少六十八次比賽中贏得勝利。一九七〇年他從歐洲到美國，多項田徑成績五破世界紀錄，贏得亞洲女鐵人封號，他在體壇上不斷締造新紀錄，為國爭光。

其實，世界上無論家庭、宗教、慈善事業，出力最多的是女人，女士們在幕後扮演的妻子、母親、信徒的角色，是股最大的力量。如佛陀時代的勝鬘夫人雖貴為皇后，卻以興辦兒童教育，培養幼苗，作育英才為職志；末利夫人以皇宮為道場，以參與民間活動，講經說法為重要任務。勝鬘夫人發十大願心，說大乘佛法，作獅子吼，闡揚如來藏思想；鳩摩羅什的母親耆婆不但自己捨棄王宮的榮華富貴，並且度子出家，教育兒子成為佛門的龍象，對經典的翻譯留下無與倫比的貢獻。

佛陀的姨母大愛道夫人撫養幼年的悉達多太子長大成人，佛陀成道後，他身先表率帶領五百位釋迦種族的女子出家，並且紆尊降貴，接受八敬法的要求，為佛陀「四姓出家，同一釋種」的精神，做了最具體的註腳，比丘尼教團的得以成立，大愛道是功不可沒的第一人。

乃至《華嚴經》裡善財童子參訪五十三位善知識，其中女性的善知識就占了好幾位，如休捨優婆夷、自在優婆夷、慈行童女、有德童女、師子嚬呻比丘尼、婆須蜜多女、夜天女神等等，都是對佛法有獨到體證的大善知識。

女性除富有慈悲心，知道布施結緣，廣求多福之外，女性中智慧洋溢、善於說法、導人入信的龍象也不在少數。如中國清末民初的呂碧城女士，十九歲在北京做《大公報》的總編輯，甚至到歐美宣揚佛教，提倡素食，著作《真理之光》，一生對文化出版不遺餘力。新加坡畢俊輝女士，曾當選為世界佛教友誼會新加坡分會的主席，精通中、英文、廣東話，對世界佛教的宣揚貢獻很大。葉曼女士也以卓越的表現，當選世界佛教友誼會的副主席，為佛教、國家都締造了極為成功的國際聯誼。

大愛道比丘尼尊者

其他諸如：孫張清揚、林楞真等人，不僅將家庭治理得很好，更為國家社會做出重大貢獻。所以，女人要求「女權至上」、「女男平等」，應以慈悲、智慧、奉獻，和男人一較長短。

在現代的佛教僧團裡，也有不少傑出的比丘尼，他們在近代佛教史上占有相當重要的地位，例如：慈莊法師在世界各國創建寺院，為中國佛教開創出國際化的道路；慈惠法師創辦西來、南華、佛光等三所大學，肩挑教育、文化大任之外，更於一九九二年第十八屆世界佛教徒友誼會中，經大會推選為世佛會副會長；慈容法師熱心慈善事業，擅長活動組織，負責國際佛光會推展委員會，在世界各國成立一百多個佛光協會；慈怡法師主編《佛光大辭典》；曉雲法師創辦華梵大學；依法法師授課於柏克萊大學；恆清、慧嚴法師分別在台灣大學、中興大學教書；證嚴法師創立慈濟功德會；昭慧法師熱心護法衛教等。以上均為有德碩學的比丘尼代表，也是現代傑出女性的代表。

總之，女眾的智慧、能力並不亞於男眾，女眾可以參與政治、教育、文化、慈善、社會等各種公眾事務，積極擴大服務的機會與層面。女眾的熱心、慈心、誠心，平均起來更勝過男眾，應該發展其溫和、慈悲、細心、勤勞等特質，猶如觀世音菩薩，以慈悲、美麗來莊嚴世間。所以，女性千萬不能妄自菲薄，須知外相不一定重要，要緊的是男人和女人之間一定要互相尊重、互相幫助，如此世界才會變得祥和，人間才會更加可愛！

女性的靈巧慧性，蕙質蘭心，為人間增添了美麗的色彩。

佛教對「環保問題」的看法

時間：二〇〇五年十月七日
晚間七時三十分至九時
地點：美國西來大學遠距教學教室
記錄：滿觀法師　英文翻譯：妙光法師
對象：西來大學學生及加拿大滿地可、溫哥華、美國紐約、聖路易、奧斯汀、休士頓、舊金山、佛立門、聖地牙哥、台灣等十個地區之數百名學生透過網際網路同步上課。

大自然與生物之間，原本是和諧共存的，但是，隨著人類生活的方便，物質的富裕，這種和諧美好的關係，已逐漸蕩然破壞。全球環境的變遷，如氣候暖化、空氣水質汙染、海平面上升、地層下陷、生態系統改變等等，對我們的生存與健康，都造成極大的威脅。

人類對地球的摧殘戕害，也自食惡果，引來了地球的反撲！

或許有些人不知道，佛教是一個非常重視環保的宗教。自古以來，寺院建築常與山林融和，僧侶植樹造林，不只美化環境，更具水土保持之功；佛門裡「同體共生」、「慈悲護生」、「勤儉惜福」的觀念，應用在生活裡，就是最具體的環保行為。

星雲大師認為，世界上所有的問題都與「人」有關，人類可說是問題的製造者，要處理環保的問題，有賴於每一個人的自我覺醒。因此，除了珍惜大地資源，更應做好個人身心的環保，如拒絕垃圾知識、思想不被汙染，就是思想的環保；觀念正確，凡事正面思考，就是觀念的環保；口業清淨，不講髒話，不兩舌、不惡口，就是語言的環保；心中無煩惱、嫉妒、不平、憤恨等情緒，就是心靈的環保。

愛護地球，必須「開源節流」，大師更言「開源」，應開佛法之源，開發自己的慚愧心、感恩心、歡喜心、感動心；「節流」是節省金錢用度，節制自己的貪欲瞋心。為了淨化心靈，淨化社會，多年來，在大師倡導之下，佛光會更陸續發起「把心找回來」、「七誡運動」、「慈悲愛心列車」、「三好運動」等心靈環保的活動。

二〇〇五年十月，大師在西來大學遠距教學時，學員提問許多環保相關問題，大師一一作獨特精采的開示。接下來，一年一度分別於十一、十二月，在香港、台北舉行的「佛學講座」，論述和我們每一個人息息相關的環保問題，以下是三場講演的綜合紀錄。

一、「環保」是近代人類關注的問題，每隔一段時間，就會被提出來呼籲和討論。請問大師，什麼是「環保」的真正定義，「環保」的重要性為何？

答：近代人類有個大進步，就是環保意識的提升。所謂「環保」，從居住環境的保護到自然生態、整個地球的保護，都屬於環保範圍。廣義而言，更包含了我們的語言、身體、觀念、思想等的心靈環保。

地球是我們居住的世界，它是虛空中的一個大宇宙，其中自然界的大地山河、

中天寺英文兒童佛學班學童參與種樹護生

森林草原，社會環境的好壞，對我們的生存都有重要的關係。我們的身體，則是一個小宇宙，所以講到環保問題，不僅地球需要環保，身體也要環保。因為地球不加以保護，它會生病；我們的身體不注重保健，也會生病。

一般人對自己這個小宇宙的身體比較重視，比較勤於保護，例如我們每天要吃飯、睡覺，要刷牙、盥洗，甚至婦女要化妝、美容養顏，都是注重身體的環保。進而對家居、周圍環境的維護，也會注意，但對於生態、宇宙的環保，總覺得與自己的關係遙遠，而忽視不在意。

其實這個世界，大宇宙與小宇宙是息息相關的。講一句話，透過電波可以傳遍整個地球；吐一口氣，可能成為地球上的一個風暴。所以我們不能認為自己只是一個人，在世界上能擁有多少？地球那麼大，虛空那麼大，自己哪能關心那麼多？目前世界最驚慌恐懼的就是禽流感，禽流感原本只是小動物的一個小感冒，因為我們人體沒有抵抗力，就會受到感染，甚至死亡。從這個事例可以說明，現在的世界是沒有國界的，因此，怎麼可以說世界的環保對我們不重要呢？

佛教認為宇宙世間一切森羅萬象，都是地、水、火、風「四大」元素組合而成。如果沒有大地的普載，我們要安住在哪裡？沒有雨水，我們怎麼生活？沒有陽光的溫度，我們又怎麼活下去呢？風，就是空氣，對我們的生存更是重要。

我們的身體也是靠四大和合來維持生命，人體的毛、髮、爪、齒、皮、骨、筋、肉，是堅硬性的地大；涕、唾、膿、血、痰、淚、津，便是潮濕性的水大；溫度、暖氣是溫暖性的火大；一呼、一吸是流動性的風大。所以佛門裡有時見到人會問候：你四大調和否？同樣的，對於我們生存的地球，我們也應該關心它的地水火風四大是否調和？因為不管大宇宙的地球或小宇宙的身體，如果四大不調，就很麻煩了。

除了有形的、看得見的環保，我們的思想、身體、觀念、心靈，也都要重視環保。有一些人被垃圾的知識，不正確的觀念所影響，而誤入歧途。所以佛陀告訴我們要奉行「八正道」，八正道的第一條就是「正見」。正見是遠離顛倒邪見的正觀，是如實了知世間與出世間因果的智慧。正見好比我們照相，如果光圈、焦距沒有調好，照出來的相片就不會清晰好看，所以正見就是思想的環保。我們常常保持微笑，維持良好風度，講話得體，不惡口、不兩舌，即是做到語言和身體的環保。

心中沒有煩惱，沒有怨恨、嫉妒等情緒，便是良好的心靈環保。每個人都可能影響社會大眾，如有些人語言不清淨，行為不正派，常常欺騙別人，讓人吃虧上當；由於個人沒有重視自己身心的環保，使得家庭、社會都不環保。

地球是我們的大地，大地是我們的母親，能讓萬物生存、成長。在中國社會裡，一般人對觀世音菩薩和地藏王菩薩都覺得很親切，地藏王菩薩如同大地，地有「能藏」、「能載」、「能生」的功能。《菩薩睒子經》說睒子菩薩「履地常恐地痛」，他每走一步路，都不敢用力，怕踩痛了大地；每說一句話都不敢大聲，怕吵醒了熟睡的大地；他不敢亂丟一點東西在地上，怕汙染了大地。睒子菩薩那麼愛護大地，也可以啟示佛弟子要懂得重視環保。

為什麼要重視環保、愛護大地呢？因為世間的一切都和我們有關。自私的人只關心自己，如果把愛心稍微擴大，會關心家庭、關心社會、關心國家，甚至關心普世的大眾與地球。所以，環保應從「心靈」做起，心靈健全，有慈悲的環保意識，世界就得救了。

二、近年來國際間災難頻傳，各種天災不斷，諸如地震、海嘯、颶風等造成無數的財產損失與人命傷亡。有人說，這是人類不重視環保，不懂得善待地球，長期過度開發、使用，以致引起大自然反撲的結果。請問大師，您覺得現在舉世到底發生了什麼樣的環保問題呢？

答：我們的身體有生、老、病、死的循環；氣候有春、夏、秋、冬的循環；一切事物也有成、住、壞、空的循環。循環是一個自然的現象，所謂環保出了問題，就是宇宙大自然的循環發生問題。雖然生老病死、成住壞空是自然必然的定律，但是妥善保養、照顧，就能延長其壽命。

從佛教的觀點視之，凡是能動的、活的、有用的，都有其生命與存在的價值。山有生命，水有生命，天地、日月、星辰，乃至一切萬物都有生命。像衣服、桌子、椅子，我們愛護它，可以使用十年、二十年，不愛護它，可能二、三個月就會

大師於河北大慈閣真覺禪寺植「和諧樹」，右為真廣法師。2010.05.17

破壞了。同樣的，自然生態也要靠我們的愛護，它的生命力才會久長。

由於我們的貪婪和不重視環保，違反自然循環的準則，使得地球千瘡百孔，嚴重生病。如幾十年來，台灣許多山坡地由於休閒需求及茶葉、果樹等種植而濫建、濫墾、濫伐，導致土石流，造成水庫及河川淤積大量泥沙。其他如現代人為了滿足口腹之欲，毫無節制的濫捕濫殺，使得許多珍奇動物面臨絕種的危機，間接造成嚴重的生態破壞。還有濫採沙石，造成橋斷路危；濫抽地下水，造成地層下陷；任意燃燒有毒廢料，以及廢棄物、工業廢水、核廢料、商業肥料等不當處理，造成空氣、水質、大地的汙染。

而森林的濫伐、焚燒，和燃燒木炭、柴油、天然氣、汽油等所釋放的大量二氧化碳，更促成溫室效應。這些年全球大幅的持續乾旱、水災、熱浪、超級颶風之自然災害，都是因為溫室氣體增生，全球溫暖化而導致的。根據統計，從上世紀以來，每年排放的二氧化碳平均約七十億噸，地球溫度升高了零點六度，預測到了二一〇〇年，地球溫度將升高五點八度，是五千萬年以來地球的最高溫。

除此，汽機車、工廠排放的廢氣，不只汙染空氣，更上升至大氣層，破壞臭氧層，也隨著氣流、風向四處溢散，一旦遇雨便成酸雨。酸雨會汙染土壤和水質，傷害植物和動物，腐蝕建築物，嚴重威脅人類的健康與居住安全。

另外，熱帶雨林是地球珍貴生態系之一，它雖然只占全球百分之二的面積，但卻是全世界一半以上的野生動植物的棲息地。雨林能消耗大量二氧化碳，生產氧氣，調節全球的氣溫及空氣，可說對全人類的生存關係重大。過去亞馬遜雨林提供了全球百分之四十的氧氣，因遭濫伐，也使得全球增加百分之十至百分之三十的二氧化碳。因此，現在聯合國倡議保護南美洲的巴西熱帶雨林，甚至出錢補助，希望人們不要砍伐，但悲哀的是，南美洲的熱帶雨林也已逐漸消失中。

台灣前幾年，由於大家種植檳榔，濫墾濫伐，於是在九二一地震中，整個南投縣走山嚴重，造成無數人命的傷亡。前不久美國的紐奧良受到卡翠納颶風橫掃，也死了幾十萬人，間接的原因之一，就是沼澤地過分開發的結果。所以現在環保問題，已經不是哪一個人的問題，環保問題已經成為普世的、全人類的一個重要問題。

美國華德（Peter D. Ward）、布朗李（Donald Brownlee）兩位教授所著的《珍稀地球》一書中，探討地球能讓生命生存的獨特性與珍貴性。從過去地球十次大滅絕的歷史中，他們歸納出地球滅絕的原因：「太熱或太冷，食物或養分不足，水、氧或二氧化碳太少（或太多），過量的輻射，不適當的環境酸度、環境毒素以及其他生物。在這些因素之一出現或有數項結合時，行星上多數的動植物就會滅亡，大滅絕因而發生。」從造成生物死亡的原因裡，我們應該警覺：「地球是不是已病入膏肓？」平時我們的身體有病就要找醫生；我們的地球生病了，也要關心它、挽救它，維護它，這是居住在地球上每一個人的責任。

三、針對剛才大師所講的種種問題，我們應該如何「亡羊補牢」？如何做好環保工作和加強環保教育呢？請大師開示。

溫哥華佛光人響應「關燈愛地球」活動。2014.03.29

答：前面提到全球性環境汙染和生態破壞所造成的危機，已經威脅人類的健康和地球的存亡。所以，一九九二年六月初，聯合國在巴西里約熱內盧舉行地球高峰會議。這個被視為「搶救地球」的會議，主要目標就是要達成保護植物、動物和自然資源的協議。

談到環保，首重愛護地球，地球能活得長久，我們的子子孫孫才能在地球上安居樂業。過去有人說地球是我們的家，大地是我們的母親，它保護我們的生命，提供我們生存的一切條件，我們怎能不尊敬它、愛護它呢？世間上的問題都是人製造出來的，因此，提倡環保要靠人類自我覺醒。

世間萬物互相之間都存有因果關係，用怎樣的方法對待萬物，萬物就會用同樣的方法對待我們。就像我們面對著高山，大喊一聲：「啊～」對面的山也會回我們一聲：「啊～」這是相對的概念。大自然的資源雖然能為我們所用，但是一旦過度消耗，自然也會反撲。我們看似渺小，但每一個行動都影響著全人類與宇宙間的互動。所以，如果我們要求得生存，就先要讓萬物求得生存。

如何做好環保工作呢？我想首先大家要能「惜福」。中國人的傳統道德觀念裡，一直有著惜福的環保意識。例如我們小時候，父母常跟我們說：「一個人，一天只能用七斤四兩水。」超過了，福報就透支了！福報猶如銀行存款，有儲蓄才能支出。唯有珍惜大自然各種資源，資源不虞匱乏，人類才能在地球上繼續存活。

有一位東方的學生到德國念書，他向一位老先生租了一間房子，房子裡設備齊全，除了床鋪、桌椅、電燈之外，還有冷氣。這個學生每次外出，電燈、冷氣常常沒關。房東告訴他：「年輕人，你要節約能源，電燈不用時要把它關起來。」這位年輕學生認為自己付錢租的房子，裡面的設備自己有主權愛怎麼用就怎麼用，因此很不以為然的說：「干你何事？」老先生說：「年輕人，這是我們國家的能源，每一位住在德國的人都應該愛護國家的能源，如果大家都不節約能源，你也浪費，他也浪費，我們國家的能源少了，國家會窮，大家的日子會難過。」

另外，一位美國老太太看到一個少年喝完汽水，罐子隨便朝地下一丟，老太太就說：「年輕人，罐子撿起來，不可以隨便亂丟東西。」少年回答：「這是大馬路，又不是你家，關你何事，要你多管閒事，我就是不撿起來。」老太太說：「怎麼不關我的事？這是我們居住的環境，你亂丟東西，垃圾到處留，讓我們的環境受到汙染，讓我們的地價降低，怎麼不關我的事呢？」

所以，環境保護需要大家一起來。世間凡事都要靠各種因緣才能成就，平時我們的生活要靠士農工商共同成就，沒有農夫種田，我們哪裡有米飯可以吃？沒有工人織布，我們哪有衣服可穿？世界萬物都在供應我們生活之所需，我們應該好好珍惜。

除了要惜福、惜緣、惜物、惜時以外，尤其要惜生，世間萬物都有生命，我們不能只是愛惜自己的生命，也要愛惜他人的生命。這個世界沒有其他人的存在，就沒有各種成就我們的因緣，「我」也就難以生存了，所以為了讓自己能生存，我們要多多愛惜成就我們生命的各種因緣關係。

這些環保觀念必須從教育做起。首先大人要以身作則，做兒童的示範。如父母要教導子女尊重生命、惜福愛物；老師要教導學生尊敬長上、待人有禮等。尤其道德觀念的提升，公共環境的維護，都需要從教育上加強宣導。

四、誠如大師所說，世間上的問題，都是「人為」製造出來的，尤其人的「貪心」是傷害社會環保的最大根源，因為「貪」而使得社會充斥著暴力、貪汙、綁票等亂象，以致現在整個生存環境日益衰敗。請問大師，如何才能淨化社會呢？

答：剛才講到環境要靠大家來維護，同樣的，社會風氣的好壞，生活品質的優劣，也與人脫離不了關係。我們常說要美化家庭、美化環境、淨化社會，其實如前面所言，最重要的是淨化每一個人的心。

語言是人與人溝通的橋梁，所以，淨化社會要先淨化語言，有的人口中盡說些不好聽的話，甚至說髒話罵人，像廁所、糞桶一樣汙穢、骯髒不堪。我們每天所說的話，要讓人生起歡喜心，《諸法集要經》說：「常說利益言，令自他安樂。」又說：「常以柔軟語，愛念於群生。」對他人要慈悲多說好話，不要吝於讚美，所言須能發人深省，提升道德，增加知識，這就是語言的淨化。

有句偈語說：「面上無瞋是供養。」世間最美的就是笑容，我們要多給別人笑容，時時以微笑來淨化面容。另外，現在社會上流行進修美姿、美儀等課程，以培養行儀舉止的優美。除肢體動作的美感之外，更要美化自己的行為，如不亂殺生、不竊盜、不邪淫，都是行為的淨化。

除此，食衣住行、舉手投足，乃至處事做人，都必須做自我的淨化。如飲食三餐，美味可口，為人之所欲，但粗茶淡飯，也能覺得別有滋味；衣服穿著，固然需要莊嚴整齊，但是即使老舊不光鮮，只要清潔淡雅，也無不好；居住深宅大院的房屋，固然很好，窩在簡陋小屋，也能如天堂；出門有汽車代步，快速敏捷，若無車無船，也能安步當車。還有，做事勤勞負責，求全求成；做人誠實正直，求真求圓；交往情真意切，接物至誠懇切。凡此，都是生活上的身心淨化。

世間的罪惡，人生的禍患，都是由於心無厭足而來。蘇東坡說：「人之所欲無窮，而物之可以足吾欲者有盡。」《出曜經》也說：「天雨七寶，猶欲無厭，樂少苦多，覺之為賢。」科技進步，物質文明並不能令人少欲知足，欲望多，痛苦自然也多。能知足感恩的人才是世間上最富貴的人。能夠知足，不忮不求，就是至上的幸福。

人與人的相處，若能時時懷抱感恩的心情，則仇恨、嫉妒便會消失於無形，是非煩惱自然匿跡於無影。我們能時時以感恩的心來看這個世間，也會覺得這個社會很可愛、很富有。人不能離開社會獨立生存，而人與人之間的關係靠著「緣」來維持，因此，我們必須懂得結緣。結緣的方法很多，可以用財物結緣，用言語結緣，

每個人身、口、意都善美、淨化，就能與宇宙萬物和諧。

用力量結緣，用智慧結緣……身為團體中的一分子，不但應該隨眾隨喜，慈悲助人，廣結善緣，還須有智慧，能明理，並且互相尊重。

人類和大自然要和諧才能生存，家庭裡的老、中、青、男、女、老、少，要和諧才能美滿幸福；社會上各個機關及士、農、工、商，大家要和諧才能共生。和諧就像唱歌，雖然是二部合唱、四部合唱，聲音的高低強弱，樂器的節拍快慢，一定要互相配合，才能演唱出優美的樂聲。我們國際佛光會倡導「三好運動」，身要做好事，口要說好話，心要存好念，每個人身、口、意都善美、淨化，就能與宇宙萬物和諧。所謂「心淨則國土淨」，心理能夠淨化，社會自然就能美化，而呈現一片清淨、祥和的風氣了。

五、除了「貪」以外，現代人為了滿足口腹之欲，毫無節制的濫捕濫殺，使得許多珍奇動物面臨絕種的危機，間接造成嚴重的生態破壞。甚至根據一項報告指出，以目前人類消耗自然資源的速度，和全球人口增長速度來測算，再過五十年可能需要兩個地球才能滿足人類對自然資源的需求。這項警訊意味著，我們已面臨嚴重的能源危機問題。請問大師，如何宣導戒殺護生、節約能源等觀念，以挽救人類未來的危機呢？

答：剛剛提到，再過五十年，這個地球的資源就會被我們用完。想一想，現在出生的孩子，到了五十歲就沒東西可用，需要第二個地球了；第二個地球在哪裡？繼續耗費下去，第三個地球又在哪裡呢？我覺得美國執政當局很愛護自己的國家，他們現在到國外買汽油、石油，自己國家的石油則留著以備不時之需，或將來能源匱乏時才用。當然最終還是會取用完。

我覺得人類實在辜負宇宙萬物，對地球的剝削更是過分，例如一頭牛活著時，為我們耕田犁地，負重載物，又提供牛奶給大家喝，到最後年老力衰，沒奶了，我們又吃牠的肉，還用牠的皮做皮鞋、皮帶，總之，對牠榨取得一點也不剩。有時想想人類真的很自私！所以環保首先要尊重生命，環保是對地球的愛護，護生是對生命的重視。我們總自認人類是萬物之靈，其他動物都是應該給我們吃的，假如現在有一隻老虎、獅子吃了人，或許牠也會說這個人應該給我們老虎、獅子吃的，這個道理是相通的，不是嗎？

曾經有人說：「人類的平均壽命愈來愈長，大自然的壽命愈來愈短。」因為人的保健有方，加上欲望無盡，大自然的資源卻有限有量。根據台灣大學「全球變遷研究中心」的研究統計，地球承載六十五億的人口，在人類無節制的揮霍下，大氣二氧化碳濃度每年增加一個 PPM（以百萬分比為測量的單位），森林面積每年少一個南韓，地球生物每年絕滅兩萬七千個種，每秒鐘消耗一千桶原油……

過去曾發生過全球性的能源危機，當時大家都很恐慌，但是僥倖度過之後，就不會再有能源危機嗎？一般家庭、企業公司都會有經濟開銷，都有所謂的財務預算，也懂得「開源節流」的重要。所謂「開源節流」，不一定只限於金錢、物資，其實人心之貪瞋痴，才是造成生態破壞、能源危機的主要原因。

所以，我認為開源節流應該「開佛法之源」。佛法就是我們的源頭，有佛法就有慈悲，就有智慧。一個人即使物質生活欠缺，只要他有慈悲、有智慧，生命就會變得充實、富有，也要開發我們的慚愧心、感恩心、歡喜心、感動的心，和勤勞、誠實等美德。如果人人都有佛法，都能點亮信仰的燈，開啟心中的真如佛性，就不會盲目挖掘外在資源，做出損人損物又不利己的事了。

節流，節什麼流？要節省我們的用錢，節制我們的貪心。我一生自覺自己不要錢，也不好買；因為我不要錢，不好買，所以才有錢建設佛光山，建設世界。我「以無為有」，淡泊是我的節流，愛惜時間是我的節流，每一個信徒的發心，我都珍惜它、寶貴它，這就是我的節流。

很微妙的，世界上注重環保、注重心靈修行的，大多是一些貧苦大眾，他們總是節約能源，不敢輕易浪費，而最浪費能源的人大都是一些富有的人，他們用錢不在乎，既不惜福也不環保。

所謂「一寸光陰一寸金，寸金難買寸光陰」。古人常提醒我們要愛惜光陰，因為珍惜時間，就是愛惜生命。雖然我們永恆的生命不會死，但是，這一期的生命死了以後，下一期的生命究竟是什麼？誰也不知道；既然不知道，就不用多妄想、多計較，將這一期的生命好好愛惜，好好運用，才是最重要！

愛護地球，除了建立節約能源的觀念，也要愛惜其他的生命。據說在加拿大，

我們應愛惜所有的生命

釣魚的人如果釣到的魚沒有一尺以上，要把牠再放回去，讓牠繼續活命、生長；在澳洲，規定每天只准釣幾條魚，多了就要受罰，這也是環保的觀念。反觀台灣，常常釣魚不夠，還要趕盡殺絕的電魚。

即使像放生這種好事，實行到後來也往往成為不當的行為。例如為了自己過生日，特地叫商人去捕魚、抓鳥來放生，結果在一抓、一放之間，動物已死去不少；有的動物放生之後適應不良，也會陸續死去。甚至有人到南美洲，帶了很多食人魚到台灣放生，也有人到佛光山放毒蛇、烏龜、流浪貓、流浪狗等，名為放生實際卻是致死，且破壞生態平衡的行為。

其實最好的放生就是「放人」，能給人因緣、幫助別人，讓許多人得到幸福，以及孝順父母、敦睦鄰里、對人尊敬等等，都是「戒殺護生」最究竟的環保護生。

六、確實，每一個人都須建立正確的環保觀念。接著請問大師，我們如何在生活中隨手做好環保，以期讓我們的地球逐漸恢復原來完整的面貌，讓大家都能保有優良、健康的生活品質呢？請大師為我們開示。

答：環保應該從每一個人的日常生活做起，我覺得過去的佛教叢林非常重視環保，出家人的生活也很簡單，所謂「衣單二斤半，洗臉兩把半，吃飯四句偈，過堂五觀想」，即是指學道者所擁有的衣物，加起來只能有二斤半重；洗臉所使用的水，剛好可以弄濕兩次臉，可說極盡儉樸；吃飯前要合掌念四句偈，並且要食存五觀，不貪口味，不揀擇食物的好壞粗細，只是為辦道修業才接受供養。

佛門的觀念認為東西愈少愈好，出門、搬家才不麻煩；飲食吃得少，腸胃沒負擔，身體才會健康。如清末民初的高僧弘一大師，他的生活就非常儉樸，一條毛巾用了三、五年，已破爛了，他還說可以再用一段時期；中國大陸寒冷，他一頂帽子戴了二十、三十年，仍捨不得替換。另外，唐代法常禪師，在大梅山下，築有一間簡陋茅蓬，四周翠松環抱，寧靜安詳。他寫下一首膾炙人口的詩偈：「一池荷葉衣無盡，數樹松花食有餘，剛被世人知住處，又移茅舍入深居。」他於深山無人居住處，以荷葉為美衣，以松子為佳肴，以雲巖為居處，以麋鹿為伴侶，不求名聞利養，只恬淡度日，隨緣度眾；這不就是簡單的環保生活嗎？

一個人用得太多，不一定很好。例如，幾十年前我們看報紙，一份報紙只有兩張半，後來增加到三張，覺得滿快樂的，但是到現在暴增到一份有十幾張，就覺得很苦惱，因為看不完那麼多啊！過去電視只有三台可看，現在有超過一百多家電視台，轉到最後，乾脆不看。我們平日使用的東西，如果少一點，思想也會變得清明單純，例如不花太多時間看電視，省下來的時間可以用在讀書、思考或親近大自然，我覺得這不但對萬物是環保愛護，對自己也是一種「心靈環保」。

常有信眾誇我很聰明，我認為我的聰明是從「惜字紙」而來。記得在叢林受教時，一張紙不僅兩面都會利用，連字裡行間的空白處也會擠上幾個字，有時還會用色筆在紙上再寫上一遍，除非到真沒有辦法分辨時，才會不捨的丟棄，我確信自己是積了此福報才開智慧變聰明的。所以說，惜福可從「回收廢紙」開始。

日常生活中，隨手一揉，都是在浪費大地資源，在不可避免的消耗下，積極配合「廢紙回收」，讓可用的資源再生，即是一件功德。根據統計，種一棵樹要花十年的時間，砍一棵樹卻只要幾分鐘；嬰兒從出生到二歲，所用的紙尿布，必須用掉二十棵樹；每回收一噸廢紙，可以少砍高八公尺、直徑十四公分的原木二十棵；印刷品採用再生紙，每月可以少砍約四十萬棵原木。因此，回收廢紙製成再生紙，以循環利用，除了可以減少砍樹量，亦可間接救水源。

除了資源回收，其他在生活中能落實環保的，例如：

㈠吃的、用的適度即可，多買不用便成垃圾。

㈡多用瓷杯、環保碗，少用紙杯及免洗餐具。

㈢洗澡不用盆浴，採淋浴方式。

㈣不隨手亂扔東西，減少製造垃圾。

㈤家中照明設備改換成省電燈泡，並養成隨手關燈的習慣。

㈥調高冷暖氣的自動開啟溫度。

㈦回收看過的報紙及機油。

㈧買菜或買雜貨時，帶自己的背袋或購物袋，並選擇較少包裝的物品。

㈨把車子保養好，不讓它冒黑煙。

㈩經常檢查車胎，因為充氣不足的車胎容易壞又耗油。

㈩開車時，儘量少開冷氣。汽車冷氣是大氣層裡氟氯碳化合物的來源之一。

㈪多走路，多騎腳踏車。

㈫少開車，儘量利用公共交通工具；推行「高乘載」運動。

㈬購買可回收材料製成的器材和文具。

㈭減少肉食，因為生產穀類、蔬菜、水果所需的資源，只需生產肉類的百分之五；為了資源保育，儘可能多吃素食。

最近日本有位環保大臣，提議男性上班不要穿西裝，因為穿了西裝，到哪裡都要吹冷氣，很浪費能源。可見大家都警覺到能源有限，不能再任意浪費。如果每個人都具備環保意識，並如前面所言於生活中確切落實，我想地球會逐漸養息，逐漸恢復原貌，我們也可以擁有優良健康的生活品質。

七、我們知道，大師創辦的佛光大學，除了發起「百萬人興學」，還有不少信徒以「資源回收」所得來建大學。這件事情很有教育意義，也很令人感動，我們想要進一步了解，能否請大師開示？

答：佛光山開山四十年了，記得過去許多人來佛光山參觀，離開後常常留下不

少垃圾、廢物，因為垃圾不能隨便丟棄，我們請鄉公所來處理，鄉公所說一個月要收一百多萬元。我心想遊客來佛光山留下的這些垃圾丟棄品，竟然要花費一百多萬的處理費！實在划不來。於是我叫兩位職事發心做垃圾分類，然後賣給有關的機構作廢物再利用，一直到現在，我們不但不用給鄉公所一百多萬元，「資源回收」所得，一個月平均收入約有三十萬元左右呢！

說到佛光大學，剛開始我們發起「百萬人興學運動」，就是一個人一百元，如此集合一百萬人的發心和力量，一年就能有幾千萬，大家一起來辦大學。實在很感謝台灣社會大眾的支持，

佛光大學百萬人興學功德碑牆

當然這些錢是不夠的，創建大學不容易，硬體、軟體各方面的開支都是非常龐大的。

為了籌募佛光大學建校基金，很多人省吃儉用，開著資源回收車，去回收一卡車破舊的壞東西（整車可能賣不到多少錢），但是他們就這樣慢慢地累積。我記得有位太太每天做義工，參與資源回收，花費了時間、體力，衣服也弄得髒兮兮的。他那身分地位很高的先生心中非常不滿，問他每天出去像一條龍，回來就像一條蟲，到底在做些什麼？這位太太就叫先生一起來參加，剛開始先生很勉強，跟著做了幾次資源回收之後，他明白這是很有意義的事，也

彰化福山寺

做出興趣來了。現在夫妻兩人都成了佛光大學資源回收最得力的幹部。

另外，佛光山在台灣中部有一間道場，名為「福山寺」，這是信徒們整整花了十年累積資源回收的款項蓋成的。當初任職當地的法師帶著信徒，在大街小巷設置回收點，不眠不休地從事回收工作。雖然資源回收所得不多，但是聚沙成塔，也一點一滴累積成建寺經費。這是我們善用環保建起來的寺院，原本打算取名為「環保寺」，後來想想寺院的名稱要有久遠性，還是叫「福山寺」，也符合環保是有「福報如山」之意。

日本有位禪師，他盛了一桶水給師父洗腳。師父沒用完，他就把水隨意一倒，師父呵斥他：「你怎麼如此糟蹋萬物的價值！一滴水，可以救活生命；一滴水，可以滋潤枯渴；一滴水，可以成為海洋；一滴水，可以流於無限。你怎麼可以輕易浪費掉呢？」聽了師父的訓誨，禪師汗流浹背；為了記取師父的教誨，他改名為「滴水」，以誌不忘。古訓：「一粥一飯，當思來處不易；一絲一縷，恆念物力維艱。」世間上，點滴都是因緣，怎能不珍惜呢？

「資源回收」本身就是一種惜福、環保的行為；以資源回收所得用來建寺院、建大學，更具修福修慧的雙重意義。我覺得不管是哪一種環保，都必須從教育下手、從觀念上改變，然後自己身體力行，不斷地倡導環保運動；環保是一個長期的運動，是一個長期的教育，希望我們大家共同勉勵。

八、佛教言「三界唯心，萬法唯識」。大師也曾開示指出，我們的心有如工廠，工廠的設備好，則運作正常，產品優良；設備不好，不但產品劣質，連帶破壞空氣、水源，造成環境汙染。請問大師，為了美化身心，我們應當如何做好心靈的環保呢？

答：一個人要活出高尚的生活品質，首先必須做好「心靈環保」，也就是要「淨化心靈」。《維摩經．佛國品》說：「若菩薩欲得淨土，當淨其心；隨其心淨，則佛土淨。」即是說國土的清淨，主要取決於心的清淨。因此，除了注重地球上的環保工作外，內心的環保淨化更為重要。平常貪欲、瞋恨、嫉妒、邪見等盤踞我們的內心，汙濁我們的心靈，所以我們要把心內的貪欲心改成喜捨心、瞋恨心改成慈悲心、嫉妒心改成包容心、懷恨心改成尊重心，只要能將內心的惡念一改，所見所聞所接觸的事立刻就不一樣了。

如何才能把心中的垢穢清理乾淨呢？所謂「工欲善其事，必先利其器」，平時我們掃地要有掃把，洗衣服要有清潔劑，甚至打仗也要有精良的武器，同樣的，要做好心靈環保，也要有工具、武器。如正見、正信、慈悲、智慧、忍耐、勤勞、友愛、奉獻、犧牲、慚愧、懺悔等，有了這些工具，心靈就能清朗乾淨，就能打敗心中的煩惱魔軍，而所向披靡，攻無不克了。

一九九二年，佛光山為提倡環保，在一年一度的信徒香會中，特別舉辦「佛光山信徒身心環保淨化法會」，讓大家共同響應身心環保淨化運動，希望從內心的清淨，來影響心外世界，使之淨化。在活動中，我提出力行身心環保的十二大德目：

㈠口中輕聲，不製造噪音。

㈡地上清潔，不亂丟垃圾。

㈢手裡禁菸，不汙染空氣。

㈣身心莊嚴，不行動粗暴。

㈤行動禮讓，不侵犯他人。

㈥面上微笑，不出現兇相。

㈦口中軟語，不出現惡言。

㈧大家守法，不要求特權。

㈧人人守紀，不違犯綱常。

㈩開支節儉，不任意浪費。

(十一)生活踏實，不空蕩虛浮。

(十二)凡事善心，不滋生歹意。

每個人做好心靈環保，從自己「身心淨化」中建設「淨土」，之後再把淨土落實在人間，才是最好的社會環保，諸如：

㈠實踐眼耳鼻舌身的淨土：眼露慈光、誠懇傾聽、常說愛語、對人關懷、鼓勵慰勉、隨手幫助等，就是六根的淨土。

㈡實踐行住坐臥的淨土：舉止端莊、行儀穩重、起居有時、進退有據，一切合乎律儀，就是行住坐臥的淨土。

㈢實踐人際間和諧的淨土：與人交往，熱忱主動，講話幽默，待人有禮，常存體諒，心懷感恩，人際和諧，當下淨土就在人我之間。

㈣實踐居家環境的淨土：居家環境，保持寧靜、整潔，懂得布置、美化，就是居家的淨土。

㈤實踐思想見解上的淨土：積極樂觀，凡事往好處想，不偏激、不消極、不悲觀，具正知正見，常想真善美的好人、好事，如此自能從思想上建立淨土。

總之，只要人人心中有佛，聽到的都是佛的聲音；心中有佛，說的話都是佛的語言；心中有佛，所做的都是慈悲的事情。那麼，即使生長在汙濁的娑婆世界，也能做好心靈環保，並進而營建一個清淨的國土。

九、大師曾說，佛教是個重視環保的宗教，可否請大師為我們開示，佛教在經典、教理上，對於環境維護、生態保育方面有一些什麼樣的觀念？

答：佛教是一個很有環保意識的宗教，佛教主張不僅對人要有愛心，對山河大地也要愛護，所謂「大地眾生，皆有佛性」、「情與無情，同圓種智」。佛教的環保思想，起源於釋迦牟尼佛對「緣起」的覺悟，他認為世間萬物都是眾緣和合所生，都有著相互依存的關係。例如在生活中，我們離不開陽光、空氣、水等資源，《毗尼母經》卷五，佛陀明示：「若比丘為三寶種三種樹：一者、菓樹；二者、花樹；三者、葉樹。此但有福無過。」在《雜阿含經》裡，佛陀也說：「種植園果故，林樹蔭清涼，橋船以濟度，造作福德舍。穿井供渴乏，客舍給行旅，如此之功德，日夜常增長。」種植華果樹木，除了美化環境，更能淨化空氣，保護水源和大地，是利人利物的大功德。

阿彌陀佛是佛教有名的環保專家，他在因地修行時，發四十八大願，為建設清淨安樂的世界，歷經久遠時日，成就了零汙染的西方極樂世界，那裡的建設是黃金鋪地、七寶樓閣、八功德水，房屋、樹木、花草、公共設施都非常美好。淨土中只有公益沒有公害，只有美好沒有髒亂。尤其在淨土世界裡，沒有三惡道的眾生，都是持守淨戒的善人，沒有空氣、水源、噪音、暴力、毒氣、核能等各種的汙染，氣候清爽宜人，人人身心健全，壽命無量，是徹底推行環境保護的最佳典範。其他如藥師佛的琉璃淨土、彌勒佛的兜率淨土，以及三世諸佛的清淨國土，無不是規劃完善的美好居處。

當前環保的問題有內在的心靈環保及外在的生態環保，心靈環保要靠大家淨化自己的貪、瞋、痴三毒；生態的環保，比方自然界的保育、空氣的淨化、水源的清潔、噪音的減少、垃圾的處理及輻射的防止等，則須靠大眾的力量來共同維護。在此方面，佛教主張：

㈠**護生**：護生，可以長養慈悲心。現代的人，不論是天上飛禽、地下走獸，或海洋生物，無一不食。任意殺生，不但汙染心靈，增加暴戾之氣，也會破壞自然生態。佛教提倡不殺生而積極護生，戒殺護生，就是對一切有情生命的尊重，所以佛教的戒律對於動物的保護，有著積極的慈悲思想。《六度集經》記載，佛陀在過去

護生可以長養慈悲心

世為鹿王時，曾代替母鹿捨身，感動國王制定動物保護區，禁止獵殺；阿育王廣植樹林，庇蔭眾生，設立動物醫院，規定宮廷御廚不得殺生，凡此都是佛教對於《野生動物保育法》的示範。

護生就是保護自然生態，不單是動物的保護，即使是一株草、一棵樹，都必須加以培植、愛護，因為他們對空氣的淨化和水源的保護，都有不可忽視的功用。甚至護生不只限於動物與植物，大至山河大地，小至日常生活的用品，無一不是我們愛護的對象。

㈡惜福：愛物惜福，本是生活的美德，但是現代社會，物質豐裕，許多人已習慣奢侈浪費，飲食日用無節制，或任意糟蹋丟棄，暴殄天物，不知惜福。有一個故事說，有位富翁，家財萬貫，生活奢華，常常將米粒丟棄在水溝裡。有位節儉的出家人，每天從水溝裡將這些米粒撿起來晒乾，並加以儲存。後來遇到饑荒，富翁淪為乞丐，這位出家人便以富翁過去丟棄的米粒施捨給他，富翁知道後，覺得非常慚愧。

這個故事告訴我們應該「當得有日思無日，莫待無時思有時」。時時提醒自己要勤儉惜福。佛門中，一切日常所需都是檀越所供養。律典有云：「皆是信心檀越減損口腹，為求福故，布施我等，所謂檀信脂膏，行人血汗，若無修行，粒米難消。」因此，古來祖師大德總是提醒弟子，應當心存感恩與惜福的心。

有道是「隻字必惜，貴之根也；粒米必珍，富之源也；片言必謹，福之基也；微命必護，壽之本也。」滴水如金，絲縷似銀。世間上無論什麼東西，都是來之不易，因此要懂得珍惜。乃至金錢、時間、感情，都要愛惜。生活中能減少一點浪費，減少過度消耗，就是愛惜自己的福報。更進一步，我覺得不論與我有關、無關的事物，也要愛惜它、祝福它。像南美洲那麼遠的地方，如果地動山搖、經濟恐慌，必定也會影響到我們；巴西的森林，如果遭砍伐破壞，也會波及全地球的人類，所以萬事萬物都要珍惜。

佛教認為環保觀念的建立，應從人心開始，一般的環保是心外的，心中的清淨才是最大的環保。因此，國際佛光會一直積極投入淨化人心、教化社會的工作，例如過去宣導「七誡運動」，呼籲大家一起「把心找回來」，同時透過環保認知與實際參與，舉辦植樹救水源、保護野生動物、賑災送溫暖、友愛服務、雲水義診等，這些都是有益世道人心，達到環保功效的事業、活動。

一〇、原來佛教的阿彌陀佛等都是偉大的環保專家！請問大師，除了諸佛以外，佛教歷代的祖師大德們，對於環保護生是否也有什麼具體的貢獻呢？

答：過去一般人認為佛教只會教人念經、吃素，對社會沒有貢獻，更遑論有先進的環保思想。其實在世界各國尚未實踐環保計畫前，佛教早已領先實踐環保工作；自古佛教對生態環境，就極為重視和保護，也有著深遠的影響。

自古「深山藏古寺」，佛教歷史上，許多高僧大德在胼手胝足開山建寺同時，也把荒山禿嶺植上各種樹木，成為綠蔭蔽天，青翠蓊鬱的森林，對水土保持的貢獻很大。除了維護山林，也常整治河川、修橋鋪路、珍惜資源，並於講經說法時，勸導大眾護生放生，提倡素食，培養大眾惜福的觀念，所以每位僧侶都可說是環保專家。如泗州開元寺明遠法師，種植松、杉、楠、檜等數萬株，免除了淮水與泗水的氾濫。又如東都洛陽道遇法師，勸化善款，消除黃河龍門天險的水患。

唐代百丈禪師在江西百丈山墾山闢田，自立禪院，倡導「一日不作，一日不食」；他的弟子，開創黃檗山的希運禪師也是植樹栽松，勤於作務；後唐象山縣壽聖禪院住持永淨法師，曾經開田三百畝，植松十萬餘株，對地方的水土保持貢獻很大。唐代南嶽玄泰上座，曾因衡山多被山民斬木燒山種田，危害甚巨，於是作〈畬山謠〉，遠近傳播，上達於朝廷，而使皇帝下詔禁止燒山。唐代景岑和尚住在湖南長沙山，因山中松竹常遭人破壞，作了一首〈誡人斫松竹偈〉，以保護山林。

也有許多不為人知的禪僧、雲水僧，到處遊方，與大自然為伍，見山地行路困難，就自持鐵器，開闢山坡道路，方便路人行走，默默實踐利他的菩薩行。自古以來，僧侶植樹、護林的善舉實在不勝枚舉。

另外，《梵網經》菩薩戒云：「若見世人殺畜生時，應方便救護，解其苦難，常教化講說菩薩戒，救度眾生。」佛教的戒律思想，對動物的保護，有著積極的、平等的慈悲救濟觀念。如禪宗六祖惠能大師出家前，曾於獵人群中隱居十五年，他時常伺機將獵人捕獲的動物放生。永明延壽禪師未出家前，任華亭鎮將時，不時買魚蝦等物放生，有一次因手邊無錢，先暫借公款，事發後，被判處死刑，他坦然表示動用庫錢純為護生，自己並未私用一文，而獲無罪釋放。

蓮池大師居雲棲山時，山裡猛虎為患，他廣為村民誦經祈福，施食回向，由於至誠所感，長年虎患竟然得以平息，從此村民將蓮池奉為聖靈。他也在雲棲山中設立放生處所，專門救贖飛禽走獸，並命眾僧減省口糧以蓄養牠們，每年約需米粟二百石，並定期為牠們宣說警策法語。蓮池極力禁戒殺生，提倡放生，著有〈戒殺放生文〉警誡世人莫濫殺無辜。隋朝智者大師曾居住在南方沿海一帶，他每天看著漁民撒網數百餘里，濫捕無數魚蝦，心中不忍，便以信徒供養的功德款，購買海曲之地闢

叢林裡，一日不作，一日不食。

為放生池。其他，像惠意法師以缽中食物惠養群鼠；晉朝僧群禪師「寧渴而死，不趕擋道的折翅鴨子」；智凱法師不嫌汙穢，收養許多流浪狗，以及智舜的「割耳救雉」等，都是讓人尊敬的護生行為。另外，近現代的佛教居士豐子愷著有《護生畫集》，內容除戒殺、護生、善行之外，並彰顯因果報應，互助互愛的精神。他把佛教的慈悲具體表現出來，讓許多人因看了護生畫而棄葷茹素。

當初佛陀唯恐雨季期間外出，會踩殺地面蟲類及草樹新芽，所以訂立結夏安居的制度；佛教寺院為鳥獸締造良好的生存環境，所以不濫砍樹木，不亂摘花果，凡此均與今日護生團體的宗旨、措施不謀而合。而梁武帝頒令禁屠之詔，阿育王立碑明令保護動物，則是國家政府基於佛教「無緣大慈，同體大悲」的精神，大力提倡愛護動物的濫觴。

隨著自然環境的惡化，野生動物日益減少，生態均衡受到嚴重破壞。近幾十年來，有心之士紛紛奮起，疾呼環保的重要性。「環保」這個名詞，在古時候雖未曾有，但是從僧侶們的所言所行，可以說都是在實踐環保的工作。

一一、過去常聽到「以自然為師」、「與大自然和平共存」的觀念。大師在國際佛光會的主題演說中，也曾談過「自然與生命」、「同體與共生」，可見大師對大地萬物、宇宙一切生命的珍惜和尊重。能否請大師開示，我們應該如何與大自然同體共生？

答：「同體共生」是現在這個時代，也是這個世界最開明、最美好的思想。所謂「同體共生」，就是要大家「同中存異、異中求同」，彼此包容、彼此尊重，就如人體的五官，要相互共生，才能共存。好比耳朵和眼睛，一個負責看，一個負責聽，彼此分工合作，才能共同生存。如果耳朵嫉妒眼睛，沒有眼睛看，走路就會有跌入

佛陀紀念館護生圖浮雕。

山谷的危險；眼睛如果討厭鼻子，沒有鼻子來呼吸，可能就會一命嗚呼。

因此，佛教講眾緣和合，緣起是宇宙人生不變的真理，是因果的普遍法則，一切法的存在，是因緣而起的。《中論》說：「未曾有一法，不從因緣生。」這是說明宇宙萬有，沒有任何一個事物能夠獨立存在，包括現象界的有情與無情，都是因緣和合所生。《業報差別經》即言：「若有眾生，於十不善業多修習故，感諸外物，悉不具足。一者、以殺生業故，令諸外報大地鹹鹵，藥草無力；二者、以盜業故，感外霜雹、螽蝗蟲等，令世饑饉；三者、邪淫業故，感惡風雨及諸塵埃；四者、妄語業故，感生外物皆悉臭穢。」由此可知，我們如果造了殺生、偷盜、邪淫、妄語、綺語、兩舌、惡口、貪欲、瞋恚、邪見等十惡業，不但危害自己和別人的身心世界，也危害器世間的國土世界。相反地，行十善業，則可改善生態環境惡化的共業。因此，從人類與動植物的互動關係來看，不論人與人、人與動物、人與礦植物等，莫不息息相關，這就是所謂「同體與共生」的理念。

佛教認為自然界的林林總總，萬事萬物的生滅變化，總離不開物質與精神的「色、心」二法。從小至一麻一麥、一微塵一心念，大至山河大地、須彌法界，總不出色心的範圍。自然界的一切物質，都是由一種或多種物質所構成的，其存在的理則也是相互關係條件的配合，例如颶風、雷電、火山爆發、地震和冰川等自然力量，會造成許多傷害，但是在其他方面，它們也為大地和人類增加許多養分。

以閃電為例，雷電會造成人類、動物傷亡及財物損失，並引起森林大火。可是從另一個角度來看，如果沒有閃電，植物的生存就會受到影響。因為氮是植物的主要食糧，但是地球大氣中的氮不能溶解於水，對植物毫無用處，必須經過某種變化後，才能被植物吸收。閃電能觸發這種氮元素的化學變化，使氣體狀態的氮溶於水，變為植物可吸收的氮。假如沒有閃電，就沒有水溶性的氮，緊接著樹木的生長就受到阻礙，人類的生存也會受到影響，因為我們呼吸的空氣，是綠色植物將陽光、二氧化碳和水轉化為食物，並且補充空氣中的氧，而提供給我們人類的。

雖然這只是大自然界中的一個例子，但也充分說明大地萬物都是同體共生，都是相依相待，相互關係的生存。如《增壹阿含經》所言：「猶如鑽木求火，以前有對，然後火生；火亦不從木出，亦不離木。若復有人劈木求火，亦不能得，皆由因緣會合，然後有火。」自然界一切事物和現象的生起與變化，都有相對的互存關係及條件，沒有永恆固定不變的自體。緣起的理則甚深，譬如因陀羅網交錯反映，重重影現，微妙而錯綜複雜。

惠能大師言「一切萬法不離自性」，這真如自性是萬有的根源，是自然界的本體。僧肇大師說：「天地與我同根，萬物與我同體。」凡人總是以見聞覺知來看大自然，但是我們不要忘了，我們本自具足的真如自性能與大自然界互相感應。

自然，就是人心，就是真理，就是天命，就是宇宙的綱常。唐朝太守李翺聽說藥山禪師是大名鼎鼎的高僧，很想見一見他的廬山真面目。在一個山頭的松樹下，李翺找到正在禪坐的藥山禪師，十分恭敬地請求開示，藥山禪師卻睬都不睬，李翺

大自然就是「道」

等了許久，終於忍不住說：「真是聞名不如見面！」說完，正要離開，藥山禪師忽然開口迸出一句：「你何必貴耳賤目呢！」李翱一聽，頗為窘迫，於是問禪師何為「道」，藥山禪師就一手指天，一手指著身旁瓶子的水，說「雲在青天水在瓶」。李翱當場疑團盡釋，寫了一首偈：「練得身形似鶴形，千株松下兩函經；我來問道無餘說，雲在青天水在瓶。」

一般人之所以有種種痛苦的產生，是由於與大自然界的人、事、物、境，處於對立、不能調和的狀態。大自然，一以言之就是「道」，如雲在青天，卷舒自如；如水在瓶中，恬靜澄澈。世間事也是一樣，合乎自然，就有生命；合乎自然，就能成長；合乎自然，就會形成；合乎自然，就是善美。

如果我們能奉行佛法，藉大自然的景物而認識自家的真實面目；或因我們真如自性的本體，而賦予山河大地真實永恆的生命，體悟自他不二、凡聖一如、物我一體、心境合一的道理，就會細心守護大自然，與大自然和平共存，而時時有著「我見青山多嫵媚，料青山見我應如是」的美好情境了！

一二、所謂「冰凍三尺，非一日之寒」，今日舉世面臨嚴重的環保問題，其實並非一夕造成，許多科學家早有預警，可惜大家置若罔聞。現在大家終於意識到環保的重要，不少環保人士也一再奔走、呼籲。最後再請問大師，在此時刻，我們佛教應該如何具體的來共同參與、響應環保運動呢？

答：每年到了四月二十二日，總見全球各地展開「地球日」的各種慶祝活動。環保團體大聲疾呼「保護地球」，政治人物、企業界則虛應故事的回應幾聲，一日過後就銷聲匿跡；難道我們對地球就只是「一日環保」？

要具體響應、參與環保運動，首先每個人必須具有環保的觀念，養成環保的習慣，平時講說環保的語言，例如多說好話，促進社會和諧等。此外，舉辦環保會議，舉行環保講座，撰寫環保文章，獎勵環保人士等，都能喚醒和激勵人們的環保意識。尤其要如前面提到「美國歐巴桑」、「德國老公公」那般「多管閒事」，將周圍環境乃至整個國家、地球，都視為「生命共同體」來愛惜，能如此，必定績效顯著。

總之，環保要靠大家一起來，而且最重要的是，人人應該從日常生活中力行環保，例如：日出而作，日落而息，生活有規律，吃的、用的要適可而止，多了不用就是浪費。平時多到郊外去接受自然的空氣，不要一天到晚待在家中吹冷氣、看電視，不但費電，而且無益身體健康。

再者，為了拯救地球，我們必須減低汙染，避免使用容易造成汙染的產品，如塑膠袋、保麗龍和含鉛的汽油等，其中尤以塑膠造成的公害最大。塑膠本身是一種化學合成物，使用時即潛藏危機，用來裝盛食物，在高溫時，聚合劑的釋出，容易造成食物中毒，導致肝癌和昏睡等病症；使用過後，因其已非大自然的一分子，無法自然分解、腐化，以火焚燒，還會產生致癌的氯化氫毒，用土掩埋則萬年不腐。因此，有識之士選用家庭器具用品時，應當少用塑膠製品，儘量選用可回收再利用的製品。

每個人都必須具有環保觀念，養成環保習慣。

其他具體響應環保運動，我們在生活中可以力行的，除了前面所言的家庭用水、用電要節約；不浪費消耗性的物品，如衛生紙等。我們購物時，要購買耐久而非隨手可丟棄的物品，如陶製茶杯、餐具，可換刀片的刮鬍刀；家庭用品可以到批發商大批購買，或買大箱的洗衣粉、濃縮可稀釋的洗潔精，儘量減少包裝的浪費；優先選用可回收的玻璃和金屬容器；組織請願團，要求當地商店、超級市場減少包裝及塑膠品的使用等等。

工作上，儘可能回收辦公室的丟棄物，如信件、便條紙、影印紙、報紙、紙箱、鋁罐、玻璃瓶罐、塑膠、X光片、電池、鐵絲、鉛、鐵、銅器……利用電子郵

人類只是蜘蛛網中的一絲一縷罷了

件以取代信紙，公告或便箋儘可能採傳閱方式，減少複印數量，文件儘量兩面複印，以及捐贈廢棄的家具、辦公設備給需要的機構等，都是一種實際的環保行動。

水，是生命不可缺少的養分，但是飲用水的安全性已是全球嚴重的問題。其實，地下水的汙染大都來自於人類的活動，這些活動包括垃圾掩埋、農作及草地維護、化糞池、地下水池、意外外洩等。除了工業界，家庭的許多清潔劑如：水槽、浴廁之清潔劑，去汙劑、除油劑、去漆劑等，也都含有汙染性的化學品。有些化學殘留物進入地下水，流入飲用水井、廚房水龍頭；有些化學殘留物連同泥沙被沖蝕到河川，為河流中的幼蟲、魚類食用，魚類再被其他動物和人類果腹。於是，我們人類製造汙染，也自食惡果，接受食物鏈的殘害。所以，關心水資源，我們應儘量減少清潔劑、殺蟲劑的使用。

雖然在一九九六年全世界就已禁止使用氟氯碳化物，但是，大概要等到一百年，大氣層中的氟氯碳化物才會消失。為了拯救臭氧層，不讓它繼續惡化，我們要避免購買含氟氯碳化物的物品，如保麗龍餐具及其他製品；汽車、冰箱、冷氣也都含有氟氯碳化物，要時常檢查是否有洩漏。

現今，全世界環保團體無不致力於環境維護與生態平衡，凡為「地球村」的成員，都有責任關心「地球村」的永續生存。我們人類使用地球，但並不是擁有整個地球，在一百五十年前，美國一位印第安酋長西雅圖，就說了一句震撼世界的名言：「地球不屬於我們，我們屬於地球；我們人類只是蜘蛛網中的一絲一縷罷了。」佛法也明示情與無情都是「此有故彼有，此無故彼無」的同體共生關係。在遷流不息的轉變中，即使極小的塵埃都與環境有微妙的關係，我們對於內心的塵垢，固然要努力消除、轉化，對於外在的汙染，也應喚起群體意識，力行環保，才能重新建立一個身心、內外都清淨美好的世界。

佛教對「經濟問題」的看法

時間：二〇〇三年八月七日
下午一時三十分至三時三十分
地點：三峽金光明寺
記錄：滿義法師
對象：中華佛光協會幹部、會員五百多人

人在世間生活，少不了衣食住行等資生物用，此中沒有一項可以離開經濟；所謂「一錢逼死英雄漢」，可見金錢對人的重要。人類從蠻荒時代就懂得以物易物，後來走出蠻荒，經過畜牧、農業、工業，乃至到了現在的資訊、科技時代，無一不與經濟有關。可以說，人類的生活運作，其實就是一部經濟史。

經濟強盛，必定帶動國力；經濟蕭條，人民出國都會遭人歧視。一個國家的經濟繁榮，乃至政治清明、外交順利、軍事強盛、教育提升，都會帶來國家的強盛壯大，所以每一個國家不只是個人生存要向「錢」看，國家的發展也莫不向「錢」看齊。因而國際間有所謂「經濟高峰會議」、「世界聯合貿易組織」、「國際關貿協定」等，無非都是希望共謀經濟發展、穩定國計民生，讓舉世人類都能安定生活。

佛教也非常重視經濟，主張發展淨財、善財，甚至推廣開來還有智慧財。佛教對財富的看法，非常重視均富、共有、施他、利濟。佛陀當初實施僧侶托缽乞食制度，主要是因為他對財富的觀念，主張「裕財於信眾」，讓僧侶藉托缽時，信徒布施飲食，僧侶施予教化，所謂「財法二施，等無差別」。

佛教重視有形的財富，也重視無形的財富；重視外在的財富，也重視內心的財富；重視現在的財富，也重視未來的財富。佛教把財富從前世到今生、來世，看成是一體連貫的；財富不能只看一時，要看各種因緣關係，所以人在開發自己的財富之餘，更要創造全民的財富；唯有本著「同體共生」的觀念，共創一個均富的社會，國家才能長治久安，人民才能安定生活。甚至在「經濟全球化」的今日，國與國之間更要本著互惠的精神，彼此互助合作，唯有互助才能共謀人類的福祉，共創世界的和平。

以上是星雲大師於二〇〇三年八月七日，在三峽金光明寺與佛光協會幹部、會員舉行「佛教對經濟問題的看法」時，所提出的一些觀點。以下就是當天的座談紀實。

一、俗語說「巧婦難為無米之炊」，沒有厚實的經濟做後盾，國家的各項建設就難以開展。請問大師，如何發展國家的經濟？如何創造全民的財富？

答：談到經濟，其實人類的生活運作，總括說來就是一部經濟史。舉凡日常的食衣住行育樂，沒有一項可以離開經濟。甚至從上古時代，蠻荒未開化，人類就懂得以物易物；後來走出蠻荒，經過畜牧、農業、工業，乃至到了現在的資訊科技時代，無一不與經濟有關。

經濟是一門「經世濟民」的學問，經濟與民生息息相關，一個國家如果不能厚

財富不能只看身外之財，更重要的是開發自己心內的財富。

實經濟，富國裕民，則慈悲道德也難以獲得重視，因此春秋時代管仲說：「倉廩實而知禮節，衣食足而知榮辱。」唯有經濟繁榮，才能建設「富而好禮」的社會。

經濟既是民生的命脈之所繫，一個國家要厚植國力，就是要發展經濟，經濟充裕，國防自然有力量，教育自然會提升，社會生產力自然增加，人民生活自然富裕。但是如何才能發展經濟呢？過去台灣曾被譽為「亞洲四小龍」之一，也曾有過睥睨世界的經濟奇蹟，這就不免讓人想起數十年前，台灣曾經推行過「克難運動」，一時風起雲湧，紛紛響應，整個社會充滿了克難、儉樸的風氣。當初的克難運動，對數十年後的台灣經濟起飛，有著相當的影響。

只是近十餘年來，台灣不只在經濟上，乃至社會、政治環境都有驚人的改變，原來質樸的農業社會被繁忙、競爭的工商業社會所取代，現在更是進入科技的網路資訊時代，人人為了追求高所得、高利潤、高享受，或鑽營法律漏洞，或偷工減料，或官商勾結，或非法走私，或販賣軍火、毒品等。社會風氣敗壞，治安更是亮起了紅燈，殺人搶劫、綁票勒贖、縱火詐騙等事件無日無之。

另外，台灣的政治體制由戒嚴轉趨多元化，大家尚未享有民主之利，卻已遭到自由放任之害。不僅舊有的家庭倫理、道德觀念，乃至社會秩序相繼鬆弛或解體，對國家認同更是出現危機，這些其實都比經濟風暴更令人憂心。

談到這裡，其實一個國家的盛衰，民族的興亡，往往有所謂的經濟問題、社會問題、教育問題、政治問題……但是總歸一句，就是「人」的問題，如孟子說：「上下交征利，而國危矣！」人心不善，自私自利，世界就永無寧日。所以目前大家急需努力的是，國家的政治要清明、制度要健全，在位的官員要勤政愛民，清廉而不貪汙；社會的士農工商要講信修睦，童叟無欺，人民要勤勞節儉，養成愛書讀書的習慣，並且做好事、說好話、存好心，全民都是「三好」的實踐者，共同建立一個通財

做好事、說好話、存好心，就是三業清淨。

好義、富而好禮的社會，讓國民有所謂「真善美」的生活，如此社會一片祥和、安樂，每個人內心一片寧靜、自在，這才是國家發展經濟雄厚而有力的資源。

也就是說，國家的富強，「國」與「民」是分不開的，國不強，民不樂。是故未來朝野之間要有共識，不僅經濟要富有，尤其人民要安樂，思想要自由，文化要保存，教育要提升，環保要做好，政治要民主，人權要重視，對國家的建設計畫要用心，甚至各項預算要合理，例如軍備武器的施設是國家經濟發展最大的問題，國防儘管要做，但國防與教育的預算如果比例過於懸殊，也非國家之福，所以要多多參考專家的意見，多方傾聽民意，一切以民意為依歸。相對的，社會大眾則要從建設性上努力，而非破壞性的傷害，例如：教育界要教好學生，傳播界要作正面報導，工商界要改良品質，增加生產，大眾對社會上有成就的人才要保護珍惜，因其成就是屬於全民的，不要輕易摧毀。

談到人才，一個國家的經濟資源，除了石油、礦產、海洋、林木等自然資源之外，人才最重要，有人才才能發展科技、工業、管理、生產，才能與時俱進，甚至更能超越當代。

人才是國家發展的重要資源，先進國家莫不大力發展教育，以教育培養人才，但更重要的是要能留住人才，讓人才能為國家所用，所以政府必須提高利民的建設，發展各種工程，提供人才發展的環境與條件。

在佛經中提到，一個良好的政府，治國之道首須導民以正，不但要注重民生經濟，以種種方法提倡生產，使人民豐衣足食，生活不虞匱乏，除此還應注意下列六點：

㈠尊重法治：政府應該立法、具法、依法、敬法，一切以法為首，並且努力守護正法不壞。

㈡優禮賢仕：政府應該尊敬德慧兼備的學者、專家、沙門等，並且常向他們諮詢國家大事，宜行則行，宜捨則捨。

㈢照顧弱勢團體：政府應該矜卹孤寡，照顧貧困無依的眾生。

㈣敦厚民風：政府應該以十善來治理國家，讓社會道德趨於純善。

㈤提倡融和交流：政府應該放寬心胸，悲智雙運，接應四方。

㈥施行民主政治：政府應以議會制度，推行民主法治來決定全民的利益。

另一方面，人民依附國家而生存，所以要與國家和合在一起，有力量者幫助生產，有技能者提升科技建設，有智慧者建言國是，有財力者善盡義務，每個人在自己崗位上盡忠職守，以報答國家覆護之恩。如此上下一心，同心同力，才能創造富強安樂的國家。

不過話又說回來，現在舉世都在關心經濟復甦的問題，然而社會的經濟繁榮、工業進步，有時並不一定能帶給人們精神上的快樂。現在社會上有太多「富有的窮人」，因為生活上沒有滿足感，心靈上沒有資源寶藏，所以大家其實應該重新評估經濟的價值。經濟並非只有金錢財物，舉凡健康、平安、和諧、智慧、慈悲、信仰，都是財富，因此希望全民不要只重視金錢世界，要注重精神愉快、心靈富有；

要追求內心的安樂和幸福感，同時以勤奮、信義、道德、慈悲來提升個人的財富，繼而本著「同體共生」的觀念，發揮普世的價值，建設共有的胸懷，創造一個祥和、均富的社會，這才是我們應該努力的。

總之，世間一切都有變數，台灣未來是要成為全球讚歎的珍珠，還是人人唾棄的垃圾，就看我們「一念之間」的抉擇。我們要的是和諧、安定，就要保有經濟發展的成果，不可破壞各方面的成長，全民應該繼續勤奮努力，重視社會秩序，淨化大眾貪心，尤其對環境保護應投下巨資，在種族和諧方面要以愛心消除怨恨，唯有在和平尊敬中，才能為我們的後代子孫建設一片人間淨土，這也才是全民真正共有的財富。

二、剛才說，人類的歷史其實就是一部經濟史，人生時時刻刻都離不開金錢、財富的運用。請問大師，當居家發生經濟困難，或是公司的財務一時周轉不靈，乃至農業遭受自然災害，甚至工商企業遇到世界性的經濟不景氣時，該怎麼辦？

答：佛經講：「法不孤起，仗境方生。」世間上凡事都離不開「因果」關係。居家的經濟發生困難，或是公司經營不善，周轉不靈，這是結果，應該找出原因。為什麼別人都有辦法在社會上順利發展，唯獨我的財務發生困難？是我工作不夠勤勞嗎？是我沒有儲蓄應急嗎？是我計畫不周詳嗎？是我評估錯誤嗎？還是我沒有開源節流、不懂感恩惜福、缺少行善結緣呢？或者是我交友不慎嗎？是我貪心過度嗎？……總之必有一個原因使我的經濟發生困難，因此要找出貧窮的原因，如《三世因果經》說：「有衣有食為何因？前世茶飯施貧人；無食無穿為何因？前世未施半分文。穿綢穿緞為何因？前世施衣濟僧人；相貌端嚴為何因？前世採花供佛前。」能找出今生貧窮的原因，然後加以改進，為時不晚。

其實中國民間也有一句諺言說「一枝草一點露」，意思是說「天無絕人之路」，一個人只要肯勤勞奮鬥，公司經營不善，倒閉了，只要你勤勞，擺個地攤，做個小本生意，甚至從事資源回收，也能維持基本的生存所需。即使經商失敗了，只要改善自己營運的方法，重新再來，所謂「暴灰還有再發熱的時候」，一個人還怕會完全沒有辦法嗎？最怕的是自己的貪欲無限，跟人計較、比較，過去貧窮的果還沒有解決，又再增加新的障礙，例如失業的人如果貪求高薪，往往更加沒有機會，自然難以東山再起。

曾經在網路上看過這麼一則故事：有個老年人在公路旁開了一家小吃店，當時正逢經濟不景氣的年頭。老人家眼力不十分好，耳朵又近乎全聾，但是他的運氣很好。說他運氣好，是因為眼力不行，所以不能看報讀書；耳朵又重聽，也難得和朋友們聊天，因此對外界的情況，他都不甚了解。因為他並不曉得經濟不景氣有多嚴重，照常幹得很起勁。

他把小店的門面漆得漂漂亮亮，在路邊豎起宣傳的招牌，讓人老遠可以聞香下馬，他店裡預備的貨色物美價廉，口味道地，常常吸引許多人不由自主的停下來在他那兒吃點東西。

老人家工作十分勤奮，賺了錢把兒子送進大學去讀書。兒子在學校中選了經濟學的課程，他對於整個美國經濟的情形之糟瞭如指掌。

那年過耶誕節，兒子回家度假，看到店中業務仍然很興旺，就對父親說：「爸爸，這地方有點兒不對勁，你不應該有這麼好的生意呀，瞧您的客人絡繹不絕，彷彿外面並沒有經濟不景氣這回事一樣。」於是他把經濟蕭條的前因後果費力的解說了一遍，並且說全美國的人都在拚命的節食縮衣。

這時，老人家受到消極思想的影響，他對自己說：「既然如此，我今年最好也不再油漆門面了。外面鬧恐慌，我最好還是省下一點錢來。三明治裡的肉餅應該縮小一點兒。再說，既然人人都沒有錢，我又何必在路邊立招牌呢？」於是他把各種積極

一枝草，一點露。

性的努力都停下來。結果後來生意果然一落千丈。當他那位大學生的兒子在復活節假期又回到家時，父親對他說：「孩子，我要謝謝你告訴我關於不景氣的消息，那是千真萬確的事，連我的小店也感受到了，兒啊，受大學教育實在太有用了。」

故事的最後，作者戲謔的說：「我們的國家也是被專家害慘的，所以說專家是『專門害人家』的。」

這個故事給我們一個很大的啟示，說明一個人有健康的觀念、堅定的信心、誠信的待人、勤勞的做事，這些都是成功立業不可少的重要條件。

不過，世間上有的人靠勞力賺錢，有的人則靠智慧致富。曾經有一個牙膏製造工廠，因為產品滯銷，公司營業受挫，負責人昭告員工，如果有人獻出智慧的妙計，能使公司的營業額增加，就可獲得十萬元獎賞。有一個員工只提供了一句「牙膏出口，放大一倍」，當下就輕易的獲得了十萬元獎金，而公司的營業額也從此增加百倍、千倍以上。

佛教裡也有一個賣偈語的長者，他只記取一首四句偈，即價值十兩黃金。更有甚者，經典有云，三千大千世界的七寶，其價值都比不過一句智慧的偈語。因為，財寶有用罄的時候，智慧的偈語則是生生世世，受用無窮。

智慧是人類最大的財富，慚愧也是財富，謙卑也是財富，知足也是財富。顏回居陋巷，一簞食，一瓢飲，人不堪其憂，而回也不改其樂。他有知足的財富，佛門的苦行僧，樹下宴坐、洞中一宿，一樣生活得非常愜意。

貧富只是比較性的說法，真正貧窮的人，內心安貧樂道，也不差於富者；富者天天妄想、貪欲，不知足，生活也不快樂。

有一對年輕夫婦，同在一所小學裡教書，雖然待遇不高，但是每天夫唱婦隨的上下班，倒也愉快。隔壁的大樓裡，住了一位董事長，每天為錢苦惱，怕被偷、被搶，所以生活得很不自在。

有一天，他聽到隔壁傳來愉快的歌聲，非常不高興的說道：「他們住的如此簡陋，生活得如此清貧，還彈什麼琴、唱什麼歌？我住在高樓大廈，有地位、有財富，為什麼這麼苦惱呢？」

他的祕書忍不住開口：「報告董事長，如果您嫌苦惱的話，可以把煩惱送給隔壁的夫婦啊！」

「怎麼把煩惱送給他們呢？」

「您可以送給他們一百萬元，反正一百萬對您來說也只是九牛一毛。」董事長勉為其難的決定試一試。

這對甜蜜夫妻一夕之間得到一百萬，歡喜的不得了，整個晚上無法安眠，不知道要將一百萬藏在哪裡，放在枕頭下、床底下、抽屜裡、櫥子裡，到處都不安全。就這樣折騰了一夜，直到第二天天亮，這對夫妻終於有了一個醒悟，決定把這一百萬元還給董事長，並說：「這是您的煩惱，還是還給您吧！」

高樓上的董事長，天天憂煩股票的漲跌，天天計算支票的數字，天天掛礙金錢的有無，哪有陋屋裡的人唱歌說笑為樂呢？所以經濟沒有絕對的貧富，再多的錢財，不知足就是富貴的窮人；一無所有的人，他能知足，就是窮人中的富者。

開源節流，財富要靠自己開創累積。

財富，要靠自己去開創，不管用金錢、人力、智慧、結緣、儲蓄、置產、投資，或是將本求利做生意去賺錢。總之，人生要有未雨綢繆的憂患意識，晴時要準備雨傘，以應雨天所需；白天要備妥手電筒，以便夜晚所需。解決家庭的經濟，要有預算，所謂「吃不窮，穿不窮，算盤不到一世窮」。

如果一時的經濟周轉困難，還是要本著自己勤勞的態度，對工作的熱誠，例如蒔花種菜，販賣小吃，為人幫傭，有淡泊物欲、節衣縮食的美德，自助而後自然有人幫助，也會度過難關。再者，能有克難精神，以及刻苦耐勞的毅力，則儘管人生路上風雨飄搖，任何苦難，都能安然度過。希望我們的社會，能讓「克難」的精神再度復活！

三、在經濟學上有一個千古不易的致富祕訣，那就是「開源節流」。請問大師，如何開源節流？

答：開源節流，這是經濟學上千古不易的致富祕訣。開源節流，到底要開什麼源，節什麼流呢？

首先我們要開佛法之源，佛法就是我們的源頭，有佛法就有慈悲，就有智慧。

一個人即使物質生活欠缺，只要他有慈悲、有智慧，生命就會變得充實、富有。所以我們要有佛法，要點亮一盞歡喜的燈，點亮一盞信仰的燈，內心有了歡喜、信仰，比世界上有形的財富更為重要。

節流，節什麼流？我們要節省我們的用錢，節制我們的貪心，不要好買。我一生自覺自己不要錢，我也不好買；因為我不要錢，我不好買，所以我有錢建設世界，建設佛光山。我「以無為有」，淡泊就是我的節流，愛惜時間就是我的節流，每一個信徒的發心，我珍惜它、寶貴它，就是我的節流。

開源節流其實不一定只朝金錢上看，每一個人的生涯規劃裡也都不能少了「開源節流」。創新一種事業，先要評估，在這項事業上我能開源節流嗎？甚至國家政府一年高達千萬億元的預算，也不能只是把它當成紙上的數字，而是需要有人在實際情況裡，例如負責主計處和經濟部的人，要能確實有一套開源節流的方法，政府的各個部門才能順利運作。

開源節流的方法很多，有的人在家中的庭院裡，種上幾棵蔬菜，偶爾鍋中所煮，不必花錢購買，這是他「開源節流」的所得；有的人從山邊引水到廚下，無須動用自來水，一年也能節省不少開支。甚至製造家庭的和諧、熱情、幽默、讚美，使全家的每一分子都樂於工作；乃至人人奉公守法，不浪費社會成本，平時養成隨手關燈的習慣，節約用水，這都是開源節流。

現在家家幾乎都有冷氣機，懂得把冷氣設在一定的室溫下，不要經常動用開關，這也是節約能源的方法。團體裡人多，每日垃圾量大，如果能夠加以分類，不但減少處理垃圾的搬運費，還能資源回收，增加一筆額外收入呢？

開源節流也不一定只限於經濟能源上，平時多結交一些朋友，多發心擔任義工，多培養與別人互動的因緣，這也是社會人際關係的開源節流。

購買東西，分期付款，這是開源節流；不用的物品，能省則省，少了堆置的擁擠，多了空曠的簡樸，這也是開源節流的良好習慣。甚至於對自己不當看的東西不看，免得視力疲倦；不當聽的語言不聽，免得聽出是非煩惱；不當做的事不做，免得造業；不當想的不想，免得心煩意亂。節制我們的貪欲、瞋恨心，節制我們的口德，不要亂說話，這都是身體的節流。

此外，身體也可以開源。當看的人，不但要看，還要行注目禮，而且要看出個中的所以然來；當聽的，不但要聽懂，而且要聽出別人話中的弦外之音；應該想的，不但要思惟前後、左右的因果關係，而且要豎窮三際、橫遍十方，把宇宙萬有、世界

沒有沙漠，又怎能開採出原油？

人生，都想在自己的心中。每天所思所想，都是道、都是德、都是學、都是擴大、都是普遍，這都是開拓自己能量的源流。

開源節流是管理財富的原則。在佛光山理財的人，不但有因果觀念，更可貴的是不貪不私，點滴都為常住。佛光山從開山來，在經濟方面每天都是在「日日難過日日過」的情況下度過，常常是明年的預算今年就把它用了，所以常有人說佛光山很有錢，其實佛光山不是很有錢，只是很會用錢，懂得把錢花在弘法事業上。所以我曾說「有錢是福報，會用錢才是智慧」、「錢用了才是自己的」、「用智慧莊嚴，不用要金錢堆砌」。不過我希望未來佛光山還是能在有計畫、有制度的財務體系下，量入為出。

其實，開源節流固然是與資本、能量等外在的因緣條件有關，例如沒有高山，又何能開採出金銀寶藏；沒有沙漠、海洋，又怎能開採出原油？但是也有許多的修道者，他們不看外界，專看內心；不想他方，只是思惟本性。臥榻之上，一書在手，可以周遊天下；蒲團之間，未嘗不能開闢心中的天地？

說到開源節流，外在的天地，內心的世界，都可以開源節流。只是「工欲善其事，必先利其器」；擁有智慧、信仰、毅力、能量，乃至通達因緣所成、明白共有關係，這些都是開發能源的條件。尤其佛教講「發心」，就是要開發我們的「心田」，我們的心田廣大，心裡的能量就會無窮，只要我們開發心裡的慚愧，慚愧就是我們的財富；開發心中的感恩，感恩就是我們的財富；開發心底的勤勞，勤勞就是我們的財富。乃至開發人緣、開發感動、開發自己的真如佛性、開發我們的佛法大海、開發我們信仰的寶藏。最重要的，我們要開發「無」的世界，不要只從有形有相上去開發。「有」是有限有量，「無」才是無窮無盡。

四、每一個國家的發展，大都重視城市，輕忽鄉村，造成「城鄉貧富差距大」。請問大師，如何改善這種現象？

答：一個國家的經濟蕭條，人民所得偏低，國家太窮了，固然是社會制度不好；過份的貧富不均，也是社會制度有了問題，所謂「朱門酒肉臭，路有凍死骨」，這都是不完善，這樣的社會型態，國家難以長治久安。

貧富不均，其實是古今中外存在已久的問題，根據經濟學家米拉諾維奇（Branko Milanovic）為世界銀行進行的一項「世界貧富分化形勢」研究顯示，全球貧富分化情況有急劇惡化的趨勢，從一九八八年到一九九三年之間，全球貧富差距又增加了百分之五。目前（二〇〇三）全球人口中最富裕的百分之一（五千萬個家庭）的平均收入是二萬四千美元（約一萬六千英鎊），他們的總收入要高於收入較低的百分之六十全球人口的總收入。全球貧富差距比人們以前所想的要大得多，當中最大的貧富收入差距出現在世界五個經濟大國：美國、日本、德國、法國和英國的全國人口，以及印度、中國和非洲的農村貧困人口之間。

這項調查並指出：全球百分之八十四人口的收入只占全球總收入的百分之十六，全球最富裕的百分之十人口的收入是最窮的百分之十人口收入的一一四倍，而這些差距可能還會擴大。

貧富不均是國家的隱憂，尤其城鄉的貧富懸殊，一直是多數國家普遍存在的現象。例如根據「中國社科院經濟研究所」經過數年調查完成的《中國城鄉收入差距調查》顯示，中國的城鄉收入差距已是「世界最高」。中國的城市，除了上海、北京、南京等幾個大城市外，一般的鄉村經濟落後，尤其西部地區先天的自然環境限制，加上人才外流嚴重，更難有所發展。

經常到大陸考察的台灣英業達集團副董事長溫世仁先生曾說，每次他到大陸西部城市，都會聽到當地人民抱怨，西部的人才都跑到沿海地區去了；而到了農村一看，農村好不容易培養的少數人才也大多離開農村，這是西部和農村地區落後的重要原因之一。

另外溫先生也觀察到，在整個社會由農業轉型到工業時代的過程中，西部農村一開始就沒有來得及搭上「工業化的列車」，尤其現在舉世已經進入資訊網路化時代，更令農民們望塵莫及。農民因為沒有機會、能力獲得各種資訊，與城市相比，在知識、資訊和機會上不對稱，這也是造成他們繼續貧困的原因。

對此，溫先生想出了走資訊技術培訓的道路，著手培育當地「知識工人」，發展網路經濟，讓「農業社會」轉型為「網路社會」。於是他投資五千萬美元在大陸西部開展「千鄉萬才」計畫。首先他以甘肅河西走廊最東端的山村黃羊川做為這個計畫的第一個基地，贊助他們電腦，教他們如何利用電腦銷售產品，因為網際網路是與全世界連線，只要一上網，即可打出銷路，很快把產品賣完，慢慢就能改善經濟，達到城鄉均衡發展。

結果這項計畫從二〇〇〇年七月開始實施，三年來，黃羊川靠著電子商務，已成功賣出三萬美元的農產品，成效斐然。這在千百年來貧窮而寧靜的小山村，可謂是驚天動地的大事。

黃羊川地區因為網路而走出貧窮，成為知識經濟下鄉成功的實例。這項成果於二〇〇二年秋在墨西哥舉辦的 APEC 會議上，溫先生將之公諸於世，隨即引來泰國政府表示，希望有二十所泰國學校加入「千鄉萬才」計畫。

溫先生一手發展的「千鄉萬才」計畫，旨在把資訊網路科技引入農業社會的鄉鎮，促進當地發展知識型的經濟，達到「就地創造財富，就地改善生活，就地發展文化」為目的。他認為硬體設施的改善，並不能從本質上解決落後、偏僻地區所遇到的問題；唯有把最新的觀念和資訊給他們，輔導他們掌握適應資訊社會的方法，才能讓他們儘快縮短與發達地區的差距。另外，他覺得開發落後地區，建設的重點應該在「道路」與「網路」兩方面，因為「道路」可以把有形的資源送到落後的地區，而「網路」則可以把無形的資訊快速傳遞到落後地區，讓學習能力更加快速。溫先生的見解與作法，值得參考。

另外，自由亞洲電台特約評論員陳勁松先生對「貧富問題」的一些觀點，也值得深思。他說貧富分化問題在西方並不突出，這些國家早已有了良好制度化的解決方案。比如「稅收」便能有效的制約、平衡著貧富分化。愈是高收入的、富有的人，愈須繳納高昂的稅費，窮人則少交稅、不交稅、甚至由政府退稅予以補貼。國民納稅意識強，逃稅漏稅的現象，幾乎不存在。稅收政策也是歷來西方政壇候選人競選公職時的辯論焦點，不僅為了發展經濟，也為了制約貧富分化。

反觀中國，相關稅收政策法規不完善、不合理，而且得不到有效執行。逃稅漏稅現象嚴重。高收入者，本來應該繳納高額的稅費，打通門路之後，卻往往能安然逃脫；那些靠貪汙受賄而一夜暴富的廣大黨政幹部，更不可能對其非法收入報稅納稅；普通老百姓則普遍缺乏納稅觀念，與他們談納稅，被視為「天方夜譚」。

陳先生進一步指出，貧富分化之所以在中國如此嚴重，並日甚一日，與現行制度和當局的政策密不可分。其一，「人治高於法治」的中國，是權力與金錢勾結的最佳環境，腐敗盛行，愈是接近權力核心，腐敗愈是根深柢固。近權力者富，遠權力者貧，成為中國社會貧富分化的恆定公式和不二結論。其二，當局以戶籍制度、投資偏向和社會保障傾斜等一系列政策，公開歧視農民、歧視弱勢群體；歧視農村、歧視偏遠地區，造成惡性循環，即富者愈富，窮者愈窮。其三，社會風氣惡化，道德淪喪，「笑貧不笑娼」使大多數國人對貧富分化視為尋常，視若無睹，導致貧富分化問題缺乏賴以扭轉的社會動力。

針對中國貧富懸殊的問題，多年研究中國社會和政治經濟的義大利學者周博（Joe Studwell）認為，政府應該提供更多平等機會，比如讓農村的孩子都有機會得到良好的教育，另外就是在西部大量投資，發展當地的經濟。

過去台灣因為地主與佃農貧富差距太大，所以政府實施「三七五減租」、「耕者有其田」、「住者有其屋」等措施，因而改善了經濟。在佛教有所謂「利和同均」，也就是僧團中如果有施主財施供養，不可私自獨享，要交由常住集中處理，大眾共有，透過經濟上的均衡分配，大眾才能過著「利和同均」的經濟生活，所以在佛光山，個人不要有錢，點滴歸公，讓團體有錢，才能有所發展。

這種利益共享的觀念，現在企業界也普遍有此共識，不少企業主也懂得把利益分享員工，例如依公司盈餘發放年終獎金，甚至有些公司讓員工持股，員工自然以公司為家，發奮工作，努力經營，自能提高效率，創造利潤，彼此共享。

「利和同均」的思想運用在社會上，讓有錢的人幫助窮困的人，有力量的人扶助弱小的人，如此在沒有經濟的壟斷、勞資的對立、貧富的懸殊等社會問題下，人人得其所應得，自然可以建立一個民有、民享，而且平等均富的社會。

五、世界上有很多國家，為了保有自然的山水環境而拒絕發展工業，造成經濟落後，請問大師，環保與開發，兩者孰輕孰重？如何才能取得平衡發展？

答：現在是個環保意識抬頭，也是個民意高漲的時代。關於環保與開發，兩者孰輕孰重？這個問題讓我想起多年前，毗鄰佛光山的擎天神公司，因為以製造工礦炸藥為主，有一天不慎發生氣爆，波及附近農宅，大樹鄉鄉民基於居住安全為由，群起圍廠抗爭。數日後，代表廠方的鄭健治經理及代表大樹鄉鄉民的黃登勇鄉長等人，在前高雄縣縣長余陳月瑛的出面邀請下，到佛光山協議。

當天黃鄉長提出，希望擎天神公司三年內能全部遷廠，但鄭經理表示有困難，因為新的廠址覓地不易，談判因此陷入膠著。我了解情形以後，主動向黃鄉長表示，遷廠從評估、買地、開發、規劃到建廠，其中還要經過營建署、環保署等政府單位審核，三年期限的確太過倉促。之後我又對鄭經理說，允諾遷廠就應該有實際行動，否則別人無法相信廠方的誠意。最後，我提議雙方以五年為期，並且可以附加但書：若五年未能如期遷廠，則每延後一年，由廠方提供一定金錢回饋鄉民，如此逐年增加回饋金，直到遷廠為止。

至於廠址的選擇，有人主張「產業東移」，但是我認為「己所不欲，勿施於人」，既然高雄縣不要而要求遷廠，其他縣市也不會歡迎，因此我向余陳前縣長建議，不如就在高雄縣的甲仙、六龜、桃源等偏遠山區另找地方建廠。雖然這樣的建議也許讓高雄縣陷入環保與開發的兩難，但凡事無法求得完美，只要對全民有利，將傷害減到最低程度，就是最好的方案。當時承大家不嫌我饒舌，一席話下來，三方面都欣然同意，歡喜而去。

我的意思是，世間事沒有絕對的好與壞、對與錯；有和空都是執著，都不合乎「中道」。這個世界，自然環境固然要保護，但人類也要生存，如果為了保護大自然，限制人類文化進步，也是一大挫折。不過由於過去人類過度濫墾濫伐，破壞大自然的生態，對未來的子孫不利，因此人類進步發展的同時，要兼顧大自然生態的保護，每有所作，要詳細、周全的評估利弊，所謂「兩權相害取其輕」，在此原則下，視情況不同而作抉擇，並且儘量找出替代、補救之道，這才是明智之舉。

例如，有「人間淨土」之譽的紐西蘭，海洋、湖泊、森林、山嶽、河流、火山、冰河、峽灣，以及廣大的綠色草原，構成了它們特有的自然景觀，世界上很少有這樣地理景觀多采多姿的國家。紐西蘭為了保護如此天然美景，環保措施幾乎是零汙染，尤其政府規定，人民不得任意砍伐樹木，若有需要，必得先行申請通過，並且每砍一棵樹，同時要另種一棵樹代替，因此有人說，「綠」是紐西蘭致命的吸引力，不但天空格外蔚藍、湖水特別澄清，即便連呼吸都覺得清新愉快，因為空氣中隱隱約約飄散著綠草的清香。紐西蘭保有天然美麗的環境，每年也能靠著觀光而賺取不少外匯。

植樹造林，這是國家的珍貴資源，也是人類生存的必要條件。根據統計，一棵樹一天可以蒸發一百加侖的水量，它所調節的溫度，等於五個冷氣機開動二十個小時的功能。而林木對降雨有截流作用，能減少洪水，增加土壤孔隙，使水分容易滲透，補注地下水。但是種一棵樹要花十年的時間，砍一棵樹卻只要幾分鐘。甚至一名嬰兒從出生到二歲，所用的紙尿布，必須用掉二十棵樹；而每回收一噸廢紙，可以少砍長八公尺，直徑十四公分的原木二十棵，若能以再生紙代替模造紙，每月可以少砍約四十萬棵的原木。

因此，現在的開發固然不能不做，開發之餘，如何節約更是重要。在我們日常生活中，隨手一揉，都是在浪費大地資源，在不可避免的消耗下，若能積極配合「廢紙回收」，讓可用的資源再生，除可減少砍樹量，亦可間接救水源，也是功德一件。再者，如果大家都能節約用水、用電，就可以少抽一些地下水，少建幾座發電廠，不但避免地下水超抽，也可免去發展核能發電帶來的汙染問題。

總之，環保與發展，孰輕孰重？這是見仁見智的問題，重要的是，發展的同時，要注意水土保持及河川的疏導，如此才不會每逢雨季來臨，乃至颱風過後，往

植樹造林，是維護國家的珍貴資源，也是人類生存的必要條件。

往一雨成災，甚至造成土石流的嚴重災情。尤其防範大自然的天災之外，人為的戰爭更要避免，因為戰爭對環保的傷害最為嚴重。因此，維護世界和平，這才是對人類生存空間最有利的保障。至於如何才能促進世界和平？唯有人人心中有佛，世界才有和平可言。

六、國際之間，常見所謂的「金錢外交」、「關稅互惠」等友好交流，但有時也會發生「經濟封鎖」、「經濟制裁」等交惡情形，這些對國計民生都會造成很大的衝擊，請問大師對這種政策與手段有何看法？

答：一個家庭裡，兒女不受教育，品行不良，行為偏差，父母無法管教，有時就用經濟制裁，以減少或不給零用錢來懲罰他。國家政治上的領導人，對慈善團體的補助、公益事業的獎勵、大學建校的補貼，也要求循規蹈矩，合乎法律，如果不合作，無法用武力對付，也會用經濟制裁。另外，國家與國家之間，有時利益衝突，有時因為某一國違反國際公約，例如伊拉克發展核武，美國不但發動戰爭，用武力對付，並且用經濟封鎖來制裁它。其他如古巴、緬甸、敘利亞等國，也都曾受到美國的經濟制裁。

所謂經濟制裁，例如抵制貨品、限制進口、提高關稅、禁止通航等都是經濟制裁。經濟是國家的命脈，個人無錢，英雄也無用武之地，即使有再大、再多的理想，也不能有所成就；國家如果遇到他國的經濟制裁，內政就會發生危機，人民就會受苦。經濟制裁如同勒住對方的咽喉，讓你不能吃飯；也如扣緊對方的口袋，不讓貨幣進出。所以經濟制裁是強欺弱、大國壓制小國的手段，受到經濟制裁的一方也很難違抗，除非自己有實力，可以自力更生；力量不足，也不得不屈服。

只是，現在是地球村的時代，國與國關係密切，甚至全體人類都是「同體共生」的生命共同體，世界上富人太多，窮人不會放過你；窮人太多，富人的日子也不見得好過。所以貧富要均衡，國家政治要為貧苦大眾爭取福利，讓大家都能富足安樂的生存在地球上，而不只是富人發財就好。

尤其現在「經濟全球化」的發展已是時代的潮流，也是必然的趨勢，全世界的經濟早已走向全球化，例如紐約的道瓊股市、華爾街股市，股票的漲跌，影響及於全世界，乃至加拿大的股市，也為全世界所注目。經濟發展全球化，已不是哪一個國家對哪一個國家用經濟制裁就可以解決問題的時代，所以應該用互惠平等來共謀人類的福祉。

因此，國與國之間透過「金錢外交」來鞏固邦誼，當然可以，這是對經濟落後國家給予救濟，也是人道精神的表現，但是不能另有企圖或目的。至於兩國交惡時就用經濟封鎖、經濟制裁，這就如小孩子，感情不好時就把以前給對方的東西要回來，這是幼稚、膚淺的表現。現在的政治人物要有政治家的風範，不要有侵略性，要發揮和平、尊重、友愛、互助的精神，因為這個世界不是你貧我富、你無我有就好，古今很多的革命都是為了貧富不均、糧食問題，能夠把這個問題解決，世界才能和平，否則戰爭不斷，絕非人類之福。

七、世界上有不少國家由於社會福利制度太完善，反而導致國家的財政發生危機，請問大師對社會福利制度有何看法？

答：世界上愈是文明、先進的國家，政府愈是重視人民的公共福利。但是，國家的社會福利制度再好，有時還是很難周全的照顧到社會各個層面的需要，甚至綜觀目前世界上社會福利完善的國家，人民只靠政府救濟，往往養成好逸惡勞，不思自力更生，甚至使得人心因貪欲而逐漸墮落。這是因為國家對民眾只給魚吃，卻沒有給他釣桿，也沒有教他們釣魚的方法，所以福利愈好，反而養成民眾懶惰、貪心，不事生產，好吃懶做，只等國家救濟，到最後一個國家失去了生產力，只有坐等救濟的人民，國家當然會被拖垮，自然成為危機。

根本解決之道，要從教育做起，要教導民眾勤勞奮發工作，要過簡單樸實的生活，要有如佛教講「佛觀一粒米，大如須彌山」的惜福觀念，要懂「如蜂採蜜，不損色香」的安貧人生。做人不但不貪吝，而且樂善好施，熱心公益，從觀念上建立正確的人生觀與價值觀，人人發揮自己的生命能量去助人，而不是坐等政府救濟，能夠發揮全民的力量彼此互助，政府自然不會感到吃力。

其實現在各國除了政府主導的社會福利事業以外，也有很多公益事業團體，通常是由民間發起的各種基金會、社團、財團，乃至各個宗教團體所從事。公益事業的推動，所表現的其實就是人類互助合作的美德，也是人性善良面的發揮，在佛教來講，更是大乘佛教菩薩道的實踐。

佛教從古至今一直很積極的從事社會福利事業，從古代的植樹造林、墾荒闢田、鑿井施水、維護泉源、利濟行旅、興建水利、設置浴場、興建公廁、建立涼亭、經營碾磑、設佛圖戶，到現在的築橋鋪路、急難救助、施診醫療、養老育幼、監獄教化、社區服務，乃至設校興學等，真是不勝枚舉。

愈文明、先進的國家，政府愈是重視人民的公共福利。

不過，一般人所謂的公益事業，大多偏重於救濟性質的社會服務，尤其社會各界總把佛教定位為慈善團體，所以政府對於直接從事慈善救濟的寺院團體，總認定其「功」在社稷，每年都會頒獎表揚。其實，宗教並非僅止於慈善事業，宗教的真正目的在淨化人心，改善社會風氣，因此我曾建議政府，對於佛教的教育、文化事業，如人才的培植、書籍的出版、信仰的提升、風氣的改善、人心的淨化等，都應列在評估之內。否則如果社會各界把佛教局限在公益與慈善事業，如此佛教何異於獅子會、扶輪社等社會慈善團體呢？

遺憾的是，到現在一般社會大眾的認知裡，還是以為佛教慈悲為懷，因此總將佛教局限在慈善救濟的框框裡；殊不知佛教最大的功能，乃在於培養人才，並透過文化教育來傳播佛法，淨化人心，改善社會風氣，這才是佛教對社會人民的貢獻與職責所在。

尤其，慈善救濟人人能做，但是推展教育來淨化人心，則非人人可為。一所寺院道場，其功能並不亞於一所學校。寺院不但是善友往來的聚會所、是人生道路的加油站、是修養性靈的安樂場、是去除煩惱的清涼地、是採購法寶的百貨店、是悲智願行的學習處，更是一所療治心靈的醫院、維護社會正義的因果法庭、啟發道德良知的教育學校、提升文化修養的藝術中心。因此，慈善救濟雖然能夠拯救肉身生命，濟人燃眉之急，但是無法息滅貪瞋痴三毒；唯有佛法真理的弘傳，才能進一步淨化心靈，拯救法身慧命，使人斷除煩惱，了生脫死，其影響及於生生世世，是以佛教教育才是最徹底的慈善救濟。

基於以上的理念，佛光山長久以來，積極以教育、文化弘揚佛法，並且在世界各地建寺弘法，把佛教推展到世界五大洲，不但落實人間佛教，尤其對國家社會，乃至對世界和平的促進，均發生全面性的影響與貢獻，此與一般只著重推展慈善事業的團體，形成強烈而明顯的分野。

但是也有人質疑，佛教建築寺院，意義何在？如前所說，世間的錢財，只能拯救肉身生命，濟人燃眉之急，但是無法息滅貪瞋痴三毒；佛法的布施，則能進一步地淨化心靈，孕育法身慧命，使人斷除煩惱，了生脫死，其影響及於生生世世。因此，建造佛寺，等於建設學校，度眾萬千，這才是最徹底的慈善事業。

因此我常說，慈善是佛教的一環，甚至可以說佛教本身就是慈善事業；但是慈善工作並非佛教的全部，因為當一個人的信仰漸次升級以後，必定要從做善事修福中，進一步研究教義以求慧解，否則一個沒有佛法的人，將如同迷失在汪洋中的舟航，找不到停靠的港灣；而佛法的重要，則往往一句話就可以給人生起信心，找到方向，終生受用不盡。所以，佛教雖然不偏廢慈善救濟，但仍以弘揚佛法為本，以傳教為重，因為慈善救濟終非究竟，「氾濫」的救濟只會養成社會的貪心及虛浮偽善的心理。因此所謂的救濟，應該是「救急」而不是「救貧」，應該是「救心」而不是「救人」，唯有宣揚教義、淨化人心，這才是宗教的主旨所在。

是故，最好的慈善事業應該是與文教合而為一，因為文化可以淨化心靈，昇華人格；教育可以改變氣質，根除煩惱。因此希望政府今後在鼓勵慈善救濟的同時，也能兼顧文化、教育，發揮宗教真正的意義和價值。如佛教所謂「諸供養中，法供養第一」，我們要肯定「文教重於慈善，有道重於有財」，我們也期盼政府的福利事業能從文化、教育方面來提升社會的道德水平，改善國民的生活品質，如此才是根本而究竟的福利事業。

八、中世紀歐洲的天主教會曾發行「贖罪券」，引人垢病，甚至成為後來宗教改革運動的導火線。在佛教裡，也有一些人以非法取得的錢財來布施，藉此求得心安。請問大師，如果以不法所得的錢財布施，其功過如何？

答：佛教講「未成佛道，先結人緣。」人在世間生活，要靠許多的因緣成就才得以生存，所以平時要與人廣結善緣。結緣之道，首在布施。布施不一定要捐輸金錢財物，有的人雖然身無分文，但是一個真摯的笑容，可以令人生起信心；一個隨手的幫忙，可以濟人困難危急；甚至與人為善、一句讚美、一瓣心香等等，都是殊勝的布施因緣。

布施、結緣是人間最美好的事。在《大乘理趣六波羅蜜多經》說：布施能令眾生安樂，是最容易修習的法門，有如大地一樣，一切萬物都依之生長，所以六度、四攝都以布施波羅蜜為上首。

布施可分為「有相布施」與「無相布施」二種。有相布施，指世間上一般人希求果報，執著人我的布施，所以又稱為「世間布施」；此種布施只能得到有漏的人天福報，報盡又再墮落，所以不是究竟的布施。無相布施則與有相布施相反，在布施時，能體達施者、受者、施物三者當體皆空，而無所執著，因為能超越世間的有漏煩惱，所以稱為「出世間布施」。

佛教分有世間法、出世間法，世間法牽涉到社會、群眾、法律、道德、人格等問題，在社會上以不正當的手段取得財物，就是違法，必須負起刑責；而以非法所得來布施，佛教稱為「不淨施」。

佛教講「淨財」、「善財」，這是合法的財富，淨財愈多愈好，有淨財才能從事各種弘法事業，有淨財才能布施結緣，但有的人以不當的所得來布施，例如「劫富濟貧」，雖然不好，但總比不救濟好。再說布施時當下的一念善心，雖然搶劫財富是不足效法，但布施的一念善念，或是一念慚愧之心，也不能說不可貴。

不過若要窮究以非法所得來布施的功過如何？只能說布施時依施者、受者、施物等，「心田事不同，果報分勝劣」，問題十分複雜。一般正常而如法的布施，要衡量自己的能力，在不自苦、不自惱的情況下量入而為。現在社會上有很多富有的人，他們不知道布施種福田；但也有一些貧窮困苦的人，為了面子而強作金錢布施，這些都不是佛教所希望的。甚至有些人學佛，由於不合理的布施，導致家庭失和，譬如先生或妻子信佛以後，經常到寺院發心，布施做功德，卻不管家裡的生活，這樣很容易造成家庭失去平衡、快樂，這都是不合理的處理錢財的方法。

其實布施也不一定要用金錢，只講金錢的布施也是不合理的。台灣有些信徒的信仰方式實在有待商榷，他們說起來的確很發心，跑這個寺院布施一點，跑那個寺院又布施一點。有一天，金錢沒有了，哪裡也不去了，因為「錢用完了，沒有錢不好意思到寺院去」。這種信佛的態度是不正確的。佛光山的所有道場，從台灣北端到南部，從國內到國外，很多信徒都是一信就幾十年，從來沒有聽說因為沒有錢不好意思到寺院來。因為信佛不一定要用金錢布施，比金錢更重要的，是心香一瓣，隨心、隨力、隨喜的布施才是最重要的。信佛要真實，不必打腫臉充胖子；更不能為了信仰反而導致家庭分裂，這在佛法來講，都不是「正命」的生活。所以佛光山不募「不樂之捐」，而且主張要「儲財於信徒」。

佛法講布施，其實就是物我一如，同體共生的宏觀，我的財物可以與人共享。布施，表面是「捨」，其實是「得」。沒有捨去我們內在的慳貪，怎麼得到無有恐懼的自在？無求的布施，令我們所行純淨，端嚴高貴；無悔的布施，令我們身心清淨，人格昇華。

布施結緣，就像深井汲水，你愈捨得提起桶水，給人灌溉，給人飲用，井裡的水就愈是源源不斷。所以人生不要只看到黃金白銀，比黃金白銀更寶貴的還有布施的溫暖、結緣的感動。布施不是有錢人的專利，布施貴在發心的真偽。布施如播種，要有拔濟奉獻的精神。布施財富除了要不自苦、不自惱，而且要不勉強、不比較、不計較，要能做到隨喜、隨緣、隨分布施，如此才不失布施的真義。

九、佛教的「八正道」裡，「正業」與「正命」都是強調合理經濟生活的重要。請問大師，放高利貸合乎「正業」嗎？佛教所認可的財富有哪些？相反的，什麼情況下所獲得的錢財是非法所得呢？

答：人生世間，不能不工作賺錢；要工作賺錢，才能維持生計。有的人用勞力賺錢，有的人用時間計薪；有的人出賣身體謀取所需，有的人靠語言賺錢營生。不管從事什麼樣的工作，無論以何種方法賺取生活所需，重要的是要合乎正當性。正當的財富，就是要將本求利，勤勞賺取，無論是農牧收成，或是經商貿易、企業經營、投資生息所得等等，都是佛教所認可的經濟營生。

反之，非法所得的財富，例如：竊取他物、違法貪汙、抵賴債物、吞沒寄存、欺罔共財、因便侵占、藉勢苟得、經營非法、詐騙投機、放高利貸等。此外，舉凡違背國法，譬如販毒、走私、轉賣人口的職業，或者違反佛法的不當工作，例如屠宰、酒家、賭場等，都在禁止之列，也就是和佛教不殺生、不偷盜、不邪淫、不妄語、不吸毒等根本大戒觸逆的職業，都是佛教所不允許。

在《善生經》裡也提到取財有六種非道，不可為之，即：

㈠種種戲求財物者為非道：如賭博、競勝、比武等皆是。

㈡非時行求財物者為非道：非時行是指晝夜顛倒，不顧家庭眷屬，如玩弄娼妓，不務正業，即世間的浪蕩子。

㈢飲酒放逸求財物者為非道：酒能亂性，飲酒的人必多放逸，不事生產。

㈣親近惡知識求財物者為非道：指親近惡友，不但不能得財，反而有傾家蕩產，甚至喪命的災禍。

㈤常喜伎求樂求財物者為非道：指性好歌舞娼妓，任意浪費。

㈥懶惰求財物者為非道：指性好遊蕩，不喜作業，凡寒熱飢飽都有藉口，不肯做事。

以上六種都是消耗財物，不事生產，不但現世勞神喪財，身敗名裂，而且來生墮苦趣，失人身，所以說是非道，亦即非人倫善道也。

至於說到「放高利貸」是否合乎「正業」？佛教過去辦有類似今日的「當鋪」，只向百姓收取非常微薄的利息，甚至完全不取分釐，以幫助貧苦人士經濟上的周轉運用，譬如北魏的僧祇粟、南北朝的寺庫、唐朝三階教的無盡藏院，都是佛教為了便民利國的金融事業。只是佛教創典當制度，不同於今日一般當鋪的高利借貸，佛教是本著來之於十方，用之於十方的精神，把社會的淨財做一個集中，然後再一次發揮其整體的力量，回饋於社會，屬於服務大眾的慈善事業，而且具有繁榮經濟的功能。

現代社會已有正規的金融事業，寺院唯恐與信徒之間有金錢糾紛，應不與信徒共金錢來往。不過，人總有不時之需，當手頭不方便時，一般人會向銀行貸款，或是到當鋪典當應急。現在社會上還有所謂「地下錢莊」，從事放高利貸行為，以超高的利率賺取不道德的利潤，完全唯利是圖；因高利貸而衍生的社會問題層出不窮，不僅對社會無益，而且有害，應屬「邪命」的生活。

所謂「邪命」，就是用不正當的手段取得錢財，用經營不正當的事業所得來生活。譬如前面提到的開酒家、賭場、賣釣魚器具、賣打獵的獵槍，或者是算命、卜卦、看相等都是邪命的經濟生活。佛教不提倡看風水、擇日期，《佛遺教經》曾指示佛教徒不應去仰觀星宿、推算命運，因為這些都不是合乎因緣法則正命的經濟生活，都是佛法所不允許的。

民初的印光大師曾在普陀山一住許多年，後來日本軍閥侵華，有一位住在香港的在家弟子，有一座寬大豪華的別墅要供養大師，請大師到香港弘法。印光大師看

邪命令人失去正常生活，為佛法所不允許。

看因緣成熟，便想前往，但他知道那位信徒經營酒廠，是賣酒的，大師隨即決定不去，並且告訴這位弟子說：「你要我去，你就不要賣酒，因為賣酒是邪命的生活，我不好意思接受你不淨的供養。」

佛法雖然准許佛教徒經商開工廠、做各種事業，但是傷身害命、迷惑人性的事業是不准許的。所以八正道中有「正業」和「正命」兩種，就是說明做為一個佛教徒，必須從事正當的職業，過正當的生活，用正當的方法取得錢財。如《雜阿含經》說：「營生之業者，田種行商賈，牧牛羊興息，邸舍以求利。」《長阿含經》則說：「積財從小起，如蜂集眾花；財寶日滋息，至終無損耗。」

總之，財富雖為人人所愛，但做人不要過分的貪圖金錢，要過合理的經濟生活。正常的經濟生活對人生非常重要，因為世間上大部分的罪惡，都是從經濟生活不正常而來，有了健全的經濟生活，才能建設幸福美滿的人生。所以佛經提到，我們若想獲得現生的福樂，應該做到如下四件事：

㈠方便圓滿：不論是務農、做工、畜牧、經商，或者是公務人員、教師等，一定要有謀生的正當技能，憑工作而得到生活。

㈡守護圓滿：從工作中獲得的財物，除了日常生活支出以外，要妥善保存，以免損失。

㈢善友圓滿：要結交善友，切不可與兇險、放蕩、虛偽的惡人做朋友。

㈣正命圓滿：要量入為出，不可以奢侈浪費，也不可以過分的慳吝，要有合理的經濟生活。

人生本來就有很多的不圓滿，生命的意義就是從缺陷中追求圓滿，佛教指導我們追求合理的財富，過著正常的經濟生活，這是圓滿人生的第一步，也是人生應走的坦途大道。

一〇、俗語說：「人為財死，鳥為食亡。」愛財既是人類的本性，請問大師，佛教對財富的看法如何？佛教對企業經營又有什麼樣的看法？

答：「企業」是社會現代化的名詞，特別是強調企業內部的管理。為了更成功的經營企業，近年來衍生出「企業管理學」的顯學。若就一般人所認識的企業，通常是指經營營利事業的組織體。但是從企業家的定義來了解，是指「於企業體內，訂定一定的計畫，以實踐其創立該企業的理念和目的，並加以監督經營者」。可見企業的精神首重在理念的實踐，透過成功的經營，以分享利潤和喜悅。

企業的種類有工業、商業、文化事業、慈善事業，有國家經營的公營企業、私人經營的私人企業，有個人企業、公司企業等，不一而足。我認為企業的意義是要有目標、有計畫、有組織、有辦法、有系統，是心智的活動，是理念的管理。企業不一定是指工商財務才是企業，企業應該是有計畫的組織體，如國家、社團、宗教、文化、慈善、教育等，用現代的意義來說，都可以說是企業體。

佛教是相當重視企業理念的，例如：佛陀當初創建僧團就是本著有組織、有計畫的企業精神而成立的；唐代馬祖創叢林，百丈立清規，也是具有企業思想；近代太虛大師整理僧伽制度，也是企業精神的展現；乃至佛光山倡導人間佛教，也是以有組織、有系統、有規劃的企業精神，作為人間佛教事業的管理。因此，企業的定義不一定是指社會的工商企業。

記得一九七八年，時任行政院長的蔣經國先生到佛光山參觀，當時我跟他介紹佛光山，提到我們是用企業的精神在管理佛教事業。我的意思是，我們講究組織、制度、理念、企劃，結果媒體把企業管理當成「商業化」，認為佛光山是商業化的團體，後來有一些社會人士也不斷批評佛光山「商業化」，對佛光山造成很大的傷害。

其實佛教徒為了光大佛法，遠紹如來家業，常有一句話說：「弘法為家務，利生為事業。」弘法，講究權巧智慧、方便法門；利生，要考慮社會大眾的需要。不論弘法或利生，都必須透過良好的組織與完整的規劃，才能順利地接引眾生進入佛法的堂奧。

從另一個角度來看，出世的佛教雖然不以營利為弘法事業的目標，卻不能因此否定佛教事業的成就和貢獻，因為人間佛教是「以出世的精神，做入世的事業」，特別注重信徒現生的幸福安樂。縱然是不同的範疇，佛教與現代的社會企業，終究都離不開生活，離不開人事物的管理。兩千多年歷史的佛教，恰為企業界提供豐富的資源，而佛教有組織、有制度、有規劃的教育、文化、慈善、修行事業，不僅續佛慧命，更促進社會的祥和進步。所以佛教的企業精神，實在不可以將之與一般的「商業行為」等同視之。

一般的商業化經營，是以營利、賺錢為目的，但是佛教講究的是奉獻、服務、布施、喜捨。佛教認為人生的目的不在賺取個人有限的金錢財富，甚至財富不只是有形的金銀財寶，應該擴大來看。

佛教認為財富的種類有：狹義的財富、廣義的財富；有形的財富、無形

積財從小起，如蜂集眾花。

的財富；現世的財富、來生的財富；個人的財富、共有的財富；人為的財富、自然的財富；有價的財富、無價的財富；物質的財富、精神的財富；清淨的財富、染汙的財富；合法的財富、非法的財富；一時的財富、永久的財富。

狹義的財富是指金錢、房屋、土地、股票等，廣義的財富包括健康、智慧、人緣、信用、口才等；有價的財富諸如聲望、名譽、成就、歷史等，無價的財富例如人格、道德、真心、本性等等。

佛教不但重視狹義的金錢財富，尤其重視廣義的智慧之財；不但重視一時的現世財富，更重視永久的來生財富；不但重視有形的資用財富，更重視結緣積德等無形的財富；不但重視私有財富，更重視共有的財富，例如道路、公園、河川等公共設施，以及花草樹木、日月星辰、天地萬物的生態維護等。並且主張以享有代替擁有、以智慧代替金錢、以滿足代替貪欲、以思想代替物質，發揮普世的觀念，建設共有的胸懷。

佛教認為人生應該追求的財富，例如：明理、正見、勤勞、結緣、布施、喜捨、感恩、知足、道德等，這些才是真正的財富。因為這些財富不但現世受用，來世還可以受用；不但一時受用，終身都能受用；不但一人受用，大眾也可以受用。

因此佛教認為我們不能只看一時的財富，要看永生的財富；不要只看一人的財富，要看共有的財富；不要只看聚斂的財富，要看活用的財富；也不要只看外相有形的財富，要看內心無形的財富。一個人擁有智慧、慈悲、信仰、歡喜、滿足等，這些都是無價的財富。

由於佛教對財富有另類的看法，因此在佛教看來，世間上沒有窮人，貧富只是從比較而來。例如，有時間的人，用時間去幫助別人，這就是時間的富者；善於言詞，用語言來讚美鼓勵別人，這就是語言的富者；用微笑、歡喜、禮敬待人，這就是一個內心充實的富者；用力氣幫助別人，服務他人，這就是有力的富者。所以，貪心不足永遠是貧窮的人，樂於助人則永遠都是富貴的人。

佛教主張發展淨財、善財、聖財，甚至推廣開來還有智慧財。佛教對財富的看法，非常重視均富、共有、施他、利濟。佛陀當初實施僧侶托缽乞食制度，主要是因為他對財富的觀念，主張「裕財於信眾」，讓僧侶藉托缽時，信徒布施飲食，僧侶施予教化，所謂「財法二施，等無差別」。

佛教認為財富的獲得，應從培福修德、廣結善緣而來，一切都有「因緣果報」的關係。因此寺院經濟的管理人要有因果觀念與常住觀念，例如「有權不可管錢，

道路、公園、河川等公共設施，是我們共有的財富。

管錢的沒有權」，並且強調「要用智慧莊嚴世間，而不要用金錢來堆砌」，「要能運用財富，而不為財富所用」。尤其本著六和僧團的精神，重視「利和同均」，十分合乎現代人共有、共榮、共享的觀念。這都是佛教經濟觀的特色。

過去佛門裡有一些人，總認為貧窮才是有道行，談「錢」就是粗俗。其實「巧婦難為無米之炊」，一個人除非不做事，要做事就離不開錢，金錢是學道資糧，是很現實的問題。因此佛教並不排斥錢財，佛教對錢財的看法是「非善非惡」，黃金是毒蛇，黃金也是弘法修道的資糧。根據經典記載，佛教的信眾中不乏大富長者，如須達長者布施精舍、毗舍佉四事供養等，都受到佛陀的讚美。因此，佛教認為樸素淡泊用來自我要求是道德，用來要求別人則為苛刻。

再說，佛教徒本來就有在家與出家二眾，一個在家修行的人如果沒有錢財，如何孝養父母？如何安頓家庭的生活？何況修行辦道、布施救濟，都需要錢財作為助緣資糧。國家社會的各項發展，需要豐實的國庫作為後盾，而佛教本身必須提供弘法利生、醫療慈善、教育文化等服務來淨化社會，造福人群，如果沒有淨財，又怎能成辦這些佛教事業呢？因此，佛教認為如何將信眾布施的善財、淨財、聖財，好好用在佛化事業上，這才是值得關心的事。

一一、前面講了那麼多關於世間的財富，現在想請問大師，佛教有什麼樣的理財之道？佛教認為人生最大、最值得追求的財富是什麼？

答：錢財是物質生活的基本條件，一般人莫不希求安樂富有。在經典中，佛陀固然以毒蛇比喻黃金，但也不反對以正當的方法賺取淨財，所謂「有錢是福報，會用錢才是智慧」，錢財只要用於正途，都是累積福德的資糧。因此，佛教主張賺取正當的財富之外，更應進一步過合理的經濟生活。

「合理的經濟生活」包括擁有正當的職業、財富運用得當，以及懂得開源節流等。在《般泥洹經》、《雜阿含經》和《心地觀經》中都提到，智者居家應「恭儉節用」，合理消費，一分作為日常家用，一分儲存以備急需，一分幫助親戚朋友，一分布施培德。如果「懶惰懈怠、賭博嬉戲、喝酒放逸、飲食無度、親近惡人、邪淫浪蕩」，錢財便會很快的耗用殆盡。

此外，佛經也告訴我們，財富為「五家共有」，終有散壞的時候，能夠布施結緣，擁有「信、戒、慚、愧、聞、施、慧」，以及「六度」、「四攝」等法財，才是究竟的財富。

也就是說，學佛不一定要以窮苦為清高，佛教鼓勵在家信眾可以榮華富貴，可以營生聚財，如《大寶積經》說：「在家菩薩如法集聚錢財封邑，非不如法。」只要「平直正求」，而且有了財富以後要「給事父母妻子，給施親友、眷屬、知識，然後施法」。

有了金錢財富，還要懂得怎樣處理自己的財富，這才是重要的課題。在《雜阿含經》裡面有一首偈語說：「一分自食用，二分營生業，餘一分藏密，以擬於貧乏。」意思是說，假如你每一個月有十萬元的收入，應該拿出四萬元來經營事業；

兩萬元做為家庭生活所需；兩萬元儲蓄以應不時之需；剩餘之兩萬元用以布施，回饋社會，救濟貧乏。

此外，在《大寶積經》中，佛陀以波斯匿王為例，告訴我們財富處理的方法。由於波斯匿王已經不需要為生活計算，因此分作三分：三分之一用來供養宗教；三分之一用來救濟貧窮；三分之一用來奉獻給國家作為資源。

在《涅槃經》中，對財富的處理方法則說，除了生活所需之外，分為四分：一分供養父母妻子，一分補助僕傭屬下，一分施給親屬朋友，一分奉事國家沙門。

以上是佛教處理財富的方法。至於我個人的理財哲學是：把錢全部花在必要的開銷上，沒有錢了再努力賺回來，否則錢太多就會怠惰。我個人從小在貧困的家庭中長大，但我很會用錢，我經常把一個錢當作十個錢來用，甚至我把明年的錢，今年就用了。我們在「日日難過日日過」的生活下，將每一分淨財都用在培養人才、弘法利生的佛教事業上。因此佛光山並不矯情的視金錢為罪惡，也不濫用金錢、積聚金錢，使金錢成為罪惡的淵源，我們的信念是要藉著佛教的力量，把苦難的娑婆世界建設成富樂的人間淨土。所以錢財的處理運用，不在有無多少，而在觀念的正不正確，以及會不會用錢。有錢而不會用錢，和貧窮一樣匱乏，因此我常說「有錢是福報，會用錢才是智慧」。

當初我創建佛光山的時候，一開始就先確立佛教處理錢財的方法。我告訴佛光山的徒眾，佛教振興之道，在於佛教有人才、有淨財、有道業、有事業，否則「巧婦難為無米之炊」，缺乏淨財，無法成事。此外，我手擬佛光人守則，明訂佛光人不能私自化緣、私建道場、私置產業、私蓄錢財，而且中令管錢的人不可掌權，掌權的人不能管錢；大職事有權，小職事管錢；有錢，要為佛教和社會所用，不可以儲存。

很多人看到佛光山一棟棟金碧輝煌的建築，但很少有人知道佛光山經常無隔宿之糧，甚至一直舉債度日。三十多

佛教不將金錢視為罪惡

年來，我最高興的倒不是將十方信施淨財用於建設道場，我最歡喜的事是將錢財用來培養人才。一千多個僧眾，他們弘教說法，長於解除信徒疑難；他們住持道場，善於行政法務；他們在世界各地參學，通曉各國語言；他們把佛教帶向人間化、現代化、生活化、國際化，這是對信徒布施淨財的最大回饋。

我也經常告訴信徒，應該追求另類的財富，從另外的角度來看待金錢。如果擁有了智慧、人緣、勤勞、信念、健康及平安也是財富；相反的，富裕的人如果煩惱很多、夫妻經常吵架，有錢又有什麼用呢？

話說有一個平凡的農夫，經常告訴人家，說他是全國最有錢的富翁。稅捐處聽到之後，就想扣他的稅，問他是不是自承為世上最富有的人？農夫確認之後，稅務人員就問他：「你有哪些財富呢？」農夫說：「第一、我的身體很健康；再者、我有一位賢慧的妻子，我還有一群孝順的兒女；更重要的是，我每天愉快的工作，到了秋冬的時候，農產品都會有很好的收成。你說我怎麼不是世上最富有的人呢？」一個人即使錢財不多，但是孩子聰明、夫妻相愛，這也是人生的財富。

多年前，我曾應邀在日本市中心的朝日新聞紀念館（朝日ニュース紀念館）舉行一場以「人心、命運、金錢」為主題的佛學講座。當時我說，日本是一個經濟大

佛法、慈悲、滿足、歡喜、智慧，才是人生真正值得追求的財富。

國，物質生活極為豐富，人們普遍關心前途、命運、金錢，較少重視心靈淨化。其實這三者是互為因果關係的，心好命就好，命好錢就多，真正的財富在身體的健康、內心的滿足、正確的信仰、包容的心胸、前途的美好、生活的幸福、眷屬的和諧、靈巧的智慧及發掘自我本性的能源，只要心靈能夠淨化，這些內財自然具備。

這些觀念透過慈惠法師的日文翻譯，許多日本大眾同表大夢初醒，內心感到無比歡喜。其中，日中問題研究會矢野會長更表示：「過去時常自問，人生所為何來？不禁對自己的前途感到茫然。如今聽大師一席開示後，知道命運操之在我，命運由自己創造，知道人生有輪迴、有來生，無形中對未來充滿了希望。」他說：「今生雖苦，但可以創造未來的人生。」一個人能對未來充滿希望，這就是人生最寶貴的財富。

總之，佛教認為真正的財富，不一定要看銀行裡的存款，也不一定指土地、房屋、黃金、白銀，這些都是五家所共有，個人無法獨得；人生唯有佛法、信仰、慈悲、發心、滿足、歡喜、慚愧、人緣、平安、健康、智慧等，才是人生真正值得追求的財富。

一二、經過全球性的經濟風暴後，現在舉世都在盼望經濟早日復甦。請問大師，如何才能帶動全球經濟起飛？

答：二〇〇一年世紀交替之際，一場世界性的經濟風暴，像狂風一樣席捲了全球，讓舉世各國同受其害。在這段期間有很多人關心，全球經濟衰退對佛光山是否會有影響？我說當然有影響。不過我認為這也是好事，可以讓佛光山的人更有憂患意識，藉此學習突破困境，這樣對未來才有長遠的打算。

其實，佛教講「無常」，世間事就像潮水一樣，起落有時，榮枯興衰本是自然的循環。經濟發展也有週期性，時盛時衰；全球經濟衰退也是一時的現象，人民其實不必太過擔憂，過一段時期自然會有好轉。如台灣經濟研究院副研究員趙文衡博士的觀察，二〇〇一年台灣的經濟成長率雖然出現了一九六〇年代以來首次的負成長，敬陪東亞國家的末座。但是他認為這只是台灣由「模仿」進入「創新」階段必經的轉型期，無須太過憂慮。他說這個過程即將結束，台灣也將啟動另一波的經濟成長。依他的初步推估，二〇〇五年左右將是新一波經濟成長的關鍵年代，而至二〇二〇年前台灣的平均國民所得可達到兩萬美元以上的水準。

趙博士的理論依據是，雖然近來經濟成長停滯，但技術進步並沒有停滯。台灣在美國獲得的專利件數，由一九九七年的二千五百件激增至二〇〇一年六千五百件。在台灣經濟衰退最嚴重時，專利件數反而創下歷史新高，僅次於美國、德國與日本，高居世界第四位。同樣的，近幾年來，愈來愈多的台灣出口品是屬於高度技術密集的產品。雖然二〇〇一年台灣經歷經濟衰退，在所有的出口品中還有百分之四十六是高度技術密集的產品，此一比例甚至比二〇〇〇年的百分之四十二還要高，不但優於英美日韓等國，並且也是歷史新高，因此他對台灣的經濟復甦抱持樂觀的態度。

雖然經濟專家看好台灣的經濟前景，不過由於現階段經濟衰退引發高失業率，

世間事就像潮水一樣，起落有時，榮枯興衰本是自然的循環。

造成很多人對前途感到茫然，因此在今年（二〇〇三）二月廿七日，《人間福報》特與《遠見雜誌》共同主辦一場「提升執行力，創造全民財富」的經濟高峰會談，邀請社會上有高度影響力的人士，以高度的思考層次為台灣的經濟把脈，共同為台灣找尋出路。

會中多位專家一致強調「執行力」的重要，如高希均教授說：「經濟衰退，造成高失業率，繼而引發許多社會問題，我們要想出各種辦法創造財富，使社會能更積極參與。但是再崇高的理想、願景，如果少了執行力，全成了誇大的空想。因此若問：『台灣的未來在哪裡？』這個問題或許要從『執行力』找答案。」

有人說，一個企業的成功，百分之三十靠策略，百分之四十靠執行力。「執行力」是什麼？建華金控執行長盧正昕先生說：「執行力的定義是『積極參與，全力投入』，全力投入是身口意總動員。執行力的落實首先要『用對的人才』，其次得『採取對的策略』，最後是『完成對的營運』。」他認為今天這個時代，單打獨鬥闖不出天下，一定要有一群具有共同目標、願景，加上有強烈企圖心和執行力的人，集合眾人之力才能創造財富。

另外元智大學講座教授許士軍先生表示，過去一般人誤認為執行力是透過嚴

給人信心，給人歡喜，給人希望，給人方便；給，有無限的妙用。

格執行，一個口令，一個動作；其實未來的趨勢是「執行、策略合一」，站在第一線衝鋒陷陣的人，不是被動地等待高層裁示，而是自己要有規劃能力。他覺得今天若想發展經濟，創造全民財富，就得發展「台灣概念股」，利用台灣不會外移的優勢，例如自然的風光、氣候、文化、風俗習慣，加上知識、想像力、領導者的眼光，配合金融業、科技業的支持，這樣就能以知識創造價值，增加全民財富。也就是說，台灣如果能善用本身優越的條件，加上知識、科技、政策的指引，我們也能銷售高價位的產品，而能獲得外來消費者青睞，創造更多的外匯存底。

趨勢科技資深執行副總經理陳怡蓁小姐也談了他的親身體驗。他說去年與先生到日本本栖寺，看到寺裡楓葉飄零，有位師姐不停地清掃，但是動作遠不及落葉快速，分明是愈掃愈多。陳小姐的先生忍不住勸對方別掃了，沒想到他幽了一默說：「愈多愈好，這樣福報愈多！」陳小姐認為這就是佛光山執行力的源頭，因為每個成員皆充滿熱誠、歡喜。如果每個企業的員工，都能如此熱愛自己的工作，所追求的不只是金錢回饋，而是成就感、滿足感，相信所展現的必是持續不絕的執行力。

幾位先生、小姐的發言，皆有所見，不愧為專家、學者。當時我也針對佛教把我們的心比喻為田地，說明只要我們能開發心田，就有力量。所謂「願無虛發」，心願一發，所作皆辦。尤其做任何事都要給主其事者一個遠景、希望、未來，如此構想完成、步驟擬訂，執行起來就容易多了。像今年（二〇〇三）佛光山的國際花藝特展，引起花農的熱烈回響。執行布置的工作人員不眠不休、輪番上陣，不以為苦，這是因為他們有理念、有願景。

甚至我在世界各地建立幾百個道場，這是我給他們必定成功的信念。像彰化福山寺重建，困難重重，他們以資源回收籌募基金，如今已近十億元款項，令我深受感動。因此「給人信心，給人歡喜，給人希望，給人方便」都是執行力的具體展現。「給」才有力量，我以此實踐執行力，並且創造社會的財富。所謂「大塊假我以文章」，隨處皆可成為力量的泉源。我們的社會若想回復昔日風光，就要注重執行力的落實。

不過，講到這裡我又想到，現在台灣民眾處處愛講理由，光是講道理未必有力量。我認為有心才有力量，力量加上智慧，正確的方法才能為我們帶來執行力，能讓我們創造全民的財富。

最後我也談到，值此經濟不景氣的時刻，不但政府應該重新調整經濟政策，想辦法吸收外資，更要留住台商，別讓台商感嘆台灣設廠空間小，而讓資金外流；另一方面人民也要共體時艱，懂得開源節流，共同度過經濟的低迷。只是比較令人憂心的是，如前所說，各地的經濟縱然互有衰榮，就像潮水一般，具有週期性，不足為慮。反而大家所應該關心的是，由於經濟全球化，影響所及，一些小型企業漸為大集團所壟斷，一旦這些大的財團經營不善，造成骨牌效應，受害的何止千千萬萬人。所以，世界各國對於大集團應該要有所約束制衡，對於小企業則要加以輔助，讓大小共存，如此才能讓財富像活水一樣流通，繼而創造一個均富的社會。

一個人擁有智慧、慈悲、信仰、歡喜、滿足，這些都是無價的財富。

佛教對「政治人權」的看法

時間：二〇〇五年十月八日
　　晚間七時三十分至九時
地點：美國西來大學遠距教學教室
記錄：滿觀法師　英文翻譯：妙光法師
對象：西來大學學生及加拿大滿地可、
　　溫哥華、美國紐約、聖路易、奧斯汀、
　　休士頓、舊金山、佛立門、聖地牙哥、
　　台灣人間大學等十個地區之數百名學生
　　透過網際網路同步上課。

政治，一直是敏感的話題。有的人認為政治是齷齪、醜陋的，一提及便嗤之以鼻，避之唯恐不及；有的人則趨之若鶩，爭相追逐，如蟻聚羶，如蠅競血一般。為何對「政治」有著如此兩極化的評價？

曾經有人將政治形容為「高明的騙術」，在權謀詐術的操弄下，多少國家沉淪滅亡？多少賢能志士犧牲？孔子當年因「道不行，乘桴浮於海」，從此周遊列國；楚國的屈原，因為被奸臣陷害而含冤投江。許多文人「學而優則仕」，原本懷抱「濟蒼生」、「安社稷」，以身報國的雄心抱負，卻因受到壓迫排擠，壯志難酬，一個個退隱田園，如西晉的陶淵明，唐朝的李白、杜甫、陳子昂，宋朝的蘇東坡、陸游、辛棄疾……他們的文學作品裡，也留下了諸多政治黑暗、官場險惡的見證。

其實，政治的黑暗、醜惡，是現象，並非本質！

本質上，政治是人類的一種社會活動，它包含政府治理國家的權力，也包含人民管理政府的權力。「國家興亡，人人有責」，所以，政治應是全民為國家興隆、百姓福祉，而齊心協力的責任與行為。而且，愈是清明的民主國家，就愈重視人民的權利和權力，人權也更能伸展和受重視。

古代希臘的柏拉圖，是世界上最偉大的思想家之一，他的代表作《理想國》，被公認是西方第一部政治理論經典。柏拉圖認為「城邦」（國家）是放大了的個人，有什麼樣的個人，就構成什麼樣的「城邦」（國家），所以書中將政治、倫理、哲學、教育視為彼此相互依存，有著缺一不可的關聯性、重要性。

過去，講求仁義、倫理道德的儒家思想，在中國政治史上一直居於主導的地位。宋太祖趙匡胤、宋太宗趙匡義的宰相趙普即宣稱：「我以半部《論語》輔佐太祖打天下，以半部《論語》輔佐太宗治天下。」他認為《論語》裡有豐富的治國思想與方法，每次一遇到治國難題，就回府閉門攻讀此書，從裡面尋找解決問題的良策。

不過，人性之貪瞋痴，要根本去除，並非易事，在這方面，佛教則具有淨化心靈的教化作用，也有過不少具體的貢獻。佛陀在世時，常對國王大臣說法，指引「治國之道」；歷代許多高僧秉持弘法濟世的悲願，關心國事，福利百姓。佛教不僅對政治有精闢的主張，尤其能輔助政治的不足，鼓舞人心向上、向善，具有積極、平等與包容、互攝、圓融的特質。從歷史的記載裡，可以看到佛教對於歷朝政治的許多建設成果。而藉由政治的護持，佛教也得以弘傳發展。政治與宗教，如同人身五官四肢的互用，具有相輔相成的功能。

星雲大師本著度眾的慈悲願力，關心政治，關懷社會，他將人間佛教弘揚至全球五大洲，衷心祈願的即是藉著佛法的力量，能讓世界每一個國家、每一個種族、每一個人，都能獲得平安幸福。二〇〇五年十月，大師再次應西來大學之邀，前往美國為遠距教學的學生授課。從學生的提問中，大師闡述政治運作所產生的各種利弊，說明佛教與政治的關係、佛教對政治的貢獻；談到對「人權」、「自由民主」的看法，對於敏感的兩岸問題，大師也提出懇切中肯的箴言。以下是當天的座談紀實。

一、有人說「政治」是最現實的，政治裡沒有永遠的敵人，也沒有永遠的朋友，聽起來好像政治是沒有原則，只講利害，是很反覆、無情的。請問大師，「政治」的定義是什麼？在一個宗教人士看來，政治的運作會有一些什麼利弊、得失呢？

答：說到政治的定義，希臘哲學家亞里斯多德說：「人是政治的動物。」中國的孫中山先生則說：「政就是眾人之事，治就是管理；管理眾人之事就是政治。」具體而言，凡行政上所施行的一切治國之事，概稱為「政治」。

政治是社會組織重要的一環，世間上所有一切都與政治脫離不了關係，也沒有一個人能離開政治而生存。因為人是群居的動物，不能離群索居；既然無法離開群眾，自是不能遠離政治而生活。然而過去一般人每一提到政治，總是將之與權術、謀略、黨派、鬥爭畫上等號，因此強調和合無諍的佛教徒，往往避談政治，甚至在社會人士高唱「宗教的歸宗教，政治的歸政治」口號之下，更以遠離政治為無求。

事實上，參與政治是國民的權利，除非是觸犯國家刑法，被褫奪公權，否則即使出家眾都須善盡納稅、服兵役的義務，也有選舉、罷免等權利。也就是說，政府有治理國家的權力，人民也有管理政府的權力。尤其人生存在世間上，需要很多的自由，譬如人有居住的自由、信仰的自由、言論的自由、參政的自由等，如美國獨立戰爭時派區克．亨利（Patrick Henry）所說：「不自由，毋寧死。」

在各種不自由當中，以政治的不自由對人迫害最大。台灣之所以為人所稱道，就是因為台灣人民有政治上的完全享有權，以及從政的自由權。台灣下至鄰、里、鄉長，中至縣市議員、縣市長，上至立委、國大代表甚至總統，大家依法都有選舉或被選舉權，這是民主國家的特徵，也是民主政治的可貴。

政治最大的功能，乃在於能解決、保障人民、家庭、社會、國家的生存與安全。但是政治也有王道與霸道、仁政與暴政之不同，所以一個國家國祚的昌隆衰弱，人民的安危苦樂，和掌權者的施政態度有絕對的關係。國家領導者若實行仁政、王道，愛民重民，就能政通人和，贏得全民的擁戴；反之，倒行逆施，暴戾自私者，最後必定為人民所唾棄，終而走上滅亡之路。此即「得民者昌，失民者亡」，這個道理證之於古今中外歷史，歷歷如繪。例如《國語》記載，周厲王暴虐，常大肆殘殺無辜，雖然「國人莫敢言，道路以目」，三年之後，仍被百姓群起放逐。再如秦始皇父子因肆虐百姓，大失民心，很快就失去天下。

反之，楚漢之爭時，劉邦因得秦民支持，於是轉弱為強，轉敗為勝，這就是孟子所說的「得其民，斯得天下矣」。唐太宗是中國歷史上的明君，他在位期間，國家繁榮興盛，內外昇平，從《貞觀政要》中可看出其「君道重在安民」等政治觀。他曾對臣子說：「為君之道，必須先存百姓，若損百姓以奉其身，猶割股以啖腹，腹飽而身斃。」他並舉出隋煬帝由於荒淫殘暴，徵斂無度，導致「民不堪命，率土分崩」來與侍臣互相警惕。

所謂：「君，舟也；民，水也。水能載舟，亦能覆舟。」歷史的殷鑑不遠，可是放眼現代，獨裁、極權政府對人民控制壓迫之例，也是不勝枚舉。最典型的代表是納粹的蓋世太保、法西斯的黑衫軍、蘇聯的格別烏（KGB），以及許多國家的特務，都是用殘酷的手段、嚴密的監控來統治人民。

此外，政治上的弊端，如苛捐雜稅、嚴刑峻罰、貪汙腐化、強徵勒索等。也有所謂白色恐怖、屈打成招，或司法迫害、法律不公，致使人民冤屈無法伸張而怨聲載道。乃至執政者朝令夕改，翻雲覆雨，無信無義；或與黑道掛勾，道德淪喪；或藉著政商合流，牟取私利，而罔顧人民權益，危及公共安全；或壟斷媒體，致使輿論不彰……甚至如恐怖分子的襲擊，屢屢挑起人類的仇恨，引發死傷慘烈的事件和戰爭。

其他如日本企圖掩滅其殘暴的侵略史實而篡改教科書，乃至歷年首相一再參拜靖國神社，不肯認錯之舉都是負面的政治態度。這些政治人物雖然一時顯赫，為所欲為，但是禁不起時間的考驗，當其下台或逝世後，往往「人亡政息」，個人所建立的政治體制也隨之瓦解。

政治是一時的，道德、人格才是永久的。因此，孔子在《論語》裡提到最理想的政治是「道之以德，齊之以禮」，他說：「政者，正也。」在上位者有道德，則「其身正，不令而行；其身不正，雖令不從」。如此，「政治道德」所展現的便是一種「政治力量」了！

好的政府是「民之所好好之，民之所惡惡之」。他們會為百姓謀取福利，如減輕稅捐、加強建設、發展經濟，讓人民生活富足；提升教育、文化水準，尊重宗教，融和種族，建立和諧、安定的社會；培植山林，整治水利，重視環保，營造清淨、健康的生活環境等等。

除了前面所言的唐太宗，三國時，以遠見卓識輔佐劉備安邦治國的諸葛亮；宋朝時，為富國強兵而推行新法的王安石，以及「居廟堂之高，則憂其民」、「先天下之憂而憂，後天下之樂而樂」的范仲淹等，都是忠心為國家社稷，以大公無私，寬宏氣度來實現政治抱負的典範。

在佛教裡，極樂世界是人所嚮往的佛國淨土，在極樂世界裡，「諸上善人聚會一處」，是一個政治永遠清明的世界，不同於娑婆世界是個有好人、有壞人、有光明、有黑暗的五濁惡世，尤其只要一沾上政治，人性醜陋的一面便愈發突顯。明朝唐甄曾激烈抨擊帝王皆賊，他認為：「自秦以來，凡為帝王者皆賊也。」此乃人有私心，有權力欲望之故，因此不論東西方，國家與國家、種族與種族、黨派與黨派之間，因政治權力引發的爭戰，可謂連年迭起，少有止息。尤其根據歷史學家的研究，中國五千年的歷史，只有九年沒有打仗，所以談到政治人權，我們要呼籲全世界愛好和平的人士，大家修身正己，以誠心、正義、尊重、包容，慢慢影響世界政治人物，用輿論和各種方法，讓從事政治者知道和平的重要，從而提升政治道德，善盡政治責任。

二、政治確實和每個人都有密切的關係。現在想請問大師，一般人常說「政治的歸政治，宗教的歸宗教」，宗教與政治真能完全劃清界線嗎？佛教在歷史的長河中流傳，是否與「政治」有過什麼樣的接觸嗎？佛教與政治的關係又是如何呢？請大師開示。

答：自有人類以來，就有宗教信仰，因為宗教如光明，人不能缺少光明；宗教如水，人不能離開水而生活，因此人只要有生死問題，就不能沒有宗教信仰。

宗教與政治都是人類的社會活動，二者自然難以劃清關係，只是過去一般人總秉持「宗教的歸宗教，政治的歸政治」，認為彼此應該各自獨立、互不相干。實際上，「政教分離」是舉世都能認同的思想，但是政治與宗教彼此又能相輔相成，互補互需，這也是不爭的事實，例如佛教能影響帝王的施政理念，輔助帝王修身、治國、平天下；相對的，佛教的弘揚，也要靠帝王的護持，才能普遍推廣。因此自古以來佛教非但未與政治分離，而且一直保持良好的關係。例如佛陀成道後，遊化諸國，經常出入王宮說法，開示仁王的治國之道，許多印度大國的君王如頻婆娑羅王、阿闍世王、波斯匿王、優填王等，都受到佛陀的感化，皈依佛教，進而成為佛教的護法，他們將佛法的真理應用於治國安邦，福利百姓。

佛陀涅槃之後，印度的阿育王，原本兇惡殘暴，皈依佛教之後，成為仁慈愛民的君王。他覺悟到以武力來統治國家，只能服人之口，唯有以佛法真理來度化世間，才能服人之心。因此，在他治理國政期間，每五年會派一批大臣，到全國各地去考察佛法傳播的情況，並且在街衢要道設立許多石柱，上面篆刻佛教的經文，他認為佛法愈弘揚，國家就愈興盛。後來的迦膩色迦王、戒日王、彌蘭陀王等，也都遵循佛陀教法，以法治國，建立清明的政治，在印度史上寫下輝煌的一頁。

到了中國，歷代的僧侶與帝王也常有密

前國務院副總理、現任兩岸企業家峰會，大陸方面理事長曾培炎到佛光山會見大師。2014.12.19

切的合作往來，當中有輔弼朝廷被尊為國師者，有出仕朝中為宰相者，如宋文帝禮請慧琳為宰相，日理萬機，時人稱為「黑衣宰相」；唐太宗向明瞻法師請教安邦定國之道，明瞻陳述以慈救為宗；明朝的道衍禪師，永樂皇帝愛其英才，敕令還俗輔佐朝綱，對明初的清明政風貢獻很大。

阿育王時期的建築——摩訶菩提寺

佛教對國家社會的影響與貢獻，除了和諧政治，再如幫助生產、開發交通、保護生態、利濟行旅、文化建設、安住軍民、興辦教育、醫療救濟、財務運轉、科技文學等。乃至佛教可幫助政治化導邊遠、消除怨恨、感化頑強，發揮慈悲教化的功效。尤其佛教的五戒，可讓人民去惡向善，是安邦治國不可或缺的助力。

佛教與政治的關係是彼此相輔相成的，政治在使一個國家人民走向繁榮、安定的大道；宗教則是政治前面的引導者。佛教與政治的關係進一步說，由於政治本身為了因應人事的變化，有時思想難免受限於「權」的制衡，而導致狹隘的自我主義，所以一個政治領導者，如果不能把施政的理念建立在道德上，不以佛教的慈悲心、緣起觀為施政的準則，政治就會流於權術的運作，從政者便會被權欲所支配，而謀權奪利、互相鬥爭。甚至整個社會若不借助佛教的因果業報來教化人民，也難以安定人心，因為法律只能防止惡行，惡的根本則必須靠佛法的修行才能去除，所以有時政治力量達不到的地方，佛教可以彌補不足。

然而佛教在中國的發展，其與政治之間有時候是政治希望借助佛教的輔助，所以帝王莫不尊崇有德高僧為國師，例如姚興尊鳩摩羅什為國師；有的朝代是帝王採高姿態，希望佛教臣服在政治之下，遂與佛教產生敵對狀態，故而有東晉慧遠大師提出〈沙門不敬王者論〉的主張，認為「袈裟非朝宗之服，鉢盂非廊廟之器」。有的時候宗教與政治相輔相成和諧共存，但有時候也有民間宗教如白蓮教，乃至太平天國的洪秀全以天主之名，假借宗教摧倒政治的，也是時有所聞。有的時候政治逼迫宗教隱遁到山林裡，如明太祖朱元璋對佛教的政策，不但禁止俗人進入寺院，同時也禁止僧侶與世俗生活接觸；有的則是擺明了借助佛教的幫忙，如唐朝神會大師幫助政府賣度牒，現在政府每遇有重大災害，也總要佛教出面救災。

總之，佛教與政治有如唇齒相依，關係密切。佛教教義與僧侶行誼可以影響帝王的政治理念，建立祥和社會；帝王的權勢則能幫助佛教普遍弘傳，淨化世道人心。所謂「上行下效，風行草偃」，一個宗教的發展，如果有上位者加以弘傳，則普遍而快；如果由下而上，要想普及於全國，若無一兩百年，則不易竟其功，這就是佛陀臨涅槃前將護法之責付與王公大臣的原因。有了帝王的護持，佛教才得以弘化天下，暢行無礙，此可證之於日本聖德太子所訂之《十七條憲法》，明文規定日本世世代代為篤信三寶的佛教國家，所以日本的佛教直到現在依然非常興盛。

甚至佛教從印度傳到中國，之所以能枝繁葉茂，並且產生「佛教中國化，中國佛教化」的現象，除了高僧的弘傳、譯經的展開、大藏經的刊行、宗派的創立、教義信仰的普及，乃至僧團制度的不斷革新等諸多原因之外，歷代多位帝王對佛法的鼎力護持，也是一大助緣。

其他如泰國國王即位之前，必須接受短期的出家生活訓練，等到出家人的威儀具足，佛教的慈悲精神具備，才能掌理政治；西藏一直實行「政教合一」，其他中南半島的國家，如錫蘭、緬甸、尼泊爾也都是「佛教領導政治，政治尊重佛教」；韓國亦曾以佛教為國教，並雕刻大藏經以救國。凡此都說明佛教與政治之關係密切，政治需要佛教的輔助教化，才能建立和諧安定的社會；佛教也需要政治的護持弘傳，才能源遠流長。

三、剛才大師談到，兩千多年前釋迦牟尼佛住世時，就經常周旋在國王大臣之間，為他們開示為政之道。能否請大師進一步說明，當初佛陀對政治有一些什麼樣的理念與教化？

答：談到佛陀的政治理念與教化，令人感慨的是，翻開人類的歷史，從古至今，世界各國的政治少有清明的時候，大都處在變亂動盪之中，原因是各階級、各國家、各民族都是以自己的利益為出發點，對內自相殘殺，爭取領導；對外侵占掠奪，謀取擴張，在在處處顯露人性自私貪婪的弱點！

佛教是個崇尚和平的宗教，佛教沒有階級和種族的歧視與鬥爭，佛陀當初打破四姓階級制度，明白揭示民族的平等觀，即是認為「一切眾生皆有佛性」，應一律平等視之。因此一如佛教的傳說，如果悉達多太子當初不出家修道而接掌王位，便是一位英明仁慈的轉輪聖王。所謂轉輪聖王的政治，就是一種自由民主的政治，也就是行五戒十善的德化政治。

佛陀出身王族，對國家政治有透澈的了解，在《般泥洹經》裡，他說：「天下多道，王道為大，佛道如是，最為其上。」佛陀的政治理想和宗教理想，是彼此圓融互利的，他認為唯有依循正法，政治才能達到理想的境地。換句話說，一個理想的政府，必須在國家、法律的秩序上，加上宗教、道德的規範，才能發揮仁王政治的理想。

佛陀對仁王政治的教化，普見於佛教的諸多經典中，例如：在《大薩遮尼乾子所說經》裡，佛陀開示：民心不安，是國家之危，所以領導者應常掛念百姓，如心繫自己的幼子一般。在《如來示教勝軍王經》中，佛陀告訴身為國王者：對於國內所有眾生、僮僕、大臣，都應以「四攝法」來看顧攝受。在《長阿含經》裡，佛陀說：「君臣和順，上下相敬……若能爾者……其國久安。」在《佛說孛經抄》裡，

佛陀歸鄉說法圖／約1750~1780年／英國 牛津大學博德利圖書館藏

佛陀指出：「為君當明，探古達今，動靜知時，剛柔得理，惠下利民，布施平均。」在《法句譬喻經》中，佛陀提出為王之道當行五事：一、統理萬民，須公正公平，不能有冤屈之事；二、儲備人才，要用心並給予教育；三、勤政愛民，廣修福德；四、不聽信讒言，而能察納正直的諫言；五、潔身自愛，不貪圖享樂。在《金光明最勝王經》裡，佛陀則說：「於親及非親，平等觀一切，若為正法王，國內無偏黨，法王有名稱，普聞三界中。」

佛陀綜觀當時社會的狀況，認為一國的興衰與君主的道德有關：「君主賢能德政，則國運必昌，人民幸福；君主失德，則國運必墮，人民痛苦。」因此，佛陀為帝王訂下

佛陀紀念館佛陀行化圖——佛陀為雨勢大臣說治國七法

應守的德目，如：清廉寬容，能接受群臣的諫言；肯布施，能與人民共甘苦；租稅必依法徵收；勤政愛民，謹持威嚴；審判必依法律，無私曲於其間；與群臣和睦，不與彼等競爭等。

除了國家最高領導者應具備慈悲、能力、公正、守法等條件以外，在《增壹阿含．結禁品》裡，佛陀也舉出執行政令的官員必須具有：不貪汙、不暴怒、不諉過、不怪癖、不慳吝、不犯法、不磨人、不重稅、不嗜酒、不好色、不自私等內涵品德，才能行法不悖，利益眾生。

此外，《中阿含．梵志品雨勢經》中也記載了佛陀對政治的看法。有一次，阿闍世王要發兵攻打跋祇國，特地派遣雨勢大臣向佛陀請教戰略。佛陀知道雨勢大臣的來意，故意對站在身後的阿難開示跋祇國所以富強的治國七法：數相集會，講議正事。君臣和順，上下相敬。奉法曉忌，不違禮度。孝事父母，順敬師長。恭於宗廟，致敬鬼神。閨門淨瑕，言不及邪。宗事沙門，敬持戒者。

佛陀主張以議會制度，推行民主法治來決定全民的利益，一如今日立法院、監察院等也經常召開會議，只是早在二千五百多年前，佛陀已有灼灼先見之明了，所以英國政治名著《印度的遺產》一書中提到：「現代民主國家的會議制度，便是從佛教的思想中繼承來的。」

其實，一個良好的政府不必然是全能的，但是必須導民以正。從以上諸多佛教經典中，可知佛陀心目中的理想政治是轉輪聖王的仁王之治。他認為一個國家不可擴張武力去侵略他國，但是為了維護本國人民自由、平等、安全、幸福，必要的施政是可行的。

佛陀對於政府治國之道的精闢看法與理念，當今政治人物如果都能謹記在心，並且依之而行，應用於治國濟民，那真是國家之幸，人民之福了。

四、既然佛教徒關心政治已有佛陀身先表率，那麼歷代以來的高僧大德對政治的看法又是如何呢？他們是否也曾立下什麼樣的典範？請大師為我們說明。

答：前面提到，佛教的弘揚要靠帝王的護持，才能普遍推廣；相對的，佛教則能影響帝王施政理念，輔助帝王修身、治國、平天下，所以佛教與政治的關係一直是密不可分。在中國，不但歷朝設有僧正、僧統、僧錄司等僧官制度，更有禮請僧人為國師而輔佐施政者，譬如禪宗的南陽慧忠禪師，唐肅宗、代宗都曾封立他為國師。華嚴宗三祖法藏賢首，唐高宗曾隨他求受五戒，武則天請他至宮中宣講華嚴要義，法藏為了讓武則天明了「體相用一如」的道理，就近取譬宮門一對金獅，成就《華嚴金獅子章》的偉大著作，使華嚴宗在唐朝大放異彩。而四祖清涼澄觀更是受到代宗、德宗、順宗、憲宗、穆宗、敬宗、文宗等皇帝的崇敬，被尊為七帝國師。

賢首國師

唐朝的悟達國師深受唐文宗敬仰，宣宗即位後，更頒賜紫袈裟，並且敕封為三教首座，他曾襄助宣宗復興佛教，功績炳然。隋唐時的玄琬法師受朝廷禮請為太子太傅，以「行慈、減殺、順名、奉道」四事，教導東宮太子未來掌政愛民之方。其他如寶誌禪師為梁武帝的國師、玉琳國師為清順治皇帝的師父、天台智者大師受到隋唐兩代帝王的尊敬等。以上這些大師都是抱持方外之士的超然胸懷，以佛法智慧，為國家的安樂、人民的幸福貢獻寶貴箴言。

此外，歷代對國家政治深具影響力的僧侶，諸如西晉末的佛圖澄，他度化殘暴殺人的石虎、石勒，解救生靈無數，二石尊之為師，時常請教社稷大事。佛圖澄的弟子道安大師，是姚秦苻堅以十萬大軍征討襄陽時希望求得之人。當時有位博學廣聞的習鑿齒，以文名著稱，其辯才早已名滿天下。在道安抵達襄陽之前，習鑿齒已久聞道安之名，特意修書通好並前往拜訪，他自我介紹：「四海習鑿齒。」意思是四海之內多聞我名，道安應聲回答：「彌天釋道安。」即普天之下，相信佛法、有道就能平安。兩人機鋒相對，可謂禪意盎然。

道安大師後來勸諫苻堅休戰，讓眾生免於塗炭。再如唐朝玄奘大師，他在主持譯經大業的同時，並經常隨駕高宗左右，接受諮詢國事。玄奘大師圓寂的時候，唐高宗罷朝三日，悲慟地對大臣說：「朕失去了一件國寶！」玄奘大師受到朝野仰崇之深可見一斑。

皇帝是政治上的國王，影響於一時；出家人是真理上的法王，影響於萬世。隋文帝曾經讚歎靈藏律師：「朕是世俗凡人的天子，律師你是求道學法者的天子；律師能以佛法度人為善，而朕只能以法令禁人為惡。」南宋高宗曾禮請法道禪師入朝共謀國事，貢獻計策，穩定軍機；曾經一度為禪僧的劉秉忠，元帝入主中原後，特別徵召他出仕為相，劉秉忠為了保全漢人的生命財產，免受無辜的殺戮，乃挺身而出，立朝儀，訂制度，推行漢化，延續了漢民族的生存；元代至溫禪師，由於贊助王化有功，世祖敕封他為佛國普安大禪師。

歷代的高僧大德雖然不像帝王將相直接掌政，但是愛國之心和一般人是相同的，他們以佛教的高超教理來淨化人心，改善風氣，為社會提供心理建設、精神武裝，給予社會大眾苦難時的安慰，失望時的鼓勵。只是長久以來許多人對於僧侶關懷政治總是抱持不正確的觀念，認為出家人不可以問政，不能關心政治，其實政治既是眾人之事，佛教徒關懷社會，豈能不關心政治？因此即使佛陀也曾說過自己是「眾中之數」，乃至觀世音菩薩以三十二應化身遊諸國土，度脫眾生，其中即有國王、宰官、大將軍身，以其政治身分，為眾生創造富足安樂、無有怖畏的人間淨土。所以佛教徒參與政治，本著愛國愛家及關懷一切眾生的悲心，懷抱淑世濟人的聖賢之心，從事政治的事業，又有何不可呢？

是故針對常有人問：佛教徒可以從事政治嗎？答案是「可以」！因為從佛陀為國王們講說轉輪聖王的理想政治，以及歷代國師們以佛法的智慧輔佐帝王治理國家，在在都證明佛教徒可以參政，但不必直接干治的中道思想。佛教徒如果能本著大慈大悲、救苦救難的菩薩精神，從事政治的事業，更能擴大心胸，為眾謀利，這是不容置疑的。

五、大師，您提倡人間佛教，一向都很積極地走入人群，主動關懷社會與時事，但大師對政治又一貫保持超然和超越的態度，是否這就是所謂「問政而不干治」呢？請大師開示。

答：人在社會上誰也脫離不了政治，佛教徒雖不介入政治，但關心社會，關心政治，「問政不干治」是佛教徒對政治的態度。也就是說，佛教基本上是超越政治的，但對社會大眾的關懷，仍不失其熱心，只是不直接接觸行政工作，這也是佛門一向主張的「問政不干治」。

我對政治與宗教的看法，一向主張「政治權力方面，宗教徒不沾邊；宗教靈修領域，政治也不要干涉」。例如我開創佛光山，或在全世界建設一、兩百座道場，十方善施協助之外，從來沒跟政府申請過一毛錢來補助設施。我認同太虛大師的「問政不干治」。「政治」兩個字，「政」是眾人的事，「治」是執行、管理之意。問政就是可以關心國事，給予建議，但是不要當警察局長或鄉鎮長等，直接參與政治。目前台灣社會混亂，是非、法律不張，我也不贊成出家人參選民意代表，但可推薦正信的佛教徒參選，因為總要有人來關心國事，改革政局。

像現任西來大學的教務長古魯格，他是斯里蘭卡人，過去曾是代表斯里蘭卡國家政府駐聯合國的大使。剛才上課前我問他：「目前斯里蘭卡佛教與政治的關係如何？」他說：「斯里蘭卡有兩百多個國會議員，其中有九個是出家人，都是很優秀的議員。」我開玩笑說：「你們南傳佛教比我們北傳佛教進步，在台灣，要有九個擔任立法委員的出家人都很難呢。」宗教不能離開國家，不能離開政治，出家人可以不做官，不管理政治，但是不能不關心社會、不關心民眾，因為「國家興亡，匹夫有責」，不管什麼身分，每個人民對國家都不能置身事外。

出家人雖然出家了，但是並不意味出國，並沒有遠離自己的國家桑梓。愛國不分你我自他、方內方外，為政不必高官厚祿，權力在握，我想愛國沒有錯誤，沒

不管什麼身分，每個人民對國家都不能置身事外。圖為斯里蘭卡僧侶抗議宗教極端主義的暴力行為。

有國家民族觀念才是罪過。國家需要廣大的佛教徒投入問政行列，以佛教的高超教理來淨化人心，改善風氣，維持社會秩序。何況佛門廣大，如陽光普照、天雨潤澤，不會揀擇是大樹或小草。販夫走卒、貧苦困頓者，我們都會心生悲憫，希望他們能得到佛法的滋潤，重拾生命的力量和喜悅，何況政治人物？佛教不會捨棄任何一個人。而且，如前面所言，在上位者如果有宗教信仰，明因果、知取捨，對國家、對百姓更有正面且巨大的影響！

這幾十年來，和我接觸的政治人物不少。一九九六年五月，美國前副總統高爾訪問西來寺，晤談中，這位和善的政治家表現出對宗教和移民的高度支持與關切，他讚許佛教的合掌，認為此動作代表了合作、團結、互助與包容。一九九八年五月，我到馬來西亞弘法時，與他們的首相馬哈迪會晤，他認同佛教的慈悲心、平等觀，並提出人類也應有相互關懷友愛的情操。

二〇〇一年八月，當時任高雄市長的謝長廷先生，因看到《仁王護國經》裡「若國欲亂，鬼神先亂；鬼神亂故，即萬人亂。當有賊起，百姓喪亡」的句子，深感淨化心靈的重要，於是率同一級主管到佛光山進行「淨心論政之旅」。那時，我提供「以眾為我，就能解決問題；以退為進，世界將更寬廣；以無為有的胸懷，擁有更多；以空為樂，更能自由自在」的觀念，作為他問政管理的參考。

另外，台灣親民黨主席宋楚瑜曾說，從我身上學到「老二哲學」，他要效法出家人，以眾生為念。陳水扁總統曾三度訪問佛光山，他說我勉勵他「有佛法就有辦法」、「國內政局要安定」，有助於「九二一」災後重建及兩岸問題的處理；也表示全民應推行和實踐我提倡的「做好事、說好話、存好心」三好運動。還有，二〇〇一年，我應邀至總統府演講，也提出「對經濟的復甦，企業要大小共存；對社會的治安，全民要同心協力；對族群的融和，大眾要互相尊重；對國家的未來，眼光要瞭望全球」四點意見，作為大家未來努力的方向。

《龍舒增廣淨土文》言：「上報四重恩，下濟三塗苦。」我們生存世間所承受的四種恩德，其中之一便是「國家恩」。每個人都需要國家政府來保障生命財產的安全，所以平時有力量者幫助生產，有技能者提升科技建設，有智慧者建言國是，有財力者廣結善緣……每個人都應該在自己的崗位上盡忠職守，以報答國家覆護之恩。

佛教與政治之間有如唇齒相依，彼此脫離不了關係。證諸歷史，佛教愈弘揚的時代，國運就愈昌隆；同樣的，國家富強，政治清明，佛教才能興盛。因此，身為國民，大家都應該關心國家大事；身為宗教家，更應為全人類福祉盡心盡力，不但不能置身事外，而且應該積極關心，直下承擔，這才是人間佛教菩薩道的實踐。

六、請問大師，佛教與政治的關係既是如此密切，兩者之間是否有一些什麼樣的異同或是主從的關係嗎？

答：說到佛教與政治的異同，早期我在各地講演，後來結集出書的《講演集》，裡面有一篇〈佛教的政治觀〉，談到二者的不同，我曾列舉數點，大意是：

- 政治是管理眾人，維護社會團體的秩序。

佛教是教化眾生，淨化社會人心的力量。

- 政治希望人人能夠安和樂利的生活。
  佛教要求人人能夠慈悲喜捨的做人。
- 政治是重視法紀，要人人守法。
  佛教是慈悲懺悔，要人人自律。
- 政治是維護治安，保衛國家。
  佛教是救苦救難，擁護國家。
- 政治重視才幹機變，以力服人。
  佛教重視戒律因果，以德服人。
- 政治對於功和過，重在事後的賞罰。
  佛教對於善與惡，重在事前的認知。
- 政治是權法，因時、因地、因人而制宜。
  佛教是實法，因教、因法、因理而肯定。
- 政治是曲線的，曲而求遠，人人平等。
  佛教是直線的，直指人心，見性成佛。
- 政治重視實效通行，即日成辦。

佛教重視遠益利濟，普度現未。

• 政治的世界和平，是理想目標。

佛教的淨土共生，是行願完成。

• 政治以財力、軍力、權力，治理國家。

佛教以德力、法力、心力，輔助國家。

• 政治從外做起，要求人民修身守法。

佛教從內做起，要求人民修心守道。

• 政治要求人人奉行四維八德，以家齊國治。

佛教要求人人實踐五戒六度，以自度度人。

這是從佛教與政治的定義、教化、目的，以及執行方式等來作比較。表面看來，兩者有極大的差異，實則可以相輔相成，相互融通。例如佛教雖明諸法畢竟空寂，實相無相，但在教化時，會隨著眾生根機而有許多權巧方便的施設。如《雜阿含經》裡記載，有位御馬師問佛陀：「身為『無上調御丈夫』的您，以幾種方法來調伏眾生？」佛陀回答說：「如同調馬一樣，也是以柔軟、剛強、剛柔並用三種方法來教化眾生。」

佛教是直指人心，見性成佛。

所謂「愛的攝受」與「力的折服」，這種剛柔並用的教化方式，和政治上「寬猛相濟」、「王霸兼綜」的政策並無二致，同樣是管理眾人之事。只是不同的政治理論，不同的治國方法，當然也會產生不同的政局。大體上，「四維八德」仍為治國修身之依循準則，在這方面，佛教所制訂的「五戒」，更能作為修心養性的指引，不同於外在的規範。乃至佛教的一切教理都是「直指人心」，讓人們發覺本自具有的清淨善美的真心，進而以四攝六度等菩薩行法自度度人，共同營造美滿和諧、富足安樂的國土。

不論身為哪一國的國民，一定有行使政治的權力，都是「政治人」；如果接觸佛教，成為信徒，就成為「佛教人」。兩者重疊，會產生相加相乘的強大力量！

至於主從關係，我想佛教與政治應無主從之分。不過「形為心使」，佛法即「心法」，在一切有為法中，「心」具有主動、主宰的支配力，如《華嚴經》言：「心如工畫師，能畫諸世間。」此心能上天入地，會行善造惡，我們若能明白自心而實踐此「心法」，在待人處世，乃至齊家治國就非難事了。

七、有人說，一個國家如果能多幾個「政治家」，少一些「政客」，這個國家的人民就有福了。請問大師，「政治家」與「政客」之間到底有什麼不同？

答：真是大哉問！一個國家如果政治家多一些，政客少一些，國家就能興盛、清明、穩定。反之，如果盡是政客當道，要國泰民安也難矣。同樣是以「政治」為業的人，二者有何不同？十九世紀美國一位牧師克拉克說：「政客與政治家的區別，就是政客看下一屆的選舉，政治家看下一代的福祉。」真是一針見血的詮釋。

綜觀古今政壇百態，我將政治家與政客之不同，歸納為：政治家一心做事，政客一心做官；政治家想到利人，政客想到利己；政治家公而忘私，政客私而忘公；政治家以福國利民為立場，政客以個己之私為立場；政治家為正義而服務，政客為利益而服務；政治家高瞻遠矚，政客短視近利；政治家有黨派，和而不流，政客有黨派，以黨伐異；政治家上台容易、下台灑脫，政客上台不易，下台不肯；政治家有道德勇氣，政客泯滅良知；政治家肯為理想犧牲，政客只有貪欲的企圖。

根據這些描述和比較，我們來檢視歷史上的政治人物。我想無疑的，華盛頓是一位傑出的政治家。他帶領美國獨立，並於一七八九年，高票當選美利堅合眾國第一任總統。他極為厭惡專制獨裁，除了竭力將鬆散的聯邦建立成堅實的國家，更堅持推行民主政治，為現今美國的自由民主扎下深厚的基礎。華盛頓就是那種對國家民族有強烈責任感，對政治有卓越遠見的政治家。

政治家多具有高尚的品格與高貴的政治理想，即使最後功敗垂成，仍在歷史上留下讓人尊敬的英名。如春秋時，致力改革富國的管仲；為政清廉，正直無私的晏子；三國時善於審時度勢，具統領智慧的諸葛亮；東晉時沉著冷靜，穩定和諧政局的謝安；唐朝有見識才略，個性忠直，每每犯顏進諫的魏徵；善於用人，恪守職責，不自居功的房玄齡，以及前面所言的宋朝王安石、范仲淹，明朝的張居正、清朝的譚嗣同……都是值得尊敬，名垂青史的政治家。

政治家在取得政權之前，有時會因情勢使然，身不由己而不擇手段，運用權術計謀，等到取得政權，即調整腳步，回歸忠心為國、全心為民的政治目標。如唐太宗李世民發動「玄武門之變」，弒兄殺弟的手段，和歷史上許多卑鄙的政客沒有兩樣，但是當了皇帝之後，他勵精圖治，察納諫言，嚴於律己，以誠招天下，唯才適用，將唐朝建設成當時世界最強的國家，也締造中國歷史上唯一沒有貪汙的「貞觀盛世」。以其成就和貢獻，應是一位「瑕不掩瑜」的政治家吧！

另外，三國時的曹操，在戲劇裡是花臉，被稱為「一代奸雄」。不過，他結束長期戰亂的局面，為全國打下統一的基礎；他以非凡的軍事才能，在北方大興屯田，整頓吏治，使得政治清明，社會安定，也是一位優秀的政治家、軍事家。

在京戲裡，一代奸雄曹操是花臉扮相。

再來看看政客，他們常存心不良，為了個人私利，會絞盡腦汁玩弄權術，欺上瞞下的貪汙、攬權、欺壓。如秦始皇嬴政病死後，宦官趙高想奪取朝中大權，他用陰謀讓年幼的胡亥登上皇位，即秦二世，自己則實際掌權，控制幼稚的傀儡皇帝。在《史記．秦始皇本紀》裡記載，有一天，趙高獻一頭鹿給秦二世，說：「這是我獻給陛下的一匹馬。」秦二世說：「你跟我開玩笑吧？這是一頭鹿呀！」趙高嚴肅答道：「誰敢跟陛下開玩笑！這明明是一匹馬。陛下不信，可以問問別人。」

秦二世隨即問左右的人，此時，畏懼或想討好趙高的人，都說是馬；正直的臣子，有的實說是鹿，有的默不做聲。趙高暗地記下與他唱反調的人，後來陸續藉故把這些人全部殺掉。強大的秦帝國，在他手中不到三年就土崩瓦解。由此可知，政客不喜歡英明的上司，又妒賢嫉能，會想盡辦法剷除妨害他政途的人。

清朝的和珅，以其諂媚和恭謹的身段，贏得乾隆皇帝的寵愛和信任。後來，乾隆駕崩才五天，繼位的嘉慶皇帝就下詔宣布和珅的二十條罪狀，將他罷官抄家。當時，抄出的家產折合白銀有九億兩，相當於清帝國十二年的財政收入，如果再加上他揮霍掉的款項，及家人貪汙的數目，合起來則為清朝二十年的財務收入總合，貪汙之厲，莫此為甚！

再如一心想當皇帝，葬送能使中國富強的「戊戌維新」，也讓中國陷入幾十年軍閥混戰的袁世凱，以及北宋禍國殃民的蔡京、明末反覆無常的吳三桂等，都是喪盡天良，利欲薰心的政客。

政客與政治家之行徑南轅北轍，但是政客善於偽裝，往往以巧言令色掩飾其野心和邪惡目的。所以，短時間要區分誰為政客？誰是政治家？不是容易的事，我們除了「聽其言」，更要「觀其行」。曾國藩家訓言：「唯天下之至誠能勝天下之至偽，唯天下之至拙能勝天下之至巧。」在歷史長河中，政治家終會流芳千古，政客唯有遺臭萬年吧！

八、權利與義務是相對的，一個國家的國民負有納稅、守法、效忠等義務，但相對

的也應該享有國家保障的各種權利。請問大師，一個自由民主的國家，人民可享有哪些權利？而當政者又應如何善用其權力來保障「民權」，使其不受侵犯呢？

答：現在自由民主的社會，常常高喊「保障人權」、「人權至上」。所謂的「人權」觀念，是近幾世紀才形成的。最早人類民智未開，對宇宙大自然不了解，因而充滿敬畏和恐懼感，且認為大自然一切現象都各有主宰的神明，如山神、雨神、雷神、河神、樹神等等。當時的人類也相信有天神或天主憑其喜惡，掌控世間的一切。這種「天命論」，很自然的被運用在政治上面，如商湯起兵攻打夏桀時，即說他非敢作亂，實因「有夏多罪，天命殛之」，藉著宣揚「天命」、「神授」，來表示伐夏是「奉天行道」。「神權」時代裡，這種泛神思想維繫人倫綱常，統治者也以「天命」來維護其地位和權威。

後來，演進到對帝王絕對服從的專制「君權」時代。現今則發展到民主社會的「民權」時代，大家不只提倡自由，也重視民權，強調人的生命有無比尊嚴。一九四八年十二月十日，聯合國大會發布《世界人權宣言》，在第一條「主體思想」中，即開宗明義言：「人人生而自由，在尊嚴和權利上一律平等。」接著在公民、政治、權利方面亦言：「人人有權享有生命、自由和人身安全……法律之前人人平等，有權享受法律的平等保護，不受任何歧視……人人有思想、良心和宗教自由的權利……」其他，舉凡參政權、創作權、教育權、財產權、言論發表權、文化權、隱私權、遷徙居住權等，均是人民應享有並受到保障的。

在十八、九世紀時，世界各國皆以「民權」來指「人權」，及至二十世紀，婦權意識提高，婦運崛起，許多人唯恐「民權」未包含婦女的權利，為使權利主體更明確、周延，才改為「人權」。

一般而言，近代人權可分為四個世代：第一代人權，從十六、七世紀至十九世紀，人民為反抗君主壓迫，要求政治上的民主、自由、平等、生存、財產保護等權利，是為「公民及政治權利」世代。第二代人權，從十九世紀到二十世紀初，爭取的範圍擴大至工作權、經濟權、社會福利權、勞動人權、組織工會、醫療保健、教育訓練，是為「經濟及社會人權」世代。第三代人權，從十九世紀末至二十世紀初，以迄於兩次世界大戰之後，是以「族群、社會自決與宗教自由」為主的世代。第四代人權，從二次世界大戰後到現在，包括社會權、環境權、抵抗權、隱私權、資訊權等，除了這些，我國憲法中規定保障的新興人權尚有：人格權、弱勢族群權、和平及發展權等。

從人權的發展過程來看，人類的歷史可以說就是一部爭取人權的奮鬥史！雖然現在世界各國皆高舉「人權至上」的旗幟，有的國家也標榜「人權立國」，在憲法上羅列各種人權的保障。實際上，當與執政黨或個人權力相衝突時，人權的享有和保障，都能落實嗎？如媒體為民喉舌，應有「言論免責權」，卻有因批評或揭發政府弊端而被恐嚇，勒令關台；每逢選舉期間，有些檢察官展開「作秀式」的掃黑、掃黃或不當的監聽；政黨之間的謾罵、寫匿名信、偷拍公布「非常光碟」，以毀損對方名譽來爭取選票等等，這些漠視人權的行為，對民主國家而言，實為一大諷刺！甚至，人權的定義與行使，也常因人而異，如有地位的人，就有「特權」；有錢財的人，就有「方便權」；有勢力的人，就有「威權」……也都是人權發展史上怪異又普遍的現象。

政府如何保障人民的權利？捷克前總統哈維爾，是位兼有詩人、劇作家、思想家多重身分的傳奇人物。他以和平方式推翻捷克共產主義制度，結束極權政體，全力捍衛人民的自由與尊嚴。他強調戰爭不能屠殺人民、不能將人民驅離家園、不能虐待人民、不能剝奪人民的財產……他就是一個「將人權置於國家主權之上」的典範。

「無緣大慈，同體大悲」是佛教重視生權的最佳詮釋。

在現實生活的保障方面，我認為首先應加強學校的人權及法治教育，讓小孩子從小養成尊重別人，且「知法、守法」的習慣，才不會長大後成為家庭的施暴者、社會的觸法者。身為執法人員，如警察、調查員、檢察官、法官等，更應具有保障人權、遵守法治的觀念，以避免執法者反成為人權的侵害者。還有，現在整個大環境不佳，造成產業外移，失業人口眾多，讓百姓的生存權、經濟權失去保障，以及漠視或歧視殘障、老人、婦孺、原住民、外勞等弱勢族群的權益，也都是社會亟須關注和處理的問題。

除了各種人權，佛教更進一步提倡「生權」，主張「生、佛、眾生等無差別」，一切眾生不論男女老少、賢愚貧富，乃至畜生、鬼類等皆有佛性，也皆有生存的權利，不能輕易受到傷害。所以關懷眾生，救度眾生，為天下眾生服務，是佛教徒維護「生權」的表現。「無緣大慈，同體大悲」的根本教義，就是佛教尊重眾生，重視生權的最佳詮釋。

九、剛才談到的各種人權當中，第一個最需要受到保障的應該是「生存權」，因為如果生命沒有辦法維持，其他的一切都是空談，因此，故意致人於死的殺人罪，一般國家都會處以死刑。但是現在也有一些國家主張廢除死刑，請問大師，如果赦免一個因殺人而被判處死刑的人，站在佛教的立場，是否有違因果？

答：兩百多年來，「死刑」存廢之爭一直方興未艾。由於世界人權運動的蓬勃發展，愈來愈多國家主張廢除死刑，認為死刑是殘忍、不人道的刑罰，與文明社會不相容。《管子．牧民》裡也說：「政之所興，在順民心，政之所廢，在逆民心……故刑罰不足以畏其意，殺戮不足以服其心，故刑罰繁而意不恐，則令不行矣！殺戮眾而心不服，則上位危矣。」可見判處極刑不是究竟，不能根本的遏止犯罪。

我們常說：「上天有好生之德。」佛教以慈悲為懷，慈心不殺是佛弟子應遵行的，如《大智度論》中云：「諸餘罪中，殺罪最重，諸功德中，不殺第一。」既然如此，是不是更應網開一面，贊成廢除死刑？

法律是維護社會秩序的重要依據，日本早期有位楠木正成將軍，在受冤被判死刑後，留下「非、理、法、權、天」五個字，說明無理不能勝過有理，有理不能勝過法律，法律不能勝過權力，因為有權力的人可以改變法律，但是「權」卻無法勝過「天」，「天」就是因果法則。而赦免死刑犯，以佛教的因果法則來看，是不合乎因果的，造惡因卻不受果報，不公平也不合乎真理。因此，站在佛教的立場，希望可以減少死刑，儘量不用死刑，但不主張廢除死刑。

佛教根本大戒的五戒及菩薩十重戒，第一條都是不殺生，就是不侵犯他人的生命。大至殺人，小至殺死蟑螂、老鼠、蚊蟻等，都是殺生。不過，佛教是以人為本的宗教，所謂不殺生，主要是指不殺人。殺人是犯波羅夷（極重罪），是戒律中的根本大戒，是不通懺悔的。如果殺死蟑螂、蚊蟻等，是犯突吉羅（輕垢罪），屬於惡作，雖然一樣有罪，但跟殺人不一樣。在《佛說梵網經》裡，佛陀也告誡佛子們：「若自殺、教人殺、方便殺、讚歎殺，見作隨喜，乃至咒殺，殺因、殺緣、殺法、殺業，乃至一切有命者，不得故殺。」對所有眾生都應「常住慈悲心」，方便救護，如果反而「恣心快意殺生者」，就犯了「波羅夷罪」。

同樣的殺人，社會的法律和佛教的懲處有何異同？故意殺人者與過失殺人者，其刑罰不一樣。例如在台灣，刑法第二七一條規定：「殺人者處死刑、無期徒刑或十年以上有期徒刑。」對於事後自首、悔過者，刑法第五十七條列有科刑輕重的標準，並得酌情量刑。佛教戒律因犯罪型態不同，也有種種規定。佛門非常重視心意犯罪的輕重，每一條戒相之中皆有開、遮、持、犯的分別，犯同一條戒，因動機、方法、結果等的不同，導致犯罪的輕重與懺悔的方式也不同。

如殺人時要具足：「是人」，所殺者是人，而非異類傍生；「人想」，蓄意殺人，而非想殺異類傍生；「殺心」，非無意、過失，而是有心蓄意；「興方便」，親自用各種方法殺人，或勸人自殺，或教唆或與人共同謀殺；「前人斷命」，指被殺的人，斷定已死。這五個條件皆具備，才構成不可悔罪，這與刑法因重視犯意和犯罪事實，而制定的犯罪構成要件、阻卻違法要件的道理是相同的。但是佛教的心意戒，在要求個人自發性的觀照身口意的起心動念，防範不法於念頭起時，較世間法更為徹底。在殺人的後果上，則分三種：一是當時殺死，犯不可悔罪；二是當時

對一切眾生都應心懷慈悲，如果恣意殺生，就犯了「波羅夷罪」。

沒死，以後因此而死，亦犯不可悔罪；三是當時沒死，以後也沒因此而死，犯中可悔罪。（《佛說優婆塞五戒相經》）

世間的法律，強調罪刑法定主義，只規範人們外在的行為，無法矯治心意的犯罪，根治行為的犯罪。佛教強調心為罪源，從心源導正偏差行為，達到身口意三業的清淨。刑法上雖也規定「作為犯」、「不作為犯」，但只是狹義就犯罪行為的型態來區分，不如佛教戒律的止持、作持，能廣攝一切善惡法。

佛法與世法有時是不免相左的，有些行為從世俗法上看是惡事，可是從佛法上推敲卻是善事。譬如殺生本來是犯罪的，但是為了救生而殺生，以殺生為救生，則是菩薩的慈悲方便權智。《佛說興起行經》裡記載，佛陀過去世因地修行時，有一世為賈客，帶領五百人出海採辦貨物。有另一商主在水漲時前來爭船，為了保護全船的五百人，在格鬥中殺死了那位商主。以法律而言，為自衛而殺人，亦會酌量減刑。如佛陀興起「我不入地獄，誰入地獄」的悲心，而殺一惡人，是不能以一般殺生的尺度來論斷他的罪過。不過，如是因感如是果，善惡業報，終究不失，佛陀仍以成佛之身遭受「木槍刺腳」的果報。

因此，我們在修行菩薩道，「殺一救百」時，除了動機要純正，抱持大慈悲心之外，還要有心甘情願接受因果制裁的膽識。日本的井上日昭禪師殺了一位奸臣，替萬民除了百害；山本玄峰禪師說他「一殺多生通於禪」，意思是殺了一個人，因此而救活許多人，是通於佛法的。佛教非常重視生命，不殺生是佛教徒共守的戒律，殺生是不道德的行為，但是如果本著大慈悲，救人救世的心去殺生，並沒有違背戒律。

佛教的因果報應，不是只看行為粗細，更重視「心意」；善心犯戒、無記心犯戒或不善心犯戒，當然會有不同程度的輕重果報。道宣律師言：「害心殺蟻，重於慈心殺人。由根本業重，決定受報。縱懺墮罪，業道不除。」（《四分律刪繁補闕行事鈔》）真正的佛教徒是不會心存惡念的，像佛教國家柬埔寨的前領袖波爾博，曾瘋狂殺了兩百萬個柬埔寨人，是萬劫難赦的殺人魔王，根本不是佛教徒！相反的，法官判人死刑，如果不摻雜個人的恩怨、利害，完全基於維護社會的秩序、公理、正義，不得不如此做，雖然判決死刑，佛教認為並不違反道德。而執行死刑的人，是執行國家的法律，與罪犯無冤無仇，無殺心，行為屬無記性，也是沒有罪過。

一〇、大師曾經說過：「自由民主誠可貴，和平與幸福安樂更重要。」請問大師，一個自由民主的國家，人民必然會幸福安樂嗎？大師對「自由民主」的看法如何？

答：民主國家裡，最可貴的便是人民享有自由自主的權利！在自由主義高漲初始，許多人禮讚自由：「生命誠可貴，愛情價更高，若為自由故，兩者皆可拋。」又也說：「不自由，毋寧死！」但是，走過幾個世紀，自由主義從盛行而至氾濫，又引來人們搖頭嘆息：「自由、自由，多少罪惡假汝之名為之！」自由，從凌駕生命、愛情之上，到藉自由而為非作歹，而讓人詬病，其問題何在？

「自由」本身是極美好的事，但是，自由不能妨害別人。這一點，各國在進入民主憲政時，皆有明確的界定，如法國的《人權宣言》寫道：「自由是指有權從事一切無害於人的行為。因此，人的自然權利之行使，是以保證社會上其他成員能享有同樣權利為限制。」孫中山先生在其〈民權主義〉裡也說：「侵犯他人的範圍，便不是自由……自由不是一個神聖不可侵犯之物，所以要定一個範圍來限制它。」從這些引文可以看出，自由與法治二者不可分；須有法治的約束，才是真自由，才能建立真正自由民主的國家。

不過，法律終非究竟，無法完全保障人民生命、財產及行使自由的權利，唯有奉行佛法，才能徹底改善世道人心，達致和平安樂的境地。連將中國推向民主憲政的孫中山先生都推崇：「佛教乃救世之仁，佛學是哲學之母……佛法可以補法律的不足。」又說：「法律防範犯罪於已然，佛法防範犯罪於未然。」

我常鼓勵佛教徒皈依三寶之後，要進一步發心受戒，因為「戒」是一切善法的根本，也是世間一切道德行為的總歸。受戒好比學生遵守校規，人民恪守法律一般，不同的是，校規、法律乃外在的約束，屬於他律；佛教的戒律，是發自內心的自我要求，屬於自律。在人生旅途上，如果不持戒，隨時會有犯過招禍的可能。在監獄服刑，失去自由的人，不都是違法、犯戒的人嗎？如：殺人、傷害、毀容、毆打等，是犯了殺生戒；貪汙、侵占、竊盜、搶劫、綁票等，是犯了偷盜戒；強姦、嫖妓、拐騙、重婚、妨害家庭等，是犯了邪淫戒；毀謗、詐欺、背信、偽證、倒會等，是犯了妄語戒；販毒、吸毒、運毒、吸食菸酒等，是犯了飲酒戒，這些罪行都離不開五戒。「戒」的根本精神，就是不侵犯而尊重別人；能認識並受持五戒的人，才能享有真正的自由。如果社會上每個人都能謹守五戒，也就不會有這許多讓人憂心的亂象了。

另外，我們個人能力、知識有限，也難免有偏差，一意孤行，未必能圓滿解決問題。在民主政治裡，不能獨斷獨行，凡事應群策群力，集思廣益，截長補短，異中求同，融個人於團體中，方能達到共同的目標。所以，無論是政府機關、企業公司、民間團體，乃至學校、家庭，都應重視會議。

前面提到佛陀開示「治國七法」，第一條就是「數相集會，講議正事」。而且，僧團也經常舉行會議，佛陀還為僧團制定會議的程序、制度；僧伽會議可以說就是今日民主會議的鼻祖。例如「羯磨」是用於授戒、說戒、懺悔、結界及各種僧事處理的會議法。有所謂的「單白羯磨」，如同「唱言」，是向大眾宣告常行、慣行、應行的事，不必徵求同意，唱說一遍即成。有如現代會議中的例行工作報告。「白二羯磨」，是宣告一遍，再說一遍，徵求大家的同意。如同一般會議，凡有提案須交由大會討論、接納，才能生效。「白四羯磨」，是一遍宣告後，再作三讀，每讀一遍，即

佛光山重視集體創作，秉持民主態度，建立共識。圖為國際佛光會中華總會於佛光山如來殿，舉行第八屆理監事改選投票。

作一次徵求同意，若一白三羯磨後，大眾默然，便表示無異議，而宣布羯磨如法，一致通過議案。

僧團的羯磨猶如現代議會的三讀，以大眾的意見和力量圓滿解決僧團裡的各種事情，成就大眾過六和敬的生活，可說發揮高度的民主精神。除此，佛陀說法時，也常採取自由、民主的形式，有時以反問的方式，為弟子、聽眾曉以大義；有時透過當機眾發問，應機解惑，也有聞法者現身證道，提供見解看法。說法會場儼如學術研討會，透過活潑互動問答的方式，增長智慧，而佛陀就是一位最善於掌握會場氣氛，善知與會者心念根器的主持人。

佛陀入滅後的經典結集，也是先後召開四次會議，經過大眾共同審核後才確定下來。這些都是佛教尊重個體，重視集體創作，且遵守法治的民主態度。今日的民主國家，事事講求公開、公正、公平，因此，上承佛陀尊重民意的理念，佛光山也向來注重民主，在會議中，大家都能坦述己見，有時也不免有言辭相向，針鋒相對的情形，但大家秉持「少數服從多數，多數尊重少數」的態度，以及宗教涵養，一決議，即攜手同心，合力完成會議討論的提案，這就是民主風度的表現。我們也常舉行各種會議，不分種族、地域、宗派，大家本著尊重包容、歡喜融和的心，讓來自全球各個國家地區的代表，經過不斷的交流研討，建立共識。

總之，自由民主的意義，是讓人民幸福安樂。即使不能完全自由民主，但人民覺得很幸福、很安樂，那也無妨。如有人說新加坡不民主，也不自由，是一種專制的民主。但是新加坡的人走出來，都會有優越感：「我們是新加坡的人！」為什麼？因為它是有法度的國家，他們的社會福利做得很好，百姓過得幸福安樂，這是最重要的。

一一、大師出生在中國大陸，卻在台灣弘法五十多年，對於海峽兩岸長久以來因為政治因素阻隔，造成很多人的天倫夢斷，想必大師一定比一般人有更深刻的感觸。請問大師，您對中國未來的發展有何看法與期許？

答：談到這個問題，真讓我不勝感慨！五、六十年前，我在中國大陸時，中國共產黨曾經逮捕我，說我是國民黨的間諜，要槍斃我。那時我才二十歲，我十二歲就出家，根本不知道什麼是國民黨。到了台灣，國民黨又說我是匪諜，也逮捕我，關了我二十三天，一樣要槍斃我。還好佛祖保佑，才沒被槍斃。我是中國江蘇揚州人，但是二十出頭就來台灣，在台灣住了將近六十年，現在卻是「兩岸都不是人」！我從台灣回到中國大陸，他們認為我是境外，是台灣來的和尚；在台灣，台灣人說我是大陸來的外省出家人；現在我到美國，美國也不認為我是美國人，因為頭髮沒有黃，鼻子也沒有高。所以，我自許為「地球人」，只要地球不捨棄我，我就做個同體共生的地球人。

台灣中山大學，有位著名詩人余光中，他寫了一首很感人的詩〈鄉愁〉：「小時候，鄉愁是一枚小小的郵票，我在這頭，母親在那頭。長大後，鄉愁是一張窄窄的船票，我在這頭，新娘在那頭。後來啊，鄉愁是一方矮矮的墳墓，我在外頭，母親在裡頭。而現在，鄉愁是一灣淺淺的海峽，我在這頭，大陸在那頭。」我覺得這一首短短的詩，把我們這個時代中國人的種種遭遇、心情，描述得淋漓盡致，讀來令人感傷、悲哀又無奈，這是人間的悲劇呀！現在台灣的陳水扁先生、游錫堃先生都說他們的家鄉在福建、泉州等地方。中國大陸的一些領導人也說，我們海峽兩岸都是同根同源、血肉相連的同胞。

既然是同根同源、同文同種的兄弟，就應該可以坐下來好好談。《三國演義》一開始即說：「天下大勢，合久必分，分久必合。」台灣、大陸分隔了幾十年，從歷史經驗中，我們知道「家不和，被鄰欺」、「兄弟同心，其利斷金」，兄弟鬩牆，對彼此都不利。所以這些年來，海峽兩岸已從劍拔弩張的對立、謾罵、抗爭，走到談判、溝通，尋求和平統一途徑的階段了。

為了兩岸的問題，許多專家、學者，乃至兩岸的領導人多次發表意見、聲明，提供種種方案、辦法。從葉劍英的「葉九條」、鄧小平的「一國兩制」、江澤民的「江八點」，以及「海基會」與「海協會」於一九九二年在香港會談中，達成的「九二共識」；二〇〇〇年，陳水扁總統就職時表示的「四不一沒有」；二〇〇五年，胡錦濤的「胡四點」等等，都可看出兩岸對此問題所投注的高度關切。

雖然政局詭譎，政策也常因主政者遞換而搖擺多變，但是，隨著時代演進，及百姓對安定生活的需求，現在，除了少數人仍有偏狹的台獨思想，可以說兩岸人民及全世界華人，都希望能和平共處；中國唯有和平共處，才能讓十三億多華人在世界大舞台上揚眉吐氣！

在「平等共尊，和平共榮」的原則下，對於中國未來的發展，我認為首先兩岸在經濟上要互助，這幾年開放兩岸觀光、春節的包機直航，及大陸准許台灣農產品零關稅登陸等，都是減少貿易障礙，有利經濟發展的政策。在文化上也要多多交流，如舉辦學術研討會，文化、藝術的互相觀摩等。二〇〇三年，我帶領佛光山梵唄團到北京、上海等大都市演出；二〇〇四年，更與大陸佛教音樂團組成「中華佛教音樂展演」，在中國大陸、台灣、港澳、美國洛杉磯、舊金山、加拿大等各地巡迴演出。在法音宣流中，不僅是兩岸佛教梵唄的交流，更融和了兩岸的文化，凝聚了兩岸人民的情誼。

不論是政治、文化、經濟各方面的政策或執行，最重要的是，兩岸彼此都應有開放的胸襟和宏遠的視野。人際之間、國際之間，皆貴在真心誠意的溝通往來，而非交相猜疑顧忌。像大陸不要動輒發出軍事武力恐嚇的訊息；當大陸讓水果免稅進口或贈送熊貓時，台灣政府也不要凡事皆以「統戰」二字來抹殺其善意。另外，台灣過去在經濟、建設、科技、民主的努力，而成為「四小龍」之一的繁榮進步，可作為大陸建國富國的參考；大陸地大物博，有著五千多年的歷史、文化、地理等寶藏，是台灣承接享有，而足以傲人的資產，也是增廣見聞，培育文明氣度的取經之地。

從歷史、文化上來看，台灣與中國關係密不可分，中共總書記胡錦濤全面掌權之後，首次發表對台灣的立場態度時，他希望兩岸人民一起努力維護中國的和平穩定，維護中華民族的根本利益。胡先生釋出善意，我們也殷切希望：海峽兩岸問題不是由大國來統一小國，也不是由強大的力量來逼使對方屈服，應該是兄弟一條心，攜手合作，相互幫助，相互得利，共創中國人的光輝世紀。

一二、有人說，權力會使人迷失自我，世間上的人大都熱衷追逐權勢名位。但是「上台」終必有「下台」的時候，權勢再大，也終有失落的一天，這是必然的定律。請問大師，世間上到底有沒有一個永遠推不倒的東西呢？佛教所謂的「真理」是否就能免於這種起伏得失的循環呢？

答：人的一生，都生活在五欲六塵的追逐裡。生理的欲望還算單純，容易解決；心理上的各種欲望，如對愛情、權勢、名位等的追求，最能突顯人性貪瞋痴三毒之害。尤其站上高位，掌握大權之後，那種呼風喚雨、號令天下的滋味，是大部分的人難以抗拒的！

英國歷史學家阿克頓曾說過一句名言：「權力使人腐化，絕對的權力使人絕對的腐化。」縱令被腐化，古今中外，還是有許多人爭相追逐。曾看過一則對「權力」的形容：一個人坐上一張椅子，椅子突然變形，將他綁住，並逐漸生根似的牢牢抓住地面，再也鬆不開來，直到那人變成一副骷髏，他到死都不肯放開座椅的把手。

一輩子被權力掌控，不得超脫的人，何其可悲！所幸民主政治裡，有「上台」的機會，也有「下台」的期限。二〇〇四年五月，我寫了一篇對「世代交替」的看法的文章，文中提到「世代交替」是世間發展的自然規律，如同老幹修剪，長出新枝，才有盎然的新趣。同樣的，國家的政治領袖或民間團體的負責人，如果也能「世代交替」，學習古代的「禪讓」，才不會分裂、鬥爭，並讓事業和平、興盛的永續下去。不過，一般人總是想盡各種辦法爭取名位權力，一旦有了名位，又完全不顧大眾的利益，不肯把名位、榮耀分享大眾，甚至到了該退位時，又眷戀不捨，把持不放。

世間什麼是我們的？世間有沒有永遠存在的東西？所謂「真理」，必須符合「本來如此、必然如此、普遍如此、永恆如此」這四個條件。佛教的「三法印」，即是合乎這四個條件的真理，它不僅說明宇宙人生生滅變化的現象，也詮釋諸佛寂滅無為的解脫境界，是含括世間法與出世間法的三條定律。世間一切有為法都是因緣和合而生起，因緣所生的諸法，空無自性，隨著緣聚而生，緣散而滅，它是三世遷流不住的，所以不但有情世間的眾生，有生、老、病、死的現象，器世間的山河大地有成、住、壞、空的演變，人的心念有生、住、異、滅的變化，自然界的時序更是春、夏、秋、冬，或冷、暖、寒、暑的更替不已。

這種一切萬法無一是常住不變的「無常」，就是永遠推不倒的永恆定律！其實「無常」很好，它對我們的人生具有積極的激勵意義。因為「生死事大，無常迅速」，所以會精進修行；生理細胞有新陳代謝的無常，因此能常保身體的無限活力；「長江後浪推前浪，世上新人換舊人」，人事的新舊更遞也是無常的變化，如此社會有機體才能常顯生生不息的青春生機。

世界上的一切事物，不但「無常」，而且「無我」。所謂「我」，是恆常不變的實體，具有自我主宰的功能，然而，世界上有沒有能單一獨立、自我存在、自我決定的永恆事物？當然沒有！「諸法因緣生，諸法因緣滅」，世間的事事物物，都必須在各種因緣條件的和合之下，才能現起和存在，一旦組成的「因緣」散失，事物本身也就不復存在。清朝戲劇家孔尚任的《桃花扇》劇中之詞：「眼看他起朱樓，眼看他宴賓客，眼看他樓塌了」，就是無常、無我的最佳寫照。

能夠明白宇宙人生的這些真理，就不會迷戀於權勢地位所帶來的虛榮心、優越感，終日汲汲營營，殫精竭慮，甚至不擇手段，強取豪奪，結果不但自己患得患失，形成精神上的負擔，同時也造作惡業，引起現世的不安與來世的苦果。

做人處事淡泊不計較，就能自由自在。

因發現鐳而聞名全球的居禮夫人，有一天，一位朋友到他家作客，看見他的小女兒正在玩英國皇家協會頒給他的金質獎章，朋友大吃一驚，問道：「這枚英國皇家協會的獎章，可是代表極高的榮譽，你怎麼拿給孩子玩呢？」居禮夫人笑著說：「我要讓孩子從小知道，榮譽就像玩具，只能玩玩而已，不能永遠守著它，否則將一事無成。」是的，榮譽、財富、權勢、名位……不都如玩具嗎？隨時可舉，隨時可放；權勢名位是為了利益大眾而擁有，權勢名位也可以為了成就別人而捨下。

真正有理想，純粹想為國家、為人類造福的人，是在名利上，淡泊不計較；在責任上，認真不敷衍；在世法上，隨緣不強求；在真理上，固守不放棄。因此，他們不會被名韁利鎖、權力地位所束縛和設限，而能如行雲流水般自由自在、任運逍遙。

心念變化，更勝自然界。

佛教對「戰爭與和平」的看法

時間：二〇〇五年三月四日
　　　晚間七時三十分至九時
地點：西來大學遠距教學教室
記錄：滿觀法師　英文翻譯：妙西法師
對象：西來大學學生及加拿大滿地可、
　　　溫哥華、美國紐約、聖路易、奧斯汀、
　　　休士頓、舊金山、佛立門、聖地牙哥、
　　　台灣信徒大學等十個地區之數百名學生
　　　透過網際網路同步上課。

這個世間，戰爭與和平永遠都糾纏不清。人類自從有歷史以來，無論是東方或西方，大大小小的戰爭從未停歇，因戰爭而導致的人命傷亡、財產損失、建設摧毀、經濟困頓、文化破壞等等慘不忍睹的景象，都是每個人厭惡而不樂見的。

既然安居樂業、和平過日子，是人類所嚮往的，為何世界各地仍有層出不窮的衝突與戰爭呢？過去中國聖賢討論人性本善或人性本惡的問題，佛教的《大乘起信論》則言「一心開二門」，一個是「心真如門」，一個是「心生滅門」，也就是一個屬於善的，一個屬於惡的；一個是永恆的，一個是無常的。所以戰爭與和平，應也是從人性發展出來的文化。

戰爭無疑是殘酷的，但是從另一個角度來看，有時伸張正義，推翻暴政，仍須靠戰爭作手段，而且人類的文明與進步，往往也是從破壞之後建設和發展出來的。這個世間永遠是一半一半的，所謂佛的世界一半，魔的世界一半；戰爭、和平也是一半一半。當然，我們要努力把善的一半提升，惡的一半消除。

戰爭的本質是暴力，暴力的驅動，則是人類的自私與執著。因此，人類的一生，可以說都活在戰鬥中，從人類的發展史來看，最初是向這塊大地爭取生存；擁有了土地以後，還不能滿足，就征服海洋，求取海洋的財富；有了陸地、海洋，還

佛教認為，唯有消除貪瞋痴，淨化心靈，人類才能遠離戰爭，達到和平。

不能滿足，接著想擴大自己的領土，征服別的國家。於是戰事範圍更從小國擴展到大國，由局部擴展到全面，乃至爆發第一次、第二次世界大戰。時至今日，衝突仍在全球各處發生，如持續八年才落幕的兩伊戰爭，及恐怖分子發動美國「九一一」事件，引發美英兩國聯合對阿富汗、伊拉克開戰，還有二〇〇四年九月俄羅斯校園人質慘案等，都造成巨大傷亡。

佛教認為「萬法唯心造」，我們唯有消除熾盛的貪瞋痴大敵，人人淨化心靈，人類才能遠離戰爭的夢魘，達到真正永久的和平。不過談何容易呢？戰爭與和平，如同矛與盾，矛想抗拒盾，盾也想抗拒矛，怎樣才能和平共存？二〇〇五年三月四日，星雲大師在美國西來大學遠距教學時，面對來自十個地區，如美國、加拿大、台灣等數百名中外學生，從學生的提問裡，大師精闢分析古今中外戰爭的狀況與影響，也由佛教的觀點，提出消弭戰爭，促進世界和平的具體方法。另外，對現今敏感的海峽兩岸問題，大師也有其中肯獨到的見解。以下是當天「佛教對戰爭與和平的看法」的座談紀實。

一、自古以來人類就有戰爭，每一場戰爭都有很多人命的傷亡、建設的破壞，例如中國五千年的歷史，幾乎沒有停止過戰爭。在世界上，有西元前亞歷山大的東征，六、七世紀阿拉伯帝國的擴展，十一至十三世紀的十字軍東征，蒙古的成吉思汗遠征歐亞兩洲，後來的第一及第二次世界大戰，甚至近代的韓戰、越戰，及現在的美阿戰爭、美伊戰爭等等。為什麼世界上只有戰爭而不能和平呢？

答：世界上戰爭不斷，根本原因是人性的「貪而好戰」，為了想獲得更多的權力、更多的金錢、更多的名位，甚至更多的土地、更多的利益，不斷在利害上奪取，所以就發生了戰爭。以前中國的聖賢把戰爭分為二種，一種是霸道、強權的戰爭；一種是王道、正義的戰爭，是為了實施仁政而革命的戰爭。

被拿破崙稱為「歷史上最偉大的軍事天才」的希臘亞歷山大大帝，是一位戰無不勝的傳奇帝王。西元前三百多年，亞歷山大征服了小亞細亞、腓尼基、埃及、波斯等國，三十二歲就建立了一個橫跨歐、亞、非三大洲的龐大帝國。但是，在他戰勝了許多國家，準備入侵印度時，先鋒騎兵隊的馬匹看到印度的武裝大象，驚懼地裹足不前，部下也集體反抗，拒絕前進，亞歷山大只好黯然撤退，不久即壯志未酬的死於巴比倫（《大英百科全書》）。又從《元史》裡，我們也看到蒙古元朝帝國的成吉思汗，其戰軍所到之處血流成河，武力亦橫跨歐亞大陸，而今戰績安在？

在這個世界上，人類自有歷史的幾千年以來，多少國家與國家的戰爭、民族與民族的戰爭、宗教與宗教的戰爭、地方與地方的戰爭，不管是打經濟戰或是打武器戰，是爭奪土地或

戰爭是人類最悲慘殘酷的行為。圖為威廉．薩德勒畫作《滑鐵盧戰役》。

權勢、名位，總有那麼多人死亡、那麼多財產損失，到今天已致使世間元氣大受傷害，究竟誰是勝利者呢？「大廈千間，夜眠幾尺？積資巨萬，日食幾何？」以佛教的觀點來看，想要擁有世間上的一切，不需要用戰爭來取得，只要大家互相尊重就能擁有。

舉個例子，有位大將率領軍隊攻城掠地，為了鼓舞士氣，他叫部下努力殺敵，完成任務即有重賞。於是士兵們個個氣勢高昂，燒殺搶劫、擄掠摧毀，無所不用其極。攻下城池後，大家向將軍討賞，將軍慷慨的說：「放你們三天假，盡情去玩，城中一切都是你們的！」士兵們放眼望去，城中民眾死的死、逃的逃，要女人沒女人，要喝酒沒酒店。此時一無所有，大家才警悟，戰爭不只是別人的傷亡、失敗，也是自己的失敗；窮兵黷武的結果是兩敗俱傷！

在基督教《聖經》裡，耶穌說：「我到世界來，不是為了和平，是為了戰鬥。一家五人將要分爭，三個人和兩個人相爭，父親和兒子相爭，母親和女兒相爭，婆婆和媳婦相爭。」人類具有如此的戰鬥性，即是《中阿含經》卷二十五所言：「以欲為本故，王王共諍……民民共諍，國國共諍，彼因鬥爭，共相憎故，以種種器杖轉相加害。」因為貪瞋好戰、強取豪奪，才會產生戰爭等暴力行為。

貪瞋強取的根源就是「我」！中國的造字很有趣，像「我」的字形即是立旌旗於戈兵上，有戰鬥的意思。我們的煩惱、痛苦從哪裡來？就是有「我」，因「我」而自私，因「我」而執著，因「我」而愛染，因「我」而紛爭；「我」之一念，令人永不安寧。世界上不管是哪一種戰爭，好的、不好的、大的、小的，都是為了「我」才會發生的，比如：執著於我的看法、我的思想、我的意見、我的主義、我的黨派、我的國家……

七、八世紀時，阿拉伯帝國為了擴展勢力，不斷進攻東西北各方國家；十一至十三世紀，基督教世界與回教世界之間，藉宗教之名以行貪婪之實的十字軍東征，都造成烽火蔓延無盡、死傷無數的激烈戰爭。再舉中國為例，每一次的改朝換代，不是都要死傷千百萬人嗎？這個世界光是為了思想、信仰、強權的問題，導致的大大小小戰爭，就不知犧牲了多少生命！真的是「天長地久有時盡，戰爭綿綿無盡期」！

佛教崇尚和平，在歷史上從未發生鬥爭，不過從另外一方面看，佛教也有不一樣的鬥爭，它不向別人鬥爭，而是向自己的煩惱鬥爭；為了降伏八萬四千煩惱魔軍，取得解脫自在的勝利，而向私欲戰鬥。

二、沒有經歷過戰爭的人，很難想像戰爭的可怕。我們知道大師從小就經歷過中

日戰爭與國共內戰，能否請大師描述一下當時的戰爭情境、感受，以及對您日後的影響？

答：我出生在一九二七年，那時正是蔣介石和孫傳芳在鎮江一帶作戰最激烈的時候。之後那幾年也是軍閥割據，戰爭不斷。十歲那一年，日本發動盧溝橋事變，侵略中國，開始八年的「中日戰爭」，我也跟隨流亡潮到處逃亡、流浪。十二歲出家以後，我也都在抗戰裡成長，不但在死人堆裡躲藏、睡覺，還有多次遊走在死亡邊緣的經驗，可以說死了又活，活了又死。那時候小孩子缺少遊戲，每當一場戰爭結束，大家就跑去數死人，看看一共打死了多少人，一個、二個、三個……我們以此為樂。知道哪裡有戰爭，就偷偷地去看如何打仗，看過炮彈「碰」一聲而塵土飛揚的情況；不但見過開槍打死人，也經歷過子彈從自己耳邊呼嘯過去的驚險場面，遇到這個情況，我便趕緊跑去躲起來，等會兒再出來看。有時候跟中國軍人談話，有時候跟日本軍人玩遊戲（他們比較不會記恨兒童）……總之，我在槍林彈雨中度過了八年歲月。記得有一次，美國空襲南京，炸彈一丟，碰！還把我們從床上震到地上去。

第二次世界大戰結束，對日抗戰勝利了，國內又爆發國民黨和共產黨的國共戰爭。我記得我住的那座寺院，白天是國民黨的軍隊來去，夜晚是共產黨的軍隊出沒。那時候我在一間小小的教室裡上課，聽到外面「碰」一聲，就知道又有人被打死了，下了課跑去看，果真路上又多了幾個冤魂，這是經常發生的事情。有時共產黨逮捕我們，說我們是國民黨的國特，要槍斃；有時國民黨逮捕我們，說我們是匪諜，要砍頭。我幼年出家，一分一秒都沒離開出家人的崗位，但是在國共戰爭中，也曾經被共產黨和國民黨抓去坐牢，一下是匪諜，一下是國特，可說活在死亡邊緣，今日不知明日啊！

我於一九四九年來到台灣，當時的台灣正處於白色恐怖時代，我們的安全受到很大的威脅，尤其那時候我還年輕，很容易遭人誤解。不過，後來成就肉身不壞的汐止慈航法師比我更苦，他坐牢坐了一百多天，我還只坐了二十三天，有時候真不知道這一次被抓去了，能不能再回來。從這種種可知當時戰爭淒慘的情況。

一九五〇年代，韓戰爆發，炮火之烈真是觸目驚心；一九六〇年代，越戰發生，美軍傷亡慘重。乃至現在，美國和阿富汗戰爭之後，又到伊拉克開戰，記得要開戰的那天，我因膽結石正在醫院開刀，把膽囊割除，那時候覺得沒什麼可怕的，因為我已經沒有「膽」了。看到戰爭的場面，雖然不怕，但卻可憐、可悲，在戰爭的炮火之下，又有多少的生命要犧牲，真是何苦啊！

像我現在快八十歲的人，八十年的歲月可以說都是從戰爭裡走過來的，對於戰爭，心中的感受是：殘忍、悲痛又無聊。但是我們如何才能獲得和平，才能讓無辜的民眾免於傷害？生命很寶貴，能來世間一次，如盲龜浮木般，實在不容易，如此無謂的犧牲，極為可惜。想想受害的人那麼多，發動戰爭的人怎能無動於衷呢？

不過，大家不要誤會，以為佛教完全沒有正直、正義的勇氣和力量。釋迦牟尼佛也曾為了降伏魔軍、魔王，殺一個壞人救一百個好人，由此可見佛教是具有維護正義的精神。現在世界科學昌明、物質豐富，任何事情都可以在會議桌上談判，不要只是到戰場上用槍炮子彈去戰鬥。一個家庭發生鬥爭，互罵、互打已是不美好的事，更何況戰場上性命交關，當然更不值得了。我們祈求每一個人，都能與家人、親友和平相處，慢慢的養成這種好的觀念、好的作為，然後推而廣之，與世界上所有的人和平相處，如此，當能消弭兵禍，世界的和平也能指日可待。期望有這麼一天！

三、雖然戰爭殘酷，但人性好鬥，沒有辦法停止。現在世界恐怖分子那麼猖獗，像日本火車毒氣事件、美國九一一、印尼峇里島爆炸，以及西班牙火車站爆炸事

件等等，請問大師，您對這許多的事件，有什麼可以消除戰爭暴力的建議？

答：恐怖分子的暴力事件，一樁接一樁，實在是人間的不幸。恐怖分子殘暴的攻擊行為，當然必須受譴責，也須想辦法制止，最直接的是「以牙還牙」的武力報復。但是如《中阿含經》卷十七〈長壽王品〉裡，佛陀告誡弟子的「若以諍止諍，至竟不見止」，報復終非究竟解決之道。武力報復之外，應該還有其他的辦法，像「輿論制裁」、「經濟封鎖」、「旅行限制」、「關懷救濟」，以及運用許多慈悲的力量等等。如暴力事件後，美國一方面以武器轟炸阿富汗，一方面又空投糧食救濟民眾，這是前所未有的戰爭。那時美國一再對外聲明，他們發動戰爭是針對恐怖分子，而非回教徒。

這是以「世界警察」自許的美國，為除暴安良與維護和平的行動表現，但多少年來美國也陷在戰爭泥淖裡無法自拔。美伊戰爭之後，歐美一些官員和經濟專家憂心忡忡，他們估計美國對伊拉克戰爭的費用將高達九九〇億至一九二四〇億美元，並且對世界經濟發展會產生：石油價格暴漲、美元匯率暴跌、世界經濟衰退、戰爭及戰後重建耗費巨大、引發貿易戰等五個負面影響。所以對付恐怖分子和暴力，戰爭不是最好的辦法，而且導致的結果是繼續的仇恨、戰鬥。假如換個方法，如前面所言，以慈悲、關懷來救濟、教育他們，替他們辦醫院、學校等，來解決他們的困難，時間或許比較久，但也容易達到和平。

《增壹阿含經》卷十六裡記載，勇猛善戰的梵摩達王搶奪長壽王的土地，殺害了他們全家。唯一逃出去的長生童子，當他有機會報仇，正要刺殺梵摩達王之際，忽然想起父親的遺言：「怨怨不休息，自古有此法；無怨能勝怨，此法終不朽。」於是放了梵摩達王，也令對方感動的歸還土地。就這樣，在忍耐、慈悲中，雙方和平地了卻一段惡因緣。

還有，佛陀曾於豔陽下盤坐擋道，令琉璃王兵馬主動休戰；三國時代，諸葛孔明七擒七縱孟獲，最後孟獲心悅誠服，而永絕後患。《法句經》言：「一切皆懼死，莫不畏杖痛，恕己可為譬，勿殺勿行杖，能常安群生，不加諸楚毒，現世不逢害，後世常安隱。」眾生皆樂生懼死，所以有時候殺戮、戰爭，不易求得和平，反而是犧牲、仁愛、慈悲、忍辱，方能得到永久的和平。好比為人處事，人我之間相處若不和諧，是無法得到友誼，只有徒增怨恨罷了。反之，若能愛我們的敵人，尊重他、讚美他、給他方便，便能感化他，而促進彼此的友好。

現在舉世紛擾，政治上的以強欺弱，經濟上的貧富不均，宗教、種族的排擠，男女、地域的分歧，這些之所以不能和平解決的問題，莫不是因為彼此不能平等共存而引起，此即所謂「不平則鳴」。像過去東西德的隔離、現在南北韓、海峽兩岸的分裂，彼此劍拔弩張，常處在緊張的狀態中。到了一九九〇年，由於西德對東德的尊重包容，讓柏林圍牆倒塌，人民心中那道無形的圍牆也隨之冰消瓦解，從此整個國家在人我平等共尊的理念下，攜手共創美好的未來。如果南北韓、台海兩岸、以阿之間，能彼此尊重，人我無間，則和平又哪會遙遙無期？

總之，佛教認為凡事不一定要藉由武器解決，也不一定要在戰場上才能一決勝負，佛教主張以慈悲來促進和平、以去除我執來促進和平、以寬容來促進和平、以同體共生來促進和平。此外，實行仁政可以代替戰爭，如勤政愛民，使得經濟成長、富足安樂、自由民主、尊重包容、文化交流等，都是勝利的表徵。

四、根據《聯合國憲章》規定，任何國家必須在維持世界和平以及國際安全的前提下，並且經過安理會批准之後，才能採取軍事干預手段來解決國際間的爭端。請問大師，您認為戰爭是維護和平唯一且必要的手段嗎？佛教有什麼方法可以保護國土，使兩國不用戰爭而達到和平？

答：美國總統羅斯福先生在第二次世界大戰快要結束時，發了一通電報到中國，他問太虛大師：「佛教對世界和平的獲得有什麼方案？」太虛大師回答：「無我、慈悲，就能達到和平。」無我、慈悲真能獲得和平嗎？無我，並不是說我死了就是無我，而是能消除、化解「我的思想」、「我的意見」、「我認為」、「我要什麼」的執著。因為這個世界不是一個人的，是大家共有的，必須尊重和包容別人有不同的觀念、意見與欲求。慈悲，就是待人好，能調換彼此的立場，慈悲心就容易生起。所以，「無我、慈悲」不能等閒視之，將此擴展開來，確實能達到世界和平。

國際佛光會成立以來，為了促進世界的友好、和平，我也不斷的提出許多佛教理論，例如「歡喜與融和」，希望世界上每個人都能本著歡喜做事、做人，本著歡喜利世、修行，而且不分種族、國籍，皆能自他融和，和睦相處。如「同體與共生」，法界一切眾生，都是彼此互相依附成就，共存共榮的生命共同體。大家同住在一個地球上，應該捐棄我見偏執，彼此守望相助，以同體來推動眾生平等的思想，以共生來發揚慈悲喜捨的精神，讓地球成為和平安樂的人間淨土。如「尊重與包容」，尊重他人的自由，包容異己的存在。《國語》裡有一段話：「聲一無聽，物一無文，味一無果，物一不講。」意思是只有一種聲音不會好聽，只有一種顏色就沒有文采，只有一種味道不會可口，單一的物品無好壞可言。所以明知別人跟我不同，不過不同沒關係，好比衣服有紅色、白色、黃色；桌子、椅子有方的、長的、圓的，容許很多不同的存在，這個世界才會美好。

還有，如「平等與和平」，平等與和平是一體兩面的真理，真正的平等不是表面上、齊頭式的平等，真正的和平也不是只用嚇阻、限武、禁核等外在措施所能達成。我們要能以大尊重小，以多尊重少，以強尊重弱，以有尊重無，以上尊重下，慈悲寬容，消除我執，以達世界平等共尊，和平共榮。《世界日報》最近也刊載北京胡錦濤先生提出的觀點：「在平等中謀取和平。」——這是共產黨言論中最好聽的一句話。因為站在大地上的每個人，雖然有高、矮、胖、瘦的差別，但是立足點都是平等的。

過去台灣說：「我們富有，大陸貧窮。」這樣的說法是不能和平的。後來大陸又說：「我們大陸很大，台灣很小。」這也不能平等。因為不平等，當然彼此就不能達到和平了。以佛教的觀點來說，「須彌藏芥子，芥子納須彌」，「大」裡面包含了很多的「小」個體，才能成其大，而「小」裡面也可以包容「大」。再說一塊大石頭雖然很大，但是不及一顆小小鑽石的價值，所以價值不是以大小來論定。佛教講平等，每一個人都具有清淨的佛性，不但男女平等、國家平等、民族平等、事

大石頭不及一顆小鑽石的價值，所以價值不是以大小來論定。

理平等、有無平等，法界之中一切都是平等的。站在平等的立場來看待一切生命、種族和國家，我想和平就容易達到了。

西元前三世紀左右，印度的阿育王，南征北討，統一國家。雖然所戰皆捷，四方順服，稱臣朝貢，但是所到之處，百姓的目光皆充滿了仇恨。後來他篤信佛法，政風丕變，改以仁道化民，又倡導教育，增加民眾福祉，果然德風遠播，廣為人民所愛戴尊崇。阿育王於是語重心長的說：「力的征服不是真的勝利，法的勝利才是真的勝利。」所以想求得世界和平，必須在法上取得勝利。

《長阿含經》卷二〈遊行經〉記載，摩竭陀國的阿闍世王想攻打跋祇國，但不知勝負如何，便命大臣禹舍前往請教佛陀。此時，阿難站在佛陀後面，佛陀沒回答禹舍的問題，而是轉頭問阿難有關跋祇國的政治與社會狀況。了解跋祇國具有「常開會議、上下和合、尊重法治、以禮教化、孝親敬師、護持正法、接應四方」等國家富強的「七不退法」之後，禹舍知難而退。佛陀以其智慧善巧，化解了一場血腥的戰爭。再如中國南北朝時代，石勒、石虎因佛圖澄慈悲的感化，而放棄殺戮；十六世紀，西班牙人拉斯卡沙斯（B. deLas Casas）為捍衛印第安人的權益而仗義直言，終於阻止查理五世（Charles V.）大帝出兵攻打美洲大陸。

現在大陸一些中共高級幹部、老資格革命家，他們一生經歷了無數的血腥、殺戮，以及殘酷的政治鬥爭。在探討人類的鬥爭史時，他們也發現人類無論在獲取資源和空間，或是深化、擴大民主政治，都可以不用戰爭、暴力等血腥的手段，而是用和平、共贏的方式來達成。他們認為不管是社會主義或資本主義，在走過暴動轟炸迭起、慘烈戰火瀰漫的二十世紀之後，「和平演進」才是最正確、最迫切的發展道路。

戰爭不是維護和平唯一的手段，已是普遍的共識。我們常說：「有理走遍天下，無理寸步難行。」有理就是法，即慈悲、智慧、善巧、平等、尊重、包容、正義……能從善心、無我而產生的善行皆是法。依正法、佛法而行，才能贏得和平；

用戰爭只有贏得戰爭，永遠不能贏得和平。

五、大師強調「和平演進」是普遍的共識，但是人我的戰爭仍然到處皆有。戰爭的發動有其原因，有人為抵抗侵略，保護國家而戰；有人為擴張勢力，稱霸一方而戰，也有藉懲凶止暴，以正義之名而發動的戰爭。請教大師對這些不同動機之戰爭的看法，另外，所謂「正義之戰」須具備什麼條件？美國對阿富汗、伊拉克的戰爭是正義之戰嗎？

答：各位在美國住的時間比我久，應該更有切身體驗。美阿、美伊戰爭是正義的戰爭嗎？有一些國家專制、獨裁，人民生活在水深火熱中，站在某一種立場來說，確實需要有人去解救他們。沒有企圖心、無私、為大眾的，就叫做正義之戰；假如有企圖心、自私的念頭，依佛教的戒律而言，即是不清淨。

我比較掛念的是，美伊戰爭如果繼續擴大開來，恐怕會像歷史上的十字軍東征，成為耶、回之間的宗教戰爭，這是更可怕的。為什麼宗教會有戰爭？在於雙方對宗教信仰的執著，好比佛教的阿羅漢，我執已除，但法執難除；他可以放下自我，但是對於真理，卻非常執著，這就是所謂的「所知障」。

佛陀紀念館「佛教節慶館」入口的彌勒佛不但會動，還會以三種語言說「恭喜吉祥」。

一般佛教寺院，在大門口會有一尊笑咪咪的彌勒佛在門口歡迎，表示用關愛與慈悲來攝受眾生。進了大門，則有一尊韋陀天將，拿著降魔杵、寶劍，意思是關愛與慈悲無法攝受時，只有用武力來折服。好比父親的嚴厲、母親的慈愛，都是孩子成長、教育不可缺的要素，也如春風夏雨、秋霜冬雪，皆為萬物滋長、成熟不可少的條件。

過去美國和阿富汗的戰爭，即是採用「力的折服」與「愛的攝受」雙管齊下的方式。我覺得現在對伊拉克不妨也如法炮製，除了飛機大炮，也在教育、福利上幫助他們。

一個國家要強盛，不能完全沒有國防、沒有武器。過去教宗提倡世界和平時，蘇聯的史達林就問他：「教皇有多少軍隊？」所以，不能沒有武力做後盾，但也不能完全靠武力。如果征服一個國家，而不能征服人心，情形就會像阿育王一樣。過去美國參與韓戰、越戰，現在又與阿富汗、伊拉克戰爭，不過許多問題並沒有解決；問題無法解決，世界上的戰爭就永遠沒辦法止息。我想，美國這麼一個強大的國家，在科學、武器以外，今後對於民權、人道、自由、慈悲各方面，還是要再用心思考和努力。

至於說到戰爭動機的對與錯，其實世間上許多事，是對是錯很難講，而且一般人也常常沒有正確的是非觀念，因此，好壞、對錯、是非、曲直，各有立場與堅持，這也是人類紛爭的起源。戰爭有時肇因於強權侵略小國的領土，有時是因為種族歧視，有時則緣於政治利害。如果是為了伸張正義，維護公理，不得不採取「以戰止戰」、「以戰逼和」的手段，戰爭也可以說是慈悲、是愛心、是降魔；此時戰爭就不只是殺傷，是為了救人救世，而透過慈悲的力量來降服邪惡與暴力。

有人認為佛教徒消極避世，無法善盡保衛國家的責任，尤其是上前線殺敵，更與佛教的戒律相違背。事實上，佛教並不完全反對戰爭，端看戰爭的動機為何。佛陀認為一個國家不可以為了擴張武力去侵犯他國，但是為了維護本國人民的安全、自由、平等、幸福，仍須有健全的軍隊來保衛國家人民的生命財產。有位耆那教的軍人請示佛陀有關殺敵衛國的原則，佛陀即告訴他：一個人如果為了一己之私而爭鬥，那麼即使戰勝，甚至獲得財富、名位，最終還是不能獲得好的果報。

在《大薩遮尼乾子所說經》中，佛陀也指示行仁政的王者要發起正義之戰，討伐無道時，應存三種慈悲心：㈠思惟敵人無慈悲心，殘害生靈百姓，我應阻止對方的惡行，來保護人民；㈡不直接與之戰鬥，而以智慧權巧，攻心為上，克敵取勝；㈢以權巧方便，生擒敵方惡魁而不濫殺無辜。從這裡可以了解佛教對所謂的正義之戰、真理之戰的定義與做法。

六、有人說戰爭是經濟、文明的推動力，如在戰爭破壞之後，新的建設會更好，國家重建，經濟隨之發達，也促進各項文化建設。請問大師，日本在二次世界大戰後，由一個戰敗國變成世界經濟強國，這是戰爭的功勞嗎？請大師跟我們談談戰爭的功與過。

答：第二次世界大戰時，日本認為自己是強國，德國也認為自己是強國，但是到最後他們不都是因為強國而失敗嗎？日本不是因為戰爭而變成強國，我想他們是因為戰敗而覺悟並發憤圖強，進而重新修正，才會讓國家再度興盛起來。當初日本以強勢的飛機、炮彈，偷襲夏威夷珍珠港，毀壞美國的軍艦和人民的性命，最後並沒有獲得勝利，更沒征服美國。現在日本不用戰爭的方式，而是將電鍋、TOYOTA汽車銷往美國；這才真正征服了美國。所以，人生在世，不一定用力量降伏別人，用關愛、用服務更能讓人信受。假如每一個國家能多替其他國家著想，多給他國幫助、交流、尊重、包容，相信定能讓對方感動而贏得真正的和平。

綜觀整個世界的歷史，可以說就是一本戰爭史，第一次、第二次世界大戰之間，歐洲各國互相殘殺，以阿戰爭、兩伊戰爭……亞洲的則有日俄戰爭、泰緬戰爭、美越戰爭……都是一部部烽火連天，死傷累累的人間慘劇！

中國自古以來，最早是春秋五霸、戰國七雄，讓中國國土處於四分五裂的狀態，好不容易秦漢一統中國，樹立「秦人漢威」的形象；接下來到了三國時期，連年的戰爭又導致社會動盪不安，人民飽受極大的苦難，最終由三國歸於晉，才恢復統一。繼而是南北朝、五胡十六國的分裂，統一後有隋唐盛世的出現；五代後梁、後唐、後晉、後漢、後周的割據，也是由宋太祖趙匡胤的統一，又恢復至宋明輝煌的時代。翻開中國五千年的歷史，可以說都是一頁頁血淚染成的戰爭史。由此可知，國際之間或各國內部的改朝換代，都是依循「合久必分，分久必合」的因緣法則。

至於功與過怎麼算呢？戰爭死傷無數，又足以摧毀各項文化建設，但是戰爭也促進了人間的文明，有功有過，實難一言以蔽之。十九世紀中葉，美國內部的南北戰爭，是因資本主義和勞動主義發生衝突，而引發資產階級民主革命戰爭。雖然傷亡慘重，但也解放了黑奴，讓後來的黑人享有了基本人權。另外，一九四五年，美國在日本投下兩顆原子彈，使廣島、長崎人民留下永遠難以撫平的傷痛，但第二次世界大戰也因此才得以提前結束。

佛教肯定並讚美維護公理、維護正義、救人救世、殺身成仁、捨生取義等行為。不過在現實世間裡，也時有遭曲解、濫用、誤用的情形。好壞善惡難有定論，但我們能確知在三世因果裡，功過是不會有差失的。不管怎麼說，戰爭都是殘忍的，戰爭的破壞力所造成的國破家亡，人民流離失所、亡命傷身、妻離子散種種悲劇，真是不勝枚舉。所以戰爭沒有絕對的勝利，往往要付出慘痛的代價，這是人類必須省思、覺醒的課題。

七、我們明白戰爭必須付出慘痛的代價，人人也都渴望和平。但是當今世界，國家、宗教的對立愈來愈尖銳化，在如此大環境裡，大師您認為人類有希望在將來達到世界和平嗎？從因果循環上來看，我們能否達到真正的和平？有沒有具體方

案可付諸實行？

答：大家對和平不可以失去信心，象徵敵對、冷漠的東西德「柏林圍牆」不是倒了嗎？基本上，戰爭與和平都在於「人為」，如果大家的瞋恨心不止，一直想要用武力去征服別人，當然無法達到和平的目標。

一個家庭裡，兄弟兩人為了爭取家產，造成意見衝突，這時候如果有外人欺負他們，兩兄弟反而會合作來對付他；一個村莊裡，眾人經常意見不合，當其他村莊的人攻擊時，大家卻會通力合作，抵抗外侮。所以，這個世界若想取得和平，可能要等到外星人來侵略我們的時候吧？那時我們就會同心協力，攜手合作一起抵抗外星人。

佛教講「法界一家」，依《華嚴經》所說，宇宙一切萬法都是相互融通，一法可成一切法，一切法可起一法，萬事萬物都是相互依存，相即相入，並存無礙而重重無盡的。如此看來，生活在地球的我們，不是更息息相關嗎？如果每一

分隔東西德的柏林圍牆於1989年拆除，說明戰爭與和平都在於「人為」。

個人都有「地球村」的觀念，覺得彼此皆是一家人，當外來的侵犯，或地震、海嘯、颱風等災難來襲，大家就會互相的關懷與幫助。

印尼與澳洲是鄰近的大國，但是數十年來，由於歷史、文化、宗教信仰的差異，兩國一直不甚友好。尤其近年來，因澳洲支援東帝汶脫離印尼的獨立運動，以及堅持支援美國的反恐政策和對阿富汗、伊拉克的戰爭，兩國的關係更形惡劣、緊繃。但是，二〇〇四年十二月，印度洋發生大地震和海嘯，印尼是災情最嚴重，死亡人數最多的國家。天災發生後，澳洲卻是提供人力與財物援助最多的國家之一。由於澳洲政府本著「人飢己飢，人溺己溺」的精神，慷慨援助印尼，這場地震海嘯的天災，竟意外化解了兩國數十年的歷史怨仇！

可見人類只有團結友愛，才能獲取和平。人的眼、耳、鼻、舌、身，好比地球上各個不同的國家、不同的民族，眼、耳、鼻、舌、身，形相雖然不同，要彼此互相幫助，不管是眼瞎或耳聾，對我們都不利。同理，世界上哪個民族被消滅、哪個國家被打敗、滅亡，我們也不會安全無事的。

所謂團結，是我去跟別人團結，不是要別人來跟我團結；所謂和平，是我去跟別人和平，不是要別人來跟我和平。凡事要求別人先做，比較不容易，應先從自己做起，主動釋出善意，有善因才有善果，如澳洲對印尼的人道救援，便是最好的例子。如果每個國家都能講信、修德、慈悲喜捨、包容異己、不侵略別人、不征服別人，以無我的精神對待其他國家、民族，何愁世界無法和平共存？

《維摩詰經》的〈佛國品〉裡記載，舍利弗看到娑婆世界有眾多的汙濁穢惡，於是生起佛陀因地修行時，心是否不淨的疑惑。佛陀為釋其疑，便以盲者不見日月為喻，告訴舍利弗，看不見佛陀成就莊嚴的淨土，是眾生被自己的無明障蔽了。之後以足趾按地，一個清淨莊嚴的世界馬上呈現在眼前。今日世界如此紛亂、動盪，不就是人心不淨，貪瞋痴三毒熾盛，造下諸惡業而感召的果報嗎？「欲得淨土，當淨其心，隨其心淨，則佛土淨」。佛世時，有位外道知道佛陀要來村裡說法，急著將坑坑洞洞的路填平，好讓佛陀行路方便。但是直到佛陀進來村子，道路還是無法填平，佛陀對他說：「心平則地平，你心未平，外界之地永不平！」因此，從因緣果報視之，只要我們心淨、心平，世界就能清淨、和平了！

關於具體方案，理論上說了很多，做不到或沒去執行，也難以達到和平。和平必須經過一些客觀的、無我的、不執著的協調，如聯合國所樹立的法制力量。和平也不是從打敗對方來獲取，是在謙虛厚道、廣施仁愛中自然成就的。我認為佛教的

「五戒」有助於世界和平，如《歷代三寶紀》卷十裡寫道：「百家之鄉，十人持五戒，則十人淳謹；千室之邑，百人修十善，則百人和睦……夫能行一善，則去一惡；能去一惡，則息一刑。一刑息於家，萬刑息於國。」奉行五戒的人，不會侵犯他人的生命、財產、身體、信譽及安全；是為淳厚的仁者，人人皆如此，哪還會有戰爭？若進一步實踐菩薩的「六度」精神，則更能饒益有情，讓世界早日趨向和平之境了！

八、大師前面所言「心淨國土淨」、「心平天下平」，真是如醍醐灌頂！但是心中的清淨，談何容易啊？我們雖沒經歷過戰爭，但是各媒體常常教育我們要記取歷史的教訓。如賓拉登造成的恐怖事件，及美伊戰爭殘殺無辜的種種，都讓人忿怒不平；我們心中，已不知不覺延續著歷史的仇恨。請問大師，這些無形中積壓的不滿和仇恨該如何紓解呢？

答：冤冤相報何時了？因為戰爭而累積延續的歷史仇恨，會讓人間如煉獄般痛苦！這一兩年，因為伊拉克的問題，美國和歐洲共產國家的關係每況愈下。為了改善彼此的惡劣關係，布希總統於今年（二〇〇五）二月前往歐洲進行「和解之旅」。雖然有些歐洲大陸國家質疑美國「反恐」、「限制核武擴散」、「民主外銷」等美名背後隱藏著追求霸權的動機。但是，至少反映各國領袖已能坐在會議桌前談判，理性的面對各種尖銳問題。

「和解」是走向和平必經之路。和解的前提，則是雙方須敞開心胸，伸出真誠的友誼之手，或勇於認錯、虛心懺悔。古往今來，無論一個國家或一個團體，主事者乃至組成的分子，能夠「認錯」與否，往往就是成敗得失的關鍵所在。古時候的中國凡有災禍，皇帝就下詔罪己，以求撫平人心。一九九八年，美國總統柯林頓因為緋聞案而鬧得滿城風雨。起初柯林頓不肯認錯，在大法官面前做不實的證詞，結果引起民眾反感，險遭國會議員彈劾。後來他勇敢、公開地向全美國的人民道歉，終於獲得民意支援，而穩住總統的寶座。可見不管是個人、團體或國家，唯有「勇於認錯」，才能獲得大家的寬恕與諒解，才有機會重新站起來。

在這方面，我們還可以從最近發生的兩件事來作比較。日本因為不肯對侵略中國、南京大屠殺之事認錯，甚至篡改教科書，試圖湮滅歷史證據，中國於是紛紛掀起激烈的反日示威遊行。相反的，德國在二次大戰後，視納粹為資本主義獨裁政權，而與它劃清界線。今年（二〇〇五）一月二十七日，德國及全球四十多個國家元首聚集波蘭，紀念二次大戰奧斯威辛集中營解放六十周年，並進行一連串的戰爭反思活動。

從德日兩國的心態和行為，我們明白：勇於認錯，才能贏得別人的寬恕；寬恕別人，自己也才能獲得平安平靜。人，不怕犯錯，就怕沒有「認錯的勇氣」。親子之間、師生之間、朋友之間，甚至主管和部屬之間，都應具有「勇於認錯」的美德，才能溫馨祥和，彼此也才有進步成長的空間。國家與國家之間，牽涉層面更廣，一個政策、一個指令、一個動作，就是千萬人乃至上億人的性命禍福，怎能不慎，怎能錯而不改，讓錯誤一直延續下去呢？

如何紓解仇恨？《八大人覺經》指示我們應「不念舊惡」，以寬大的度量容人，猶如大海之深廣，能涵納任何汙穢之物，且不失其清淨；又如虛空之寬大，能包容任何美醜之物，而不礙其自在。《出曜經．忿怒品》說：「不可怨以怨，終已得休息；行忍得息怨，此名如來法。」意思是以怨報怨，永遠不能息怨，唯有以德報怨，才能結束一切冤怨的糾纏。例如提婆達多雖然一再和佛陀作對，甚至三番兩次設計陷害佛陀，但是，在《四分律》卷四十裡，我們也看到有一次提婆達多生病，群醫束手無策，佛陀還是關心的前往探視，並為他治病。

《優婆塞戒經》卷二說：「少恩加己，思欲大報；於己怨者，恆生善心。」學習虛空、大海涵容萬物的寬廣，以善心、以因緣觀來看待周圍發生的一切事，就能生起悲憫心而澆息瞋恨之火了。畢竟「冤家宜解不宜結」，過去的歷史固然不容抹殺，一味的尋仇，只有加深恨意，唯有前瞻性的記取教訓，防微杜漸，根本上促進彼此了解，互助合作，才是長久相安之道。

九、宗教的慈悲、寬容，實在令人感佩！之前大師說過佛教從未發動過戰爭，讓我們了解佛教確實是愛好和平的宗教。不過，我們好奇如果有外來的侵犯，也是「罵不還口，打不還手」嗎？聽說佛教在歷史上也受過強權的壓制、暴力的迫害，佛教徒是如何面對的？可否請大師為我們說明？

答：佛教的教理告訴我們要慈悲安忍、戒貪止瞋，而治貪瞋最好的方法就是「忍辱」。《遺教經解》言：「能行忍者，乃可名為有力大人。若其不能歡喜忍受惡罵之毒如飲甘露者，不名入道智慧人也。」一般而言，忍貧、忍飢、忍病、忍苦、忍勞、忍打、忍罵還算容易，唯有忍氣、忍受委屈、忍恨的掙扎最難消解。

其實，忍耐不是懦弱的行為。真正的菩薩行者，能忍受別人的瞋恚、辱罵、毒打，而不加以報復，他們對於世間的利、衰、毀、譽、稱、譏、苦、樂等境界，心不為所動，一切煩惱皆不能染。菩薩以忍耐為力，以慈悲為力，難行能行，難忍能忍，所以能排除萬難，饒益眾生。所以，忍耐實在是天地間最尊貴的包容雅量，是宇宙中最偉大的和平動力！

當然，忍辱並非一味的「罵不還口，打不還手」，如果攸關佛教或大眾安危，面對強權壓制或暴力迫害，許多高僧大德也會挺身而出，運用智慧或善巧方便來化解災難、救國濟民。《折疑論》記載，東漢明帝永平年間，佛教初傳中國的時候，遭到道教的抗拒，當時一些有法術的道士，要求和佛教公開比鬥神通，較量哪一家的道行高深。代表佛教的迦葉摩騰、竺法蘭二位法師，就是以神通之力擊敗道教，贏得漢明帝的崇敬，也讓佛教在中國播下了種子。

《佛祖統紀》裡寫道：五胡十六國時，佛圖澄見後趙王石勒殘殺無辜，心生憐憫，於是以神通、咒術等方便度化石勒，石勒自此皈依佛教。石勒死後，暴虐殘忍的石虎繼任為王，佛圖澄又以神通救活其子，讓他對佛教產生信心，使百姓免於多次的殺戮之苦。《宋高僧傳》亦載，唐朝的隱峰禪師以神通化解正在交戰中的軍隊，使一場悲慘的戰爭化於無形。

俗話說「非常時用非常法」，在道德澆薄，人心危殆的亂世裡，有時講說佛法的道理，無法應急拯救時弊，要藉由神通來解決問題，好比醫治患有陳年夙疾的病患，要施用重藥一樣，先救急，然後再慢慢療養。神通雖然不是究竟的解脫之道，但是有時卻是弘法度眾的方便法門。

也有運用智慧來折服強權的，在佛教文學史上居重要地位的《彌蘭陀王問經》（漢譯《那先比丘經》）是一代表。西元前二世紀的彌蘭陀王博學多聞，通曉世間一切學問，他的聰明才幹，英勇謀略，被當時印度人稱為「全印度最偉大的君王」。他尤其善於與各家議論，往往所向無敵。當他聽說已證得阿羅漢果的那先比丘，修證兼具，便派人將其迎請到宮中，共同論法。那

忍辱並非一味的退讓，若是攸關佛教或大眾安危，佛門也有怒目金剛挺身護教。

先比丘便是以其智慧，用各種善巧譬喻，解說緣起、無我、業報、輪迴、涅槃等佛教基本教義，使得彌蘭陀王心悅誠服，而信仰佛法。

《梁高僧傳》記載，南朝劉宋時的慧琳法師，學通內外，善識治國之方。宋文帝禮請他為宰相來治理國家，常常與其議論機密，慧琳法師也被稱為「黑衣宰相」、「紫衣宰相」，意思就是以出家人的身分來輔佐國家之事。

除了智慧，也有不少高僧以膽識氣魄來面對權勢的壓迫。據《續高僧傳》所載，唐太宗在位期間，道士凌越僧侶之上，智實法師向皇帝上奏，極力申論尊道排佛的不當。皇帝大為震怒，當廷用刑杖責打智實法師，並令他換上百姓衣服，將他流放嶺南。有人譏笑智實法師自不量力，不懂進退之道，智實法師慨然嘆說：「吾固知勢不可為，所以爭者，欲後世知大唐有僧耳！」智實法師要後世的人知道，即使在佛教蒙難的時代，唐朝還是有僧格在。

再如《出三藏記集》卷十五記載，東晉廬山慧遠大師在時局混亂時，以其德望辯才破斥邪說；力諫君王言：「袈裟非朝宗之服，缽盂非廊廟之器，沙門塵外之人，不應致敬王者。」後更著《沙門不敬王者論》。他不畏王權，力爭沙門的超然地位，也使佛法得以流布江南而不墜。

另外，在日人森下大圓所著，我翻譯的《觀世音菩薩普門品講話》書中，提到空也上人因見盜賊造惡業，流下悲憫的淚水，而感動盜賊放下屠刀，改邪歸正。如此以慈悲教化的例子，更是多不勝舉。從以上所舉的事例，可知佛教雖然愛好和平，反對武力戰鬥，但是為真理、為佛教、為大眾，也是當仁不讓，會隨機運用神通、智慧、膽識、慈悲等來面對強權暴力，來化險為夷。

一〇、**除了國際戰爭、國內戰爭，還有種族之間、宗教之間、男女之間……各式各樣的戰爭無日不有，是不是人際之間就潛伏著危險的引爆線？另外，我們個人也有所謂的「天人交戰」，又該如何處理呢？**

答：世界上，國與國分，地與地分，尤其人與人分的對立狀態，最為危險。世界上，最難處理的問題，不是貧富，不是智愚；是種族、人際的問題。以中國來說，漢滿蒙回藏是過去千百年來的情結，始終擾亂著中國的政局，難以安寧。一直到孫中山先生倡導「五族共和」，這些種族情結才慢慢獲得和解。

種族的紛歧，有的是地理環境使然，有的是語言和風俗習慣，也有因人種膚色不同，而相互排擠。即使是同文同種的種族裡，也會有貧富貴賤之分，更形成種種不能和諧相聚的情結。現在異國通婚的情形雖然日益普遍，但是白人婦女嫁給黑人的畢竟不多。所以，不能否認，有些種族仍有其天生的優越感，有的種族則被認定為次等的。

所幸現在科技發達，科學家已經發現，人類基因有改變的希望。現在不但有複製羊、複製牛，甚至還可以複製人。假使未來科學家能改變黑人的基因，讓黑人一出生就成為白人，這不但可以獲得世界諾貝爾和平獎，也是科學界造福人類的偉大之功呢！不過，當然最重要的還是，我們每個人都要有「眾生平等」的觀念。唯有打從心裡尊重對方，才是獲致和平的根本之道。

多年來我一直鼓勵大家要做「地球人」。我們生存在這個地球，每個人彼此都有親密關係，因此，能有「同體共生」的思想，就能消弭人際之間的戰爭；能認同「同體共生」理念者，也才有資格成為廿一世紀的現代人！

說到「天人交戰」，佛教常說世間上最可怕的敵人不在外面，而是我們自己內心的貪瞋痴等八萬四千煩惱魔軍。如《大智度論》所說修行人有欲、憂愁、愛、睡眠、怖畏、疑、三毒、虛妄之名聞利養、自大高慢等十種煩惱魔軍。《四十二章經》言：「人為道，譬如一人與萬人戰，被甲操兵，出門欲戰。意怯膽弱，乃自退走；或半道還；或格鬪而死；或得大勝，還國高遷。」形容出家修行如披盔甲上戰場，與百萬煩惱魔軍作戰，心性怯弱者，大多半途而廢，唯有堅持願力者能夠達到最後的勝利。這些貪欲、嫉妒、瞋恨、懈怠等種種無明煩惱的邪魔比真正的敵人還要可怕，會擾得我們無法安心平靜的過日子。如何降伏心中的魔軍？這裡提供幾個方法：

㈠以反省為糾察：我們常言：「不怕念頭起，只怕覺照遲。」曾子也說：「吾日三省吾身。」能時時自我反省檢討的人，不易犯錯，犯了錯也會即時修改；他的道德人格必然是高尚磊落的。

㈡以慚愧為明鏡：《佛遺教經》言：「慚恥之服，於諸莊嚴，最為第一。」人非聖賢，孰能無過？犯下過失，心存慚愧，至誠懺悔，就能使我們的心靈常保清淨，如明鏡般光潔亮麗。

㈢以正見為盔甲：戰場上的盔甲可以抵禦強敵，保衛自身，而正見就是我們心中的盔甲，可以抵禦外境的誘惑。正見因緣果報、善惡業力、無常苦空等真理，能擊退心中不正的念頭，正見的盔甲可使我們遠離煩惱的毒害。

㈣以智慧為刀劍：文殊菩薩手持智慧寶劍，即象徵以智慧斬除煩惱魔軍。《大乘理趣六波羅蜜多經》言：「以智慧劍，斬煩惱賊，破生死軍，摧伏魔怨，荷負一切，令諸眾生皆得解脫。」所以，有智慧才能斬斷煩惱的荊棘。

㈤以精進為力量：凡事要能如上戰場般精進勇猛，不生畏懼，不會退縮，才能衝鋒陷陣，克服困難。

㈥以慈悲為戰術：瞋恨會使人失去理智，進而不擇手段地毀滅一切。所以，以瞋不能止瞋，唯有慈悲才能化解瞋恚，消除人我紛爭。

㈦以六度為大軍：統率布施、持戒、忍辱、精進、禪定、般若六度的大軍，可以征服煩惱大敵，從生死迷界抵達涅槃解脫的彼岸。

㈧以真心為主帥：六根之賊會擾亂我們，使我們造下種種惡業，是因為無「明主」領導，如果能找回我們本自具有的清淨真如佛性，以它為主帥，就能行走在光明的康莊大道上。

人的一生就如同在戰場上過日子，但不是拿刀、拿槍、拿炮彈跟別人作戰，而是跟自己的內心作戰，所以每一個人都要經過千生萬死的「死」，才能再生。當「天人交戰」時，如果平時能具備以上的修行功夫：常常自我反省、懺悔，平日以真如為統帥，領導六度的大軍，有正見的盔甲、智慧的炮彈、慈悲的戰術，何愁不能戰勝敵人？唯有降服心中的魔怨，自淨其意，才能成為真正的勝利者。

世間上最可怕的敵人，是我們內心的煩惱魔軍，修行就是要降伏心中的煩惱。

一一、不管在中國或是全世界，我們聽到許多人對大師的讚歎與尊敬。大師今年提到「共生吉祥」，是不是運用這四個字，就能促進中國和台灣兩岸的和平，讓雙方降低緊張關係？或者大師還有什麼箴言可以提供給我們？

答：每年快到春節，我都會思考如何讓大家生活美滿、讓社會和諧進步，所以總會寫個字來祝福祈願。目前台灣因為選舉的關係，族群之間的衝突愈來愈嚴重，讓我不勝感慨，因此就有了共生才能吉祥的想法。除了「共生」，還要「和解」。台灣的行政院院長謝長廷先生，他今年一上任也提出「共生和

實踐佛教無我、慈悲、尊重、和平的教義，可以幫助人類達到真正的和平。

解」的理念。

今年的農曆新春，佛光山舉辦花藝展，裡面布置了一個「虎豹山林區」。山林中有獅子、老虎、大象、長頸鹿、山羊、熊貓各種動物，肉食動物、草食動物都生活在一起。我在園區上方題字為「虎豹山林，共生和解」；動物都要和平，人類還不要和平嗎？

西元一八五一年，美國政府欲向印地安人購買土地，當時的酋長西雅圖回了一封信，信裡寫道：「我們是大地的一部分，大地也是我們的一部分。芬芳撲鼻的花朵是我們的姐妹，鹿兒、馬群和雄鷹都是我們的兄弟。嚴峻的山峰、晶瑩的露水，以及我們人類，都是一家人……白人所射殺的千萬頭野牛，被棄置大草原，任其腐爛……發生在野獸身上的，很快也會發生在人類身上……所有的一切都是相互關連的……」

這篇被公認為「環保」上極重要的一份聲明，感人而明確的指出天、地、人、萬物是生命共同體。「皮之不存，毛將焉附？」大自然及所有人類、萬事萬物，可以說都是我們生存的載體，怎能輕易毀損、消滅？假如現在有一個好戰的人，把世界上的人全部都殺光、打敗了，當他肚子餓了，誰來煮飯給他吃？冷了，誰來做衣服給他穿？人類的生存是彼此相互依賴的，別人存在，我才能存在呀！

最近有些台灣政客常高呼「去中國化」。我覺得不可思議，「去中國化」不就是「去自己」嗎？平日我們吃的是中國菜，穿的是中國衣服，說的是中國話，住的是中國土地，祖先是中國人，親戚朋友也是中國人……這些全都和中國脫不了干係。如果去除了中國化，還有我們自己嗎？

有兩個以上的人存在，就會有戰爭；有接觸、有碰撞，就會有傷害。但是世界上各種生命的存在，又都如「我中有你，你中有我」一般親密，因此，必須共生才能吉祥，才能促進和平。

依中國習俗，今年是雞年，我在佛光山國際花藝展裡，設置了一隻會念佛、能講各種語言的大公雞，也因今年兩岸飛機直航，我在大公雞下面又提了「機年春曉」四個字。不論科學多發達、物質文明多進步，溝通交流才是人類生存、繁衍的動力，也唯有溝通交流才是達到和平的不二法門。雞年春節飛機直航，是兩岸溝通交流的第一步，破曉的和平曙光應已在望了吧！

一二、最後，請大師從佛教的立場，再詳細為我們說明如何才能消弭戰爭，促進世界和平？

答：生活在地球上的每一個人，都渴望和平，也都要求能過安定、福樂、沒有戰爭、沒有恐懼的生活。但是由於「內有不平不和之心為因，外有不和不平之事為緣，彼此互相影響，世界才永無寧日」，因此只重視限武、禁核等外在措施，不重視內心的淨化，是無法達到真正究竟的和平。

世界鬥爭不息的根本，源於我們內在的無明我執，以及人類貪求權力、名譽的欲望。因此，要根治世界的亂源，須從人們的心靈淨化做起，從眾生心中去實現人心的和平。從實踐佛教的無我、慈悲、尊重、和平的教義，可以幫助我們完成世界的真正和平。

㈠以「無我觀」致力和平：「我」是紛爭的根源。《法華經・譬喻品》說：「深著我見，增益瞋恚。」欲求世界的和平，必須無我，無我才能大公，大公才能無私，無私才能和平。佛陀曾對比丘開示：「衣服不慎撕破，內心會懊喪；樹葉在身旁掉落，內心毫不介意。實因衣服有我執而起愛染，樹葉與己無關，不起愛染也。」

佛陀說法時，常以「緣起無我」的正見，糾正眾生以自我為中心的謬見。無我，則無對待、無顛倒，以無我的精神處事待人、利益眾生，才不會有糾紛、偏差。所以想要求得和平，正本清源之道，首先要消除心中的我執。

㈡以「慈悲行」實踐和平：慈悲是佛法的根本，「一切法若無慈悲，皆為魔法；一切法若有慈悲，則皆佛法」，佛教所提倡的慈悲，不但要以同體的慈悲來解救眾生，更要用無緣的慈悲為廣大眾生救苦救難；不僅要消極地不做惡事，更要積極地行善；不只是一時口號的慈悲，還須力行務實的慈悲；不唯以圖利求償而行慈悲，更要無相無償而行慈悲。能如此，則見他人痛苦時，即能以悲心拔除其苦厄。《涅槃經》言：「慈息貪欲，悲止瞋恚。」每個人能以慈悲相待，則一切眾生皆能得福樂。

㈢以「尊重心」謀求和平：我們都喜歡被人尊重，卻容易忽略去尊重別人。「己

我們要在黑暗之地，點燃智慧的明燈。

所不欲，勿施於人」是尊重他人的基本原則。沒有尊重，彼此猜忌，彼此輕視，怎能和平相處？沒有尊重的和平，不能持久；欲圖持久的和平，必須建立尊重之心。

中國戰國時代，因為藺相如與廉頗的相互尊重，趙國文武大臣得以和平相處，趙國也才能避免強鄰的侵擾，這便是化戾氣為祥和，中國傳頌千古的「將相和」故事。

每個人在其生存空間裡，都有發揮一己之長的地方，就如眉毛在人的顏面上，與眼睛、鼻子比起來，似乎沒什麼具體的功用，但微妙的是少了它，人的顏面就不像個人。再如我們的五個手指，也是因互相尊重，才能團結成一個拳頭，拳頭才有力量；有力量才能謀求和平。

㈣以「平等心」進取和平：平等與和平是一體兩

面的真理。當初佛陀在菩提樹下金剛座上初成道時，即宣告：「大地眾生皆有如來智慧德相。」此一生佛平等的宣言，實為萬億眾生得救的明燈。

佛陀成立僧團，標舉「六和敬」，以思想、法制、經濟、語言、身行、心意為民主平等的原則。佛陀常說：「我不攝受眾，我亦是僧數。」佛陀常為有病比丘洗滌身體，替失明弟子穿針縫衣，向初學比丘懺摩，佛陀以平等心與僧團大眾相處，從未以領導者自居。另外，從「四不可輕」、「一切眾生皆有佛性」、「男女皆能為僧」、「四姓皆可出家」、「不輕後學」等主張，也可以看到佛教和樂、平實、平等的風範。

平等必須人我共尊，不是用強制的手段逼迫對方就範。平等更需要彼此立場互易，要設身處地的為對方設想，才能建立自他平等的相處。欲求世界和平，就要建立平等心，大國小國要平等相處，各種族之間要平等相處，唯有在平等的觀念之下，人人平等共尊，才能謀取世界的和平。

自由與和平是人類心靈生活的最高追求，尤其處在這個是非顛倒，戰爭迭起的時代裡，大家對和平更是渴望不已。我認為要世界和平，必須做到下列六點：

1. 在人我瞋恨嫉妒之間，散播溫和體貼的慈悲。

2.在彼此恩怨仇視之處，付出忍耐寬恕的諒解。
3.在利害得失懷疑之際，培養恢宏篤定的信心。
4.在世間黑暗無光之地，點燃般若智慧的明燈。
5.在生活潦倒困頓之時，提起樂觀進取的希望。
6.在內心憂悲苦惱之境，給予清涼喜樂的安慰。

如果每個人都自許為「和平使者」，隨時實踐這六點，相信世界永久和平之日很快就會來臨！

國家圖書館出版品預行編目(CIP)資料

人間佛教當代問題探討 ： 社會議題 / 星雲大師著. -- 初版. --
高雄市 ： 佛光文化事業有限公司, 2025.01
448面 ； 14.8X21公分. -- (文選叢書 ； 5120)
ISBN 978-957-457-837-5(精裝)

1.CST: 佛教 2.CST: 文集

220.7 113017788

人間佛教當代問題探討——社會議題

星雲大師 著

總 編 輯／滿觀法師
責任編輯／知愍法師
美術編輯／鄭媄嬬
圖片提供／佛光山、天下遠見、文府國小、
豐原慈濟宮、龍陶藝術工作坊等

出 版 者／佛光文化事業有限公司
出版日期／2025年 1 月初版一刷
印　　刷／中茂分色製版印刷事業股份有限公司
經　　銷／紅螞蟻圖書有限公司
(02)2795-3656

流 通 處／佛光山文化發行部
高雄市大樹區興田路149號
(07)656-1921#6664~6666
佛光山文教廣場
高雄市大樹區興田路153號
(07)656-1921#6102
佛陀紀念館四給塔
高雄市大樹區統嶺路1號
(07)656-1921#4140~4141
佛光山海內外別分院

創 辦 人／星雲大師
發 行 人／心培和尚
社　　長／滿觀法師

法律顧問／毛英富律師、舒建中律師
登 記 證／行政院新聞局版台省業字第862號

定價／450元
ISBN／978-957-457-837-5(精裝)
書系／文選叢書
書號／5120

劃撥帳號／18889448
戶　　名／佛光文化事業有限公司
服務專線／
編輯部(07)656-1921#1163~1168
發行部(07)656-1921#6664~6666

佛光文化悅讀網／
http://www.fgs.com.tw
佛光文化Facebook／
http://www.facebook.com/fgsfgce